写给孩子的说文解字

（一）

谢光辉 ◎ 著

图书在版编目（CIP）数据

写给孩子的说文解字 / 谢光辉著 . — 北京：北京大学出版社，2020.7

ISBN 978–7–301–31232–2

Ⅰ.①写… Ⅱ.①谢… Ⅲ.①《说文》–少儿读物 Ⅳ.① H161–49

中国版本图书馆 CIP 数据核字（2020）第 023197 号

书　　名	写给孩子的说文解字 XIE GEI HAIZI DE SHUOWEN JIEZI
著作责任者	谢光辉 著
策划编辑	周志刚
责任编辑	王　彤　张亚如
标准书号	ISBN 978–7–301–31232–2
出版发行	北京大学出版社
地　　址	北京市海淀区成府路 205 号　100871
网　　址	http://www.pup.cn　新浪微博：@北京大学出版社
微信公众号	通识书苑（微信号：sartspku） 科学元典（微信号：kexueyuandian）
电子邮箱	编辑部 jyzx@pup.cn　总编室 zpup@pup.cn
电　　话	邮购部 010–62752015　发行部 010–62750672 编辑部 010–62753056
印　刷　者	北京中科印刷有限公司
经　销　者	新华书店 787 毫米×960 毫米　32 开本　32.5 印张　665 千字 2020 年 7 月第 1 版　2023 年 12 月第 4 次印刷
定　　价	145.00 元（全三册）

未经许可，不得以任何方式复制或抄袭本书之部分或全部内容。
版权所有，侵权必究
举报电话：010–62752024　电子邮箱：fd@pup.cn
图书如有印装质量问题，请与出版部联系，电话：010–62756370

前　言

汉字是世界上历史最悠久、使用最广泛的文字之一。它有五六千年的发展历史，使用汉字的人约占全球人口四分之一。汉字的起源和发展与中华文明紧密相关。它是中华文化的基本载体，也是中华民族文化思想发展、传播和交流的基本工具，在中华民族悠久的历史进程中起着极其重要的作用。可以这样说，没有汉字，就没有中华民族光辉灿烂的文化。

学习汉语，首先要解决的问题就是识字。如何有效地学习汉字，是摆在语文研究者面前的一个重要问题。

汉字是表意文字，字形与字义密切相关。因此，要了解汉字，首先就要掌握汉字形体结构的特点和规律。根据字形追溯文字的本义，进而辨析其引申义和假借义，这是研究汉字的人必须遵循的基本原则。

关于汉字的形体构造，中国传统文字学有"六书"之说。所谓"六书"，是指汉字构成和使用的六种方法，即象形、指事、会意、形声、转注和假借。从字形学的角度来看，象形、指事、会意、形声可以说是汉字的构造方法，而转注、假借是用字之法。所以，过去认为"六书"是汉字的造字之法，其实是不确切的。不过，"六书"说基本上反映了汉字产生、发展的一般规律，它对正确了解和掌握汉字的构造原理及其使用规律，进而从根本上认识和把握每一个汉字的本义，具有指导性的意义。

1. **象形** 所谓象形，就是象实物之形，也就是把客观事物的形体描绘出来。汉字起源于图画文字。最初的汉字多是描画实物的形状，这就是象形。不过，象形字和图画是有本质区别的。象形字的写法较图画大为简化，往往只是实物形体的简单轮廓（如"日""月""山""川""人""大"等），或某一极具特征的部分（如"牛""羊"等）。更主要的是，它必须和语言中表示概念的词和语音结合起来，从而成为记录语言的符号。随着字形的不断简化和抽象化，后代的象形字的字形与造字之初大不相同。从甲骨文发展到现在的楷体，原来的象形字已经完全不象形了。实际上，它们已经失去了象形的意味，成了单纯的记事符号。

象形字要象实物之形，而语言中很多抽象的概念是无形可象的，是不能"画成其物"的。这一必不可免的局限性制约了象形字的发展。所以在汉字中，象形字的数量并不多。但象形是汉字最基本的一种造字方法，是其他各种汉字形成的基础：大部分指事字是在象形字的基础上增加指示符号形成的，会意字则由两个或两个以上的象形字组合而成，而形声字实际也是两个象形字（或会意字、指事字）的组合，只不过其中一个用来表示意义类属，另一个用来表示读音罢了。

2. **指事** 指事是一种用抽象的指示符号来表达语

言中某种概念的造字方法。指事字的构成有两种类型：一种是在象形字上添加指示符号构成的指事字，如"刃""本""末"等；另一种是由纯抽象符号组成的指事字，如"上""下""一""二""三"等。

指事字在全部汉字中是数量最少的一种。这是因为，绝大多数字都不需要用指事的方法来构造：要表示客观的物体，可以用象形的方法；要说明抽象的概念，则可以采用会意或形声的方法。

3. 会意 所谓会意，是把两个或两个以上的字组合在一起以表示一个新的意思。从结构上看，会意字是两个或两个以上的字的并列或重叠。从意义上看，它又是两个或两个以上字的意义的会合。如一个"木"字代表一棵树，两个"木"字组合在一起则代表成片的树（"林"），而三个"木"字表示更大面积分布的树林（"森"）。又如"休"字，由"人"和"木"组成，表示人靠着大树歇息。

会意字是由两个或两个以上的字组合而成的。它和象形字之间的根本区别在于：象形字是独体的，而会意字是合体的。会意的方法与象形、指事比较起来，有很大的优越性。它既可以描绘具体的实物，也可以表达抽象的概念；不仅能描绘静态的物貌，也能够反映物体的动态。一个象形字，可以和很多其他象形字组成不同的会意字；而同一个象形字，由于排列方式的不同，也可以组成不同的会意字。这样，就大大提高了象形字的利用效率。所以，会意字的数量要比象形字和指事字多得多。在形声造字法广泛使用之前，会意是一种最主要的造字之法。在有表音成分的形声字被普遍使用之后，它才退居次要的地位。甚至有些原本是会意字的，也变成了形声字（如"由"—

"块"),或与形声字并行(如"焱"—"渺")。

4. 形声 形声字是由义符(形旁)和声符(声旁)两部分组成。其中义符表示形声字本义所属的意义范畴(或类属),声符则表示形声字的读音。如以"木"为义符的形声字"松""柏""桃"等都属于树木类,而以"手"为义符的"摧""拉""提""按"等都同手的行为动作有关。但在形声字中,义符只能代表其意义范畴或类属,不能表示具体的字义。它的具体字义是靠不同的读音,也就是不同的声符来区别的。有些形声字的声符既有表音的作用,又有表意的作用(如"娶"),这就是所谓的"会意兼形声"。但是就多数形声字来说,声符只是表示读音,和字义没有必然的联系。如"江""河"二字,其中的"工""可"只代表读音,和"江""河"的字义是毫无关系的。

形声造字法进一步打破了象形、指事、会意的诸多局限,具有无可比拟的优越性。我们知道,世界上许多事物或抽象概念是很难用象形或会意的方法来表示的。比如"鸟"是鸟类的总称,但是鸟的种类成千上万,无法用象形或会意的办法来一一加以区别。于是,就出现了形声字:用"鸟"作为义符来表示鸟的总类,而用不同的声符来区别不同种类的鸟,如"鸽""鹤""鸡""鹄"等。这样,就产生了大量的形声字。越到后代,形声字的发展越快,数量也越多。据统计,在东汉《说文解字》一书中,形声字约占收录汉字总数的80%;宋代《六书略》,形声字占了88%;清代《康熙字典》达到90%;而在现在通用的简化字中,形声字更是占了绝对的多数。

5. 转注 转注是"六书"中争议最多的一个概念,历来众说纷纭，至今没有定论。根据许慎《说文解字》的定义，所谓转注字，是指那些同一部首、意义相同、可以互相注释的字。如"老"和"考"两个字，都隶属于老部，意义也相同。《说文解字》："老，考也。"又："考，老也。"说明它们是可以互相注释的。

严格来讲，转注只不过是一种训诂方法，其目的在于解释字义，即用互训的办法比较、说明字义，并不能因此造出新字来。因此，转注不能算作造字之法，而只是一种用字之法。

6. 假借 假借也是一种用字之法。许慎给它的定义是"本无其字，依声托事"，即借一个已有的字来表示语言中与其读音相同或相近的词。这种由于音同或音近而被借用来表示另外一个词的字，就是假借字。它是借用已有的字来表示另外一个词，并不能因此产生一个新的字，所以也不能算是造字之法。

在早期文字中，假借字的数量是不少的。因为那时的文字数量不多，要用较少的字表达语言中众多的词，就必须采用同音假借的办法，以提高字的使用效率。如甲骨文的"自"是个象形字，其本义是鼻子，借用来表示自己、自我的意思。又如甲骨文"来"字像麦穗形，本义为麦子，假借为"来往"之"来"。

本书所收的字绝大部分都是常用字。在选字上，以象形、指事、会意字为主，亦杂有个别形声字，主要是由早期的象形字或会意字转变而来的形声字。

我们把这些汉字分别归属于人体（形体、器官），器物（器具、建筑），自然（动物、植物、天文、地理），其他四大类。全书按义类排列，每一类中又将意义相关的字排列在一起。通过这样的分类和排列，能使读者更清晰地了解早期汉字的造字规律和特点，即所谓的"近取诸身（人体），远取诸物（器具、建筑）"，"仰则观象于天（天文），俯则观法于地（地理），观鸟兽之文（动物）与地之宜（植物）"。

　　本义的解说，以古文字及文献为根据，着重由字形结构说明本义，引申义以及假借义则随文指明。部分条目后附有词语，目的是帮助理解本义和常用义。书中每字配插图一幅，与文字说明相配合，通过生动活泼的漫画形式，形象地展示由字形结构所反映出来的文字本义。

　　字头为简化字楷体。字头后（　　）内列相应的繁体，相关的异体字则加［　　］。根据常用义加注拼音。此外选摹有代表性的古文字字形，以便读者明了字形的源流及其演变的规律。其中"甲"代表甲骨文，"金"代表金文，"篆"代表小篆，"石"代表石鼓文，"玺"代表古玺文字，"陶"代表陶文，"楚简"代表楚简所收文字，"古"代表《说文解字》所收古文，"籀"代表《说文解字》所收籀文。

谢光辉
2019年7月于暨南大学艺术学院

目 录

人体类

形体

人...001	羌...017	御...035
元...002	方...018	包...036
兀...003	竞...019	尸...037
比...004	仆...020	臀...038
从...005	伍...021	尾...039
北...006	什...022	尿...040
并...007	佰...023	屎...041
众...008	侨...024	死...042
尺...009	像...025	葬...043
坐...010	仔...026	尼...044
吊...011	仄...027	尻...045
重...012	仙...028	广...046
陷...013	危...029	大...047
队...014	壬...030	天...048
何...015	廷...031	吴...049
永...016	节...032	夭...050
	印...033	交...051
	昂...034	文...052

夫 ………… 053	嬉 ………… 080	项 ………… 105
伴 ………… 054	婢 ………… 081	烦 ………… 106
亦 ………… 055	妣 ………… 082	貌 ………… 107
夹 ………… 056	姻 ………… 083	首 ………… 108
立 ………… 057	姥 ………… 084	县 ………… 109
位 ………… 058	身 ………… 085	面 ………… 110
替 ………… 059	孕 ………… 086	颐 ………… 111
美 ………… 060	育 ………… 087	须 ………… 112
央 ………… 061	子 ………… 088	冉 ………… 113
黑 ………… 062	乳 ………… 089	而 ………… 114
夷 ………… 063	字 ………… 090	耐 ………… 115
舞 ………… 064	保 ………… 091	眉 ………… 116
冀 ………… 065	孖 ………… 092	目 ………… 117
乘 ………… 066	孓 ………… 093	直 ………… 118
女 ………… 067	孱 ………… 094	民 ………… 119
母 ………… 068	儿 ………… 095	盲 ………… 120
每 ………… 069	孙 ………… 096	睡 ………… 121
要 ………… 070	教 ………… 097	相 ………… 122
妾 ………… 071	学 ………… 098	看 ………… 123
奴 ………… 072	长 ………… 099	望 ………… 124
妻 ………… 073	老 ………… 100	眇 ………… 125
好 ………… 074	孝 ………… 101	眠 ………… 126
娶 ………… 075	殷 ………… 102	曼 ………… 127
妊 ………… 076	夏 ………… 103	见 ………… 128
媚 ………… 077		觅 ………… 129
嫡 ………… 078	**器官**	览 ………… 130
奸 ………… 079	页 ………… 104	艮 ………… 131

限 132	涎 159	樊 186
臣 133	饮 160	攀 187
卧 134	炊 161	争 188
臧 135	曰 162	受 189
监 136	沓 163	爰 190
临 137	甘 164	虢 191
耳 138	甜 165	掬 192
闻 139	舌 166	叟 193
圣 140	言 167	异 194
听 141	讯 168	拱 195
聂 142	讨 169	弇 196
声 143	狱 170	斗 197
取 144	音 171	闹 198
奔 145	牙 172	若 199
自 146	齿 173	俘 200
四 147	龋 174	付 201
口 148	啮 175	及 202
司 149	手 176	扶 203
喈 150	爪 177	招 204
呆 151	丑 178	授 205
唾 152	九 179	抓 206
喑 153	肱 180	拜 207
只 154	左 181	揉 208
喧 155	右 182	挟 209
嚣 156	寸 183	捨 210
欠 157	友 184	投 211
吹 158	反 185	拳 212

挚......213	后......240	咸......264
掰......214	围......241	伐......265
承......215	舛......242	戍......266
丞......216	桀......243	戎......267
印......217	髡......244	武......268
妥......218	髦......245	战......269
奚......219	鬓......246	歼......270
足......220	乃......247	蔑......271
疋......221	腹......248	弟......272
跋......222	肥......249	戟......273
止......223	胃......250	戊......274
步......224	吕......251	戌......275
走......225	脊......252	我......276
企......226	囟......253	钺......277
奔......227	心......254	岁......278
先......228	思......255	王......279
之......229	忧......256	士......280
此......230	慰......257	斤......281
正......231	梦......258	析......282
歧......232	鬼......259	折......283
逆......233	畏......260	新......284
达......234	异......261	匠......285
疑......235		兵......286
陟......236	**器物类**	父......287
降......237	**器具**	辛......288
涉......238	戈......262	辟......289
历......239	戒......263	矛......290

殳……291	弓……318	畗……345
役……292	引……319	力……346
刀……293	弦……320	男……347
亡……294	弹……321	耒……348
刃……295	弩……322	耤……349
创……296	厥……323	耕……350
勿……297	盾……324	辰……351
分……298	甲……325	辱……352
利……299	介……326	农……353
别……300	夲……327	义……354
刖……301	执……328	其……355
劓……302	围……329	块……356
契……303	报……330	康……357
罚……304	鞭……331	粪……358
黥……305	干……332	弃……359
剂……306	单……333	畄……360
刺……307	网……334	匚……361
钊……308	罗……335	彗……362
矢……309	毕……336	帚……363
至……310	卓……337	妇……364
射……311	禽……338	侵……365
疾……312	离……339	兴……366
侯……313	刚……340	丁……367
函……314	午……341	专……368
籣……315	臼……342	团……369
晋……316	舀……343	壬……370
弗……317	舂……344	癸……371

互……372	弄……399	鼓……426
曲……373	宝……400	彭……427
工……374	班……401	喜……428
巨……375	璞……402	和……429
丈……376	莹……403	乐……430
中……377	珑……404	琴……431
从……378	琥……405	庚……432
旄……379	璧……406	磬……433
旅……380	环……407	南……434
旌……381	夬……408	甬……435
游……382	黄……409	业……436
族……383	贝……410	尹……437
车……384	朋……411	君……438
两……385	得……412	笔……439
辇……386	婴……413	画……440
舆……387	买……414	册……441
轰……388	卖……415	典……442
连……389	贫……416	删……443
转……390	贯……417	卜……444
辔……391	负……418	占……445
舟……392	实……419	巫……446
俞……393	几……420	筮……447
前……394	处……421	且……448
舱……395	座……422	示……449
玉……396	床……423	祝……450
圭……397	席……424	福……451
共……398	因……425	祭……452

奠..................453	豆..................480	旨..................507
尊..................454	登..................481	俎..................508
酉..................455	豐..................482	用..................509
酒..................456	丰..................483	卤..................510
酌..................457	簋..................484	区..................511
配..................458	即..................485	铸..................512
酣..................459	既..................486	器..................513
酋..................460	飨..................487	钽..................514
畐..................461	食..................488	铰..................515
富..................462	会..................489	铁..................516
爵..................463	合..................490	链..................517
斝..................464	宁..................491	衔..................518
觥..................465	凡..................492	凿..................519
壶..................466	盘..................493	钗..................520
缶..................467	皿..................494	簪..................521
陶..................468	益..................495	冠..................522
窑..................469	盘..................496	免..................523
缺..................470	血..................497	冒..................524
鼎..................471	盟..................498	胄..................525
员..................472	尽..................499	皇..................526
败..................473	易..................500	兜..................527
则..................474	蛊..................501	弁..................528
具..................475	斗..................502	羁..................529
卢..................476	料..................503	縶..................530
鬲..................477	升..................504	丝..................531
彻..................478	勺..................505	经..................532
曾..................479	匕..................506	索..................533

绝......534	衰......561	宿......586
继......535	敝......562	安......587
编......536	图......563	定......588
系......537	东......564	客......589
绞......538	弋......565	宾......590
线......539	录......566	寨......591
匹......540	句......567	寇......592
巾......541	丩......568	宋......593
市......542	久......569	宕......594
带......543	伞......570	寰......595
嵩......544		冗......596
帛......545	**建筑**	官......597
帘......546	穴......571	馆......598
幌......547	穿......572	囚......599
乍......548	各......573	令......600
衣......549	出......574	命......601
常......550	去......575	享......602
初......551	复......576	宗......603
表......552	亢......577	宫......604
裘......553	余......578	壶......605
卒......554	舍......579	泮......606
杂......555	广......580	高......607
裋......556	庐......581	京......608
衷......557	庙......582	良......609
祝......558	庭......583	仓......610
裔......559	家......584	库......611
依......560	寝......585	廪......612

啬......613	牡......637	骈......664
囷......614	牢......638	骖......665
邑......615	牵......639	驷......666
郭......616	牧......640	羊......667
邕......617	物......641	善......668
鄙......618	告......642	养......669
向......619	半......643	羔......670
窗......620	牦......644	羞......671
门......621	麖......645	羹......672
户......622	犬......646	膻......673
扁......623	吠......647	哔......674
闲......624	臭......648	豕......675
闩......625	莽......649	圂......676
闭......626	伏......650	麤......677
间......627	突......651	逐......678
闪......628	兽......652	敢......679
启......629	厌......653	豢......680
开......630	戾......654	豚......681
关......631	默......655	遁......682
瓦......632	猝......656	兕......683
丹......633	㷉......657	象......684
井......634	马......658	为......685
	奇......659	能......686
自然类	闯......660	豸......687
动物	驭......661	虎......688
牛......635	骄......662	虐......689
牟......636	驳......663	彪......690

009

虎……691	它……718	雏……745
豹……692	巴……719	获……746
鹿……693	龙……720	鹊……747
丽……694	夔……721	枭……748
麓……695	猱……722	鸣……749
尘……696	黾……723	习……750
麋……697	龟……724	霍……751
兔……698	鱼……725	奋……752
逸……699	渔……726	进……753
冤……700	鲁……727	飞……754
鼠……701	鲦……728	非……755
窜……702	鲨……729	集……756
鼷……703	鳒……730	杲……757
虫……704	称……731	雕……758
蛊……705	遵……732	只……759
蠹……706	鸟……733	双……760
蜀……707	隹……734	焦……761
蚕……708	乌……735	彝……762
萤……709	燕……736	羽……763
蚀……710	雀……737	翼……764
蜿……711	凤……738	翁……765
蜷……712	鸡……739	番……766
蝙……713	瞿……740	皮……767
蝉……714	翟……741	肉……768
萤……715	雉……742	有……769
万……716	旧……743	炙……770
蛛……717	隼……744	胖……771

骨 ... 772	柱 ... 797	丰 ... 824
歹 ... 773	楣 ... 798	丸 ... 825
角 ... 774	枘 ... 799	麻 ... 826
解 ... 775	栅 ... 800	草 ... 827
毛 ... 776	困 ... 801	卉 ... 828
氅 ... 777	漆 ... 802	刍 ... 829
	束 ... 803	苗 ... 830
植物	枣 ... 804	茁 ... 831
竹 ... 778	棘 ... 805	蔓 ... 832
竿 ... 779	束 ... 806	萍 ... 833
策 ... 780	巢 ... 807	菜 ... 834
木 ... 781	西 ... 808	荐 ... 835
林 ... 782	果 ... 809	菱 ... 836
森 ... 783	某 ... 810	芯 ... 837
艺 ... 784	栗 ... 811	盖 ... 838
休 ... 785	叶 ... 812	韭 ... 839
支 ... 786	世 ... 813	瓜 ... 840
朱 ... 787	尔 ... 814	禾 ... 841
本 ... 788	朵 ... 815	穗 ... 842
末 ... 789	桑 ... 816	稻 ... 843
未 ... 790	采 ... 817	委 ... 844
枚 ... 791	华 ... 818	来 ... 845
柄 ... 792	荣 ... 819	粟 ... 846
机 ... 793	才 ... 820	穆 ... 847
权 ... 794	不 ... 821	齐 ... 848
梁 ... 795	屯 ... 822	秉 ... 849
楞 ... 796	生 ... 823	兼 ... 850

年......851	月......876	谷......901
秋......852	明......877	川......902
黍......853	肖......878	派......903
叔......854	夕......879	衍......904
米......855	夙......880	流......905
巢......856	虹......881	州......906
伞......857	气......882	回......907
粥......858	风......883	渊......908
白......859	飙......884	淼......909
香......860	寒......885	昔......910
秦......861	冰......886	没......911
	雨......887	沉......912
天文	申......888	汲......913
日......862	电......889	泗......914
旦......863	雷......890	浴......915
晕......864	云......891	汆......916
昃......865	昙......892	濒......917
暴......866	零......893	浅......918
朝......867	需......894	沿......919
莫......868	霖......895	漩......920
春......869	雹......896	泂......921
杲......870	雪......897	瀑......922
杳......871		潮......923
昏......872	**地理**	汐......924
晶......873	水......898	澳......925
星......874	泉......899	汉......926
参......875	原......900	湾......927

涧 928	田 955	爨 982
沙 929	畎 956	煣 983
小 930	畋 957	煸 984
土 931	周 958	熄 985
坪 932	行 959	尉 986
墨 933	封 960	荧 987
塞 934	疆 961	金 988
埋 935	社 962	鑫 989
丘 936	里 963	
尧 937	野 964	**其他**
阜 938	囿 965	一 990
陵 939	圃 966	五 991
阱 940	火 967	七 992
阳 941	炎 968	十 993
山 942	燎 969	凸 994
岛 943	焚 970	凹 995
嵩 944	灾 971	尖 996
岳 945	庶 972	歪 997
嵒 946	炭 973	上 998
屼 947	灰 974	下 999
峤 948	赤 975	卡 1000
峡 949	主 976	
石 950	光 977	音序检字表 ... 1001
磊 951	叟 978	
斫 952	焱 979	
段 953	燹 980	
厂 954	然 981	

甲　　　金　　　篆

古人关于人体形象的字造了很多，有正面站立的（大），有侧面站立的（人），有躺着的（尸），有跪着的（卩），有女人形（女），有老人形（长），有小孩形（儿）等。古文字的人字，是一个侧面站立的人形，它的本义即为人，是所有人的总称。凡是从人的字，大都与人类及其行为状态有关，如从、众、伐、休、伏、保、介等。

yuán
元

甲　　　金　　　篆

　　元字的本义就是人头。早期金文中的元字，像一个侧面站立的人，而特别突出了人的头部。这个头部的形状在甲骨文和后来的金文中简化成一横，而在横上又另加一点，以指示头在人体中的位置。元字由人的头部义又可引申为事情的开头，有开始、第一的意思，所以从前帝王改换年号的第一年就叫作元年，一年中的第一个月叫元月，一年的第一天叫元旦。元字又有本来、原先之义，所以把事情的开端叫元始。

　　元首　相当于俗语中的"头儿""头头"，现在则专指一个国家的君主或最高领导人。

篆

小篆的兀字,是在人形的顶端加一横画,像人头顶平秃无毛的样子,其本义为光秃,又指高耸而顶部平坦的样子。《说文解字》:"兀,高而上平也。从一在人上。"

兀傲　高傲。指人意气锋锐凌厉,不随俗流。

兀坐　独自端坐。

兀自　径自,公然。又有还、尚之义。

兀那　指示代词,那,那个(兀是词头),可指人、地或事。

bǐ 比

| 甲 | 金 | 篆 |

古文字的比字,像一前一后紧靠在一起的两个人。它的本义为并列、靠近、紧挨;引申为比较、较量;又指勾结,用作贬义,如朋比为奸(互相勾结干坏事)。

比周 结党营私,又指联合、集结。

比翼齐飞 翅膀挨着翅膀一齐飞翔,比喻夫妻关系亲密。

比肩继踵 形容人多拥挤。继踵,脚尖碰脚跟。

cóng 从（從）

甲　金　篆

人体形体

　　古文字的从字，是一前一后两个人形，像一个人在前面走，另一个人随后跟从的样子，其本义为跟随、随从。从字由跟从之义，引申为听从、顺从之义，又有参与其事的意思，如从军、从政、从事等。

　　从容　安逸舒缓，不慌不忙。

　　从善如流　指能随时听从善言，择善而从。

běi 北

甲　　金　　篆

古文字的北字，像两个人相背而立的样子，其本义为相背、违背。军队打了败仗，士兵相背四散而逃，所以北字又有败、败逃之义。此外，北又多借用为方位名词，指北方，与"南"相对。

北面　旧时君主接见臣子，尊长接见卑幼者，皆面向南方（南面）而坐，臣子或卑幼者则面向北方（北面）而立，故以北面指向人称臣。拜人为师也称北面。

甲　　　金　　　篆

甲骨文、金文的并字,像两人被连在一起。它的本义为合并,即联合在一起。并字还可用作副词,相当于"皆""都",又指一起、一齐。

并力　齐心合力。

并吞　兼并侵吞,即把别国的领土或别人的产业强行并入自己的范围内。

并日而食　一天就吃一顿饭,形容家贫,食不能饱。

众 zhòng

（眾）

甲　　金　　篆

甲骨文众字，像烈日当空，很多人弯腰在地上劳动的样子，真有点"锄禾日当午"的意味。金文和小篆的众字，上面的日变成了目，就像奴隶主睁着眼睛在监视一群奴隶劳动。因此，众本当指成群的奴隶，引申为众人、大家、许多人，同时又泛指人或事物之多。

众生　泛指所有有生命的事物。

众口难调　指人多意见多，不易做到使人人满意。

众志成城　众人同心齐力，可以共筑起一座城池。比喻心齐力量大。

金　　篆

尺是一种长度单位名称，一尺相当于三分之一米。十寸为一尺，十尺为一丈。在古代，各种长度单位多以人体的部位为准则，如寸、尺、咫等。金文的尺字，是在一个人形的小腿部位加一个指示符号以表示一尺的高度所在。小篆尺字的构形方法相同，只是形体稍有变化罢了。尺的本义是一种长度单位，引申指一种量长度或画线用的器具——尺子。

尺寸　尺和寸都是较小的长度单位，引申为少、短小、细微。又指法度、标准，以及物件的长度、大小。

尺度　计量长度的定制。又指标准。

尺牍　书信。

尺短寸长　尺有所短，寸有所长，比喻每个人都有长处和短处。

zuò 坐

古　　篆

坐，是指人臀部着物以支持体重的一种姿势。《说文解字》中所录古文（战国文字）坐字，从二人从土，像二人面对面坐在地上之形。坐的本义为跪坐，引申为搭、乘之义。

坐而论道　坐着空谈大道理。

坐井观天　坐在深井中看天，比喻眼光狭隘，看到的有限。

diào 吊

| 甲 | 金 | 篆 |

[吊]

甲骨文、金文的吊字,像人身上缠有矰(zēng,一种带有长绳的短箭)缴之形。其本义不明。此字在金文中常用为叔伯之"叔",典籍中则用为哀悼、慰问、抚恤之义,现在多表示悬挂的意思。

吊古 凭吊古迹,感怀旧事。

吊唁 哀悼死者称吊,安慰死者家属称唁。

吊桥 旧时架设在城壕上可以起落的桥,也指桥面吊在钢索上的桥。

吊民伐罪 抚慰人民,讨伐有罪者。

重 zhòng

金　　篆

重是个会意字,早期金文的重,从人从东(東),像一个人背上扛着一个大包袱,非常吃力的样子,表示所背的东西很沉重。稍后的金文重字,人与东两形合并为一体,已看不出背物之意。小篆重字从壬从东,也是由金文演变而来。总之,重的本义为重量大,与"轻"相对;引申为厚重、严重、庄重等义,读 zhòng。此外,重又读 chóng,有重叠、重复的意思。

陷的本字为"臽"。古文字的臽字,从人在臼中,臼像土坑、陷阱之形,表示人掉落土坑中。所以,臽的本义为陷落、掉入,又指陷阱、土坑。

队 duì
（隊）

甲 金 篆

队为"坠"的本字。甲骨文队字从阜从倒人（或倒子），像人从高高的山崖掉落下来的样子。金文队字的人形换成了"豕"，所以到小篆时队字变成了从阜（阝）豕声的形声字。队的本义为坠落，即由高处往下掉。此字后来多借用为队列、队伍之义，故另造"墜（坠）"字来表示它的本义。

队列 排得整整齐齐的行列。

队伍 指军队。又指有组织的群众团体。

甲　　　金　　　篆

何字本是一个会意字。甲骨文、金文的何字,像一个人肩上扛着一把戈在行走的样子;小篆讹变为从人可声,成为形声字。何的本义为负荷(hè),即扛、背的意思。此字后来多借用为疑问代词(什么、谁、哪里)和副词(多么),它的本义则由"荷"字来表示。

yǒng 永

甲　　金　　篆

  永是"泳"的本字。古文字的永字，像一个人在水中游泳，本义为游泳。永字后来多用来指水流长远，又引申为长久、长远之义，故另造"泳"字来表示它的本义。

  永久　长久，永远。

  永恒　永远不变。

  永垂不朽　指姓名、事迹、精神等永远流传，不被磨灭。

| 甲 | 金 | 篆 | qiāng 羌 |

羌是我国古代西北地区的少数民族之一。其地风俗，以游牧为业，其人则身穿羊皮衣，头戴羊皮帽，帽上通常还有羊毛的装饰。甲骨文羌字，正像一个头戴羊毛装饰的人形。有的人形脖子上还有绳索，这是因为羌人是当时中原民族的敌人，在战争中常被中原民族掠为俘虏、奴隶，甚至被当作祭品，所以常以绳索捆绑之。

fāng 方

甲　金　篆

　　甲骨文、金文的方字，像人颈部缚有绳索或戴枷械，其本义当为被械系之人。甲骨卜辞中用方字指中原以外的部族，如鬼方、土方、羌方、虎方等，大概是出于一种敌忾心理，即用这种缚以绳索或戴枷械的地位低下之人的形象来代表外族之人。当时的外族部落均散居在中原民族的四方，因此方字又引申为四方、方面、方向、方位、地方等。又有方圆之方以及方法、方略等义。

方寸　即一寸见方，言其小。又指人的内心。

方法　量度方形的办法。又指法术、办法。

方俗　地方风俗。

方以类聚　同类事物相聚一处。

方兴未艾　正在发展，没有终止。

jìng 竞 (競)

甲　　金　　篆

甲骨文和早期金文的竞字,像两个人并肩向前奔走,其本义为"互相争逐而行",如竞逐、竞走等;引申为争强、较量之义,如竞争、竞技、竞赛等。

pú
仆
(僕)

甲　金　篆

  甲骨文的仆字，像一个人手捧箕具的样子，其中人形的头上有"辛"。辛是古代的一种刑具，表示该人是受过刑的战俘或罪人。人形的臀下有尾毛，这是对奴隶的一种侮辱性的装饰。箕上的几点代表尘土，表示铲土扬尘的意思。因此，仆本指手捧箕具从事家务劳动的奴隶，即奴仆、仆人。

  仆从　旧时指跟随在主人身旁的仆人。

篆

　　伍是古代军队的最小编制单位,五人为一伍,故伍字由五、人会意。《说文解字》:"伍,相参伍也。从人从五。"现泛指军队,引申为队伍的行列,又指同伙的人。古代户籍也以五家为一伍。此外,伍又用作姓氏和"五"的大写体。

伍人　古代军队或户籍中编在同一伍的人。

伍长　古代军队以五人为一伍,户籍以五户为一伍。一伍之长叫伍长,也称"伍老"或"伍伯"。

篆

古代军队，以五人为一伍，两伍为一什。什字由十、人会意，是指以十人为一编制单位。另外，古代户籍也以十家为一基层单位，互相担保，也称作"什"。《说文解字》："什，相什保也。从人、十。"什又通"十"，泛指总数为十的一个单位。如《诗经》的雅、颂以十篇诗编为一个单位，叫作"什"，或"篇什"。后来用以泛指诗篇或文章。

什一　十分之一。

什百　十倍百倍。

什伍　古代户籍或军队的基层编制单位。户籍以五家为一伍，互相担保；十家相连，叫"什伍"。

什长　一什之长。

什器　日常生活用具，也作"什具"或"什物"。

什么　疑问代词。什读 shén。

篆

　　佰是古代军队中比什更高一级的编制单位。佰字由百、人会意，是指以百人为一编制单位。《说文解字》："佰，相什佰也。从人、百。"佰又通"百"，指一百，又用作"百"的大写体。

侨 qiáo

僑 篆

（僑）

侨的本义是踩高跷的艺人。人踩高跷则显得身高体长，故侨字由人、乔会意，因为乔有高义。《说文解字》："侨，高也。从人，乔声。"则乔又兼作声符。踩高跷是民间技艺。民间艺人常卖艺他乡，因而流寓四方，故侨字又引申为寄居异地之义。

侨人 东晋、南北朝时称流亡江南的北方人为侨人。又指踩高跷的人。

侨居 寄居他乡。也作"侨寓"。

篆

　　像字由人、象会意,其本义为人的肖像,又泛指比照人或物的形状制成的形象,如画像、塑像等。《说文解字》:"像,象也。从人从象,象亦声。"则象又兼作声符。

仔 zǎi

篆

  仔字由人、子会意，是指人之子，其本义为儿子，在方言中用作青年男性的泛称。又指幼小的动物，义同"崽"，如猪仔。仔在"仔细"一词中读 zǐ。

  仔细 精细，认真。

zè
仄

籀　　篆

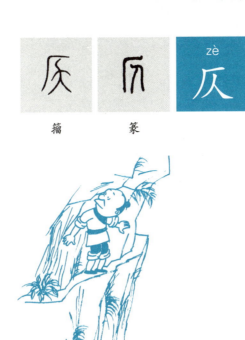

　　仄字从人从厂，厂为山崖，人在山崖之下，不得不侧身歪头；而籀文的仄字，从厂从矢，正好是一人在厂下侧头之形，故仄字的本义为歪侧、倾斜。后引申为内心不安，又引申为狭窄之义。

　　仄目　斜着眼睛看，不敢正视，形容畏惧的样子。同"侧目"。

　　仄陋　出身卑微。同"侧陋"。

仙

xiān

篆

[仚]
[僊]

古代传说中的神仙,大多是些不食人间烟火的人物。他们隐居深山修炼,因而得道成仙。所以修道之人往往也自称"山人"。《说文解字》:"仙[仚],人在山上。从人从山。"仙字从人在山上,其本义即为神仙。神仙之仙字,古籍中多作"僊",或作"仚","仙"字当即从"仚"字变化而来。顾蔼吉《隶辨》云:"仚,后人移人于旁,以为神仙之仙。"

篆

小篆的危字，像一人立厂（山崖）上，另一人跪厂下，其本义为高、高处。因人在山崖之上，因此又有凶险、危难、畏惧、不安等义。

危厄 危险困难。

危如累卵 累卵，以卵（鸡蛋）相叠，比喻极端危险。

甲　　　篆

甲骨文的壬字，像人站在土堆上，表示站立、挺身而立的意思，即"挺"的本字。小篆的壬字人、土两部分合而为一，仍能保持字形原义。小篆演变为隶书以后，此字与表示天干第九位的壬字形相近，容易混同，所以后世多用"挺"字代行其义。

金　　　　篆

廷指朝廷，是古代帝王布施法令、接受朝见之所。金文的廷字，像一人面对墀陛站立地上，表示此处乃群臣朝见君王的所在，是一个典型的会意字。小篆则变会意字为形声字。《说文解字》："廷，朝中也。从廴，壬声。"

廷争　在朝廷上向皇帝谏诤。

廷试　科举时代的殿试，由皇帝亲临面试，称为廷试。

廷对　在朝廷上当众对答。科举时代皇帝殿试亦称廷对。

jié 节（節）

玺　篆

节早期写作"卪"，指符节。符节是古代的一种信验凭证，也是权力身份的象征。持节传令，则对方必匍匐听命，古玺中的卪字，像一个匍匐在地上的人，即表示拜受听命；小篆卪字的人形作跪跽状，犹存其意而略有变化；后世则多写作"节"。古代节的形制和材料，因其用途而各有不同。如镇守邦国的诸侯用玉节，把守都城和边界的大夫用犀牛角做的节，出使山陵之国的使者用虎形铜节，出使平原之邦的使者用人形铜节，出使湖泽之国的使者用龙形铜节，管门守关的用竹节，管财货贸易的用刻有印章的铜节，管理道路交通的则用装饰有五色羽毛的节。

篆

小篆的卬字,从匕从卩,像一人在跪踞、一人在匍匐仰望,其本义为仰首,即抬头向上,当即"仰"的本字。引申为盼望、仰慕、信任等义。《说文解字》:"卬,望,欲有所庶及也。"卬字又通"昂"。

卬贵 即昂贵,指物价高。

卬首信眉 即昂首伸眉,表示扬眉吐气。

篆

昂字从日从卬，卬即仰，表示人抬头望日之意，其本义为仰首，引申为上升、高涨之义。同时，卬在此字中也兼作声符，代表该字读音。

昂昂　挺拔特立的样子。常用来形容人志行高超的样子。

昂然　仰头挺胸无所畏惧的样子。

昂扬　（情绪）高涨。

昂藏　形容山势高峻，或人气宇轩昂。

御(禦) yù

甲　　金　　篆

古代祭祀，除多用牲畜作祭品外，也有用活人的。这一现象，从御字的演变中可以得到证实。早期甲骨文、金文的御字，像人手持杵棒，迎头椎击一个跪着的人，棒下血光四溅，惨不忍睹；有的被椎击之后还要用土在坑中活埋。御本指祭祀时的一种用牲方法，后转为祭名，即"禦"的本字。后世御字多假借为驾驶之"驭"，引申为治理、统治等义。

御世　统治世间。也称"御宇"。
御用　旧指为皇帝所用。
御览　为皇帝所阅览。
御者　驾驭马车的人。又指侍从。

bāo 包

篆

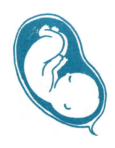

小篆的包字,从巳在人腹中,巳像尚未成形的胎儿,故包字本指胎衣,当即"胞"的本字。后引申为包裹、包含、包容等义。

包围　四面围绕。

包办　一手负责办理。

包揽　兜揽包办。

包藏祸心　暗藏害人之心。

包罗万象　内容丰富,无所不包。

甲　　　金　　　篆

[屍]

甲骨文、金文的尸字，均像一个仰躺的人，本义为尸体，即人死后的躯体，所以楷书尸字或又在尸下加死字以表义。古代祭祀时，代死者受祭、象征死者神灵的人被称为"尸"，一般以臣下或死者的晚辈充任。后世祭祀改用牌位、画像，不再实行用尸的制度。

尸祝　尸，代表鬼神受祭祀的人；祝，传告鬼神言辞的人。又指立尸而祝祷之，表示崇敬。

尸位素餐　空占着职位，不做事而白吃饭。

臀 tún

甲　篆

臀，指人体后面两股的上端和腰相连的部分。甲骨文的臀字，是在人形的臀部加一指示符号以指示臀的位置。造字方法与"身""肱"等字相同。后来臀字变为形声字，从骨殿声，或从肉（月）殿声。

甲　篆　wěi 尾

　　远古时代，人们为了猎取野兽，头上戴着兽角，臀部接上一条尾巴，装扮成野兽的样子以便靠近它们。后来这兽角和尾巴逐渐变成了装饰，人们在庆典活动时以此装饰跳舞。甲骨文的尾字，正像一个人在臀部下系一条尾巴状的饰物，其本义为动物的尾巴，引申为末尾和在后面的意思。

　　尾随　指在后面紧紧跟随。

　　尾大不掉　比喻下属势力强大，无法指挥调度。现在也比喻机构臃肿，不好调度。

尿 niào

甲　篆

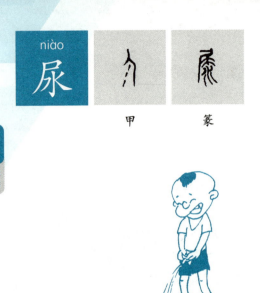

甲骨文尿字,像一个侧立的人,身前的三点代表激射的尿线。小篆尿字从尾从水,构字方式与甲骨文不同,但意义相同。所以尿字的本义为撒尿,又指尿液。

甲

甲骨文屎字,像一个侧蹲着的人,臀部下的几个小点代表排泄物。因此,屎的本义为粪便。

屎诗 指拙劣的诗作。《通俗编·艺术》:"今嘲恶诗曰屎诗。"

死 sǐ

甲　金　篆

甲骨文死字，右边是一垂首跪地的人形，左边的歹（古文字写作"歺"）表示死人枯骨，像活人跪拜于死人朽骨旁默默吊祭的样子，特指死亡、生命结束之义。由于死去的东西不会动，所以僵硬的、不灵活的东西也称为"死"，如死板（不灵活）、死气沉沉（形容气氛不活泼或精神消沉不振作）；再引申为坚定不移之义，如死心塌地（形容打定主意，决不改变）。

篆

小篆的葬字,中间为死,上下为草,表示人死后尸体埋于荒郊野地。所以葬的本义是掩埋尸体,如埋葬、安葬;又泛指处理死者遗体,如火葬、海葬等。

葬送　指掩埋死者、出殡等事宜,引申为断送、毁灭之义。

ní 尼

篆

尼为"昵"的本字。小篆的尼字,像二人相近狎昵之形,其本义为相近、亲近。

尼姑 梵语称信佛出家修行的女子为比丘尼,简称"尼",俗称"尼姑"。

金　　　篆

金文和小篆的尻字，从尸从几，像人靠着几案而坐，其本义为坐、坐下，引申为起居、居处、止息、停留等义。《说文解字》："尻，处也。从尸，得几而止。《孝经》曰：'仲尼尻。'尻，谓闲居如此。"在楷书中，这个解释为居处的"尻"和解释为蹲踞的"居"字，因读音相同混为一字。而后人则以"居"表示居处义，另造"踞"字来表示蹲踞之义。

疒 nè

甲　　篆

甲骨文的疒字，像人仰卧床上且浑身冒汗，表示人有病痛卧床不起，其本义为疾病。《说文解字》："疒，倚也。人有疾病，象倚箸之形。"在汉字中，从疒的字非常多，都与病痛有关，如病、痛、疼、疴、瘦、疲、痴等。

甲　　　金　　　篆

古文字的大字,是一个两手平伸、两脚分开正面站立的人形。大的本义为大人,即成年人或有地位的人;后来引申指在面积、体积、数量、力量、强度等方面超过一般水平或超过所比较的对象,与"小"相对。

大度　气量宽宏能容人。

大局　整个的局面,整个的形势。

大庭广众　人多而公开的场合。

大智若愚　指有大智慧大才能的人,不炫耀自己,从外表看好像愚笨。

tiān 天

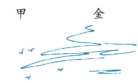

甲　　　金　　　篆

天和元一样，都是指人的头部。早期甲骨文和金文的天字，像一个正面站立的人，特别突出了人的头部。这个头形后来简化成一横，有的在横上加一点指示头部所在。天的本义为人头或头顶，引申为头顶以上的天空，还可以用来泛指自然界。凡自然生成的事物均可称为天，如天文、天气、天险、天然等。现在则把一昼夜之内的时间称为一天，如一整天、今天、明天等。

天子 古人认为天是有意志的神，是万物的主宰，是至高无上的权威，因而把天称作"天神""上帝"，而把统治人间的君王称为"天子"，即上天之子。

甲　　　　金　　　　篆

（吴）

吴，是古代的国名和地名。西周初年，泰伯居吴，后世兴盛称王，是为吴国，至公元前473年为越国所灭。其地在今江苏一带。该地以陶器、铁器等手工制造业而闻名。古文字的吴字，像人肩扛器皿（陶器之类）的样子，是对手工制造者的形象描绘。吴字本指制陶人，用作国名或地名，大概与该地人民善于制作陶器有关。

yāo 夭

篆

篆书的夭字,像一个人的头部向一侧倾侧屈折的样子,表示屈曲、摧折之义,又引申为人早死,即少壮而死。

夭折 短命早死。

夭斜 歪斜,婀娜多姿的意思。

夭桃秾(nóng)李 本指艳丽争春的桃李,又比喻少女年轻美丽。

甲　　　金　　　篆

　　古文字交字像一个人两腿交叉的样子，其本义是交叉、交错，引申为连接、结交、互相等义，如交界、交涉、交情、交心、交易、交流等。

wén
文

甲　　　　金　　　　篆

　　文是个象形字。甲骨文和金文的文字，像一个正面站立的人形，人形的胸部刺画着花纹图案。这其实就是古代"文身"习俗的形象描绘。所以文字本来是指身上刺有花纹的人，又有花纹、纹理的意思。后来才引申出文字、文章、文化、文明等众多的意义。

fū

夫

甲　　金　　篆

　　按照古代礼制，男子到了二十岁，就要束发加冠，表明他已经是成年人。夫字从大从一，大为人，一表示用来束发的簪子。甲骨文、金文的夫字，像一个束发插簪的人形，它的本义即为成年男子。男子成年始成婚配，夫引申为丈夫，即女子的配偶，与"妇""妻"相对；成年始服劳役，因此夫又指服劳役或从事某种体力劳动的人，如渔夫、农夫等。

　　夫人　旧时对别人妻子的敬称，现多用于外交场合。
　　夫子　古代对男子的尊称，又是学生对老师的尊称。

bàn 伴

甲

篆

[夶]

古文字的伴字，像二人并行，其本义为伴侣、伙伴。《说文解字》："伴［夶］，并行也，从二夫。辇字从此。读若伴侣之伴。"后世通作"伴"，从人，半声。

甲　　　金　　　篆

亦是"腋"的本字。古文字的亦字，像一个正面站立的人形，两臂之下的两个点是指示符号，表示这里就是腋下。后来亦字多借用为虚词，相当于"也"。因此，只好另造一个从肉（月）夜声的"腋"字来表示亦的本义。

亦步亦趋　比喻自己没有主张，或为了讨好，每件事都顺从别人，跟着人家走。

jiā
夹
(夾)

甲　金　篆

古文字的夹字，像左右两个小人搀扶着中间一个大人的样子，本义为夹持，即从左右扶持，引申为辅佐之义。此外，夹还可以指两者之间的空隙，如夹缝、夹道等；又可以指里外两层，如夹（jiá）衣、夹被等。

夹注　书中正文中间的小字注释。

夹带　以不应携带的物品杂入他物之中，意图蒙混。如旧时考生应试，私带书籍等文字资料入场，就叫夹带。

夹辅　在左右辅佐。

甲　　　金　　　篆

　　甲骨文、金文的立字，像一个正面站立的人形，人的脚下一条横线代表地面，表示一个人站立在地面之上。所以立的本义就是站，引申为树立、设置、建立等义，如立功、立法、立威等。此外，古代君王即位也称"立"。

　　立竿见影　竿立而影现。比喻收效很快。

wèi 位 　立　大埠　位

甲　　金　　篆

"位"与"立"本来是一个字,都写作"立","位"是后起的字。金文位字或从人,胃声,则变为形声字。位字从人、立,本指人所站立的位置,引申为人的身份、地位,又泛指方位、位置。

位望　地位和声望。

位子　人所占据的地方;座位。

金　　　篆

金文的替字,像两个人一前一后,表示替换、接替。所以替字的本义为更换、接替、替代,引申为废弃、衰败之义。

替身　替代别人的人,多指代人受过的人。

替天行道　代行上天的旨意。多指除暴安良、拯救苍生的行动。

| 甲 | 金 | 篆 |

在古代，人们为了狩猎，往往在头上戴上用兽角或羽毛做成的装饰，以便接近禽兽。后来这种兽角或羽毛逐渐成为装饰品，戴在头上成为美的标志。甲骨文和早期金文的美字，像人头上装饰着兽角或羽毛。因此，美字本指人装束漂亮，引申指人的容貌、声色、才德或品格美好，同时还可以指食物味道甘美。

| 甲 | 金 | 篆 |

甲骨文、金文的央字，像人用扁担挑物，担物时人在扁担中间，所以央字有中间之义，如中央。央字又有穷尽的意思，如长乐未央。此外，央还有恳求之义，如央求、央告。

hēi 黑

金 　 玺 　 篆

　　金文的黑字,像一个被烟火熏烤的人大汗淋漓、满面污垢的样子。它的本义为被火熏黑,后泛指黑色,与"白"相对。黑色暗淡,故黑字引申为黑暗,即昏暗无光之义;又引申为隐秘的,不公开的。

　　黑帮　泛指地下犯罪组织或其成员。

　　黑市　暗中进行不合法买卖的市场。

　　黑甜乡　指梦乡。形容酣睡。

　　黑白分明　黑白,黑色与白色,比喻是非、善恶。黑白分明比喻是非严明,处事公正。

金　　　篆

夷，是古代华夏族对边远少数民族的通称。在古代，华夏族蔑视和虐待其他民族，常把他们抓来当作奴隶或作为祭祀时的牺牲。甲骨文和金文的夷字，多用"尸"字来代替，显然含有鄙视侮辱的意味。而金文夷字又有作一人被绳索五花大绑之形，则是表示把少数民族人抓来做奴隶或牺牲。

wǔ 舞

甲　金　篆

甲骨文舞字，像一个手持树枝（或飘带）蹁跹起舞的人，本义为舞蹈。此字后来由于多被借用为有无之无（無），所以金文的舞字特意加上辵旁表示舞蹈的动作，小篆以后则普遍加双脚形。这样，舞与无（無）就不容易混淆了。而舞字除舞蹈之义外，还含有舞动之义，如挥舞、舞弄等。

金　　　篆

古代的舞蹈，大概是起源于对神灵的祈祷仪式。人们载歌载舞，目的在于取悦神灵，祈求神灵降福。金文的冀字，像一个戴着饰有兽角的面具跳舞的人形。化装舞蹈旨在祈求神灵，因此冀字的本义为祈求、希图、期望。冀在后世又多用为地名，表示冀州；现在则用作河北省的简称。

冀幸　希望侥幸。

冀马　产于冀州北部的良马。后泛指良马。

乘 chéng

甲　　金　　篆

传说上古时代,有一位圣人叫有巢氏。他教人们在树上构木为巢,作为居所,用以躲避野兽和洪水的侵袭。这种在树上居住的方式,被称为"巢居"。它是一种非常原始的生活方式。甲骨文、金文的乘字,就是一个人爬在树顶上的形象,是巢居生活的形象写照。因此,乘的本义为爬树,引申为爬、登、乘坐之义(如乘车、乘船等)。

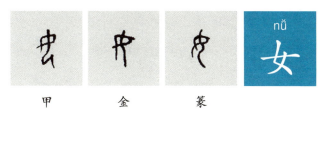

| 甲 | 金 | 篆 | nǚ 女 |

人体形体

女，指女性，与"男"相对。在古代，女性地位低下。体现在字形上，甲骨文的女字像一个双膝跪地的人，两手交叉垂下，一副低眉顺眼、卑躬屈服的样子。后代的女字，形态渐渐地由跪变立，但仍是屈腿弯腰，一副柔顺的姿态。

mǔ 母

| 甲 | 金 | 篆 |

古文字的母字,像一个敛手屈膝的女子,胸部的两点代表突出的乳房。母字当指成年生育过的女子,又特指母亲。由母亲一义,母字又被用作女性尊长的通称,如伯母、祖母等。因为母能生子,所以母也引申指事物的本源。此外,母也泛指雌性的动物,如母鸡、母牛等。

měi 每

甲　　金　　篆

　　甲骨文、金文的每字，像一个敛手腹前、跪坐地上的女子，她的头上插戴着花翎锦羽一类的装饰。女人头戴羽翎，男人头戴兽角，在古人眼中就是一种美的象征，所以每字本指妇女之美。每和美两个字的构造方法相近，表达的意义也相近，只不过一个是指女性之美，一个代表男性之美。后来每字被借用作虚词，表示往往、时常、每次、逐一等义，它的本义也就很少有人知道了。

要 yāo

金　　　古　　　篆

　　要为"腰"的本字。金文和古文的要字，下面是女，女上的部分代表人的腰部，作两手叉腰状。小篆的要字，像一个人双手叉腰站立的样子，较之金文和古文更为形象。要的本义为腰，后多借用为求、取等义，如要求、要挟等。腰在人体的中枢位置，所以要又有枢要的意思，读yào，引申为重要之义，又指重要的内容，如纲要、要点等。

甲　　金　　篆

　　古代通常把战俘和罪犯充当奴隶,以供役使。古文字的妾字,从女从辛,其中辛是一种刑具,表示这是一个受过刑罚的女奴隶。因此,妾的本义是女奴隶,又引申为小妻,即男性在正妻之外所娶的女子。此外,妾又是旧时女子自称的谦辞。

nú 奴

金　篆

　　古代的奴隶，多为在战争中抓来的俘虏和从别的部落中掳掠过来的人。古文字的奴字，像一只大手抓住一个女子的样子，其本义当为女奴、婢女，又泛指奴隶。

奴婢　丧失自由无偿劳动的人。通常男称奴，女称婢。
奴役　把人当作奴隶使用。
奴颜婢膝　形容低声下气、谄媚奉承的样子。

甲　　　篆

妻指的是男子的配偶，相当于口语中的老婆、太太。古文字的妻字像一个人用手抓住女人的头发。这实际上就是古代抢婚习俗的形象描绘。抢婚习俗曾经在原始社会风行，即某一部落的男子可以到另一部落中抢掠女子为妻。这种习俗在后代虽然被废除，但强抢民女为妻的野蛮现象还是时有发生。在古代，妻既然是抢来的老婆，其社会地位之低下是不言而喻的。

hǎo 好

| 甲 | 金 | 篆 |

　　古人崇尚多子多福,又提倡孝道,认为"不孝有三,无后为大"。因此,衡量一个女子的好坏首先是以其能否生育为标准的。好字从女从子,表示妇女生育而有子。妇女能生儿育女,就是好。好字用作形容词,有美和善的意思,与"坏"相对。又可读作 hào,用作动词,表示喜欢、喜爱之义,如好奇、嗜好等。

　　好处　指对人或事物有利的因素。又指使人有所得而感到满意的事物。

　　好逸恶劳　喜欢安逸,厌恶劳动。

篆

娶字是会意兼形声字。娶字从取从女,表示把女子取过来成亲;同时,取又表示娶字的读音,所以它又是一个从女取声的形声字。娶的本义为男子娶妻,与"嫁"相对。

妊 rèn

| 甲 | 金 | 篆 |

古代社会，男耕女织，纺织是妇女最主要的一项任务。甲骨文、金文的妊字，从女从壬，壬是古代的一种纺织工具，所以妊像一女子跪坐纺织的样子，其本义为纺织。纺织是妇女的专职，故周人多以妊为妇女的美称。金文的妊字或从人，故妊字后世分化为任、妊二形。任字承袭妊字的本义，引申为任务、责任以及承担等义；而妊字专指妊娠。《说文解字》："妊，孕也。从女从壬，壬亦声。"则壬又兼作声符。

媚 mèi

甲　篆

眉目在人的面部是最能传神的部分。媚字从女从眉，突出女子的眉部，以表示其眉清目秀之态，本指女子容貌娇美秀丽。容貌娇美则可以取悦于人，故《说文解字》云："媚，说（悦）也。"引申为讨好、巴结、逢迎等义。

媚世　求悦于当世。
媚眼　娇媚的眼睛。
媚惑　以美色迷惑人。
媚辞　奉承讨好人的言语。

嬝 niǎo

篆

嬝字由女、弱会意,本指女子身体纤瘦柔弱的样子。纤瘦柔弱则体态轻盈,有弱不禁风之态,故嬝字又引申指身态轻盈柔美,又有摇动、摇摆之义。

嬝嬝 形容微细或轻盈柔美的样子。又指声音悠扬。

嬝娜 形容婉柔的样子。同"袅娜"。

篆

人体形体

在我国古代,妇女地位非常卑微,常受到不公平的待遇。人们对妇女存有很深的偏见,认为女人是祸水,常把女子与小人相提并论。这种现象,在文字中也有充分的反映。很多从女的字,都含有污蔑和歧视的意思,如妒、妨、妄、媮、婪、嬾(懒)等。此字从三女,表示女人多的地方常有奸邪之事,故有邪恶、欺诈、为非作歹等义。现在的简体字把它简化为"奸",与表干犯之义的奸字混为一字。

奸细 为敌方刺探情报的人。

奸猾 奸险狡猾的人。

奸雄 本指混淆是非的辩士,后引申指富于权谋、才足欺世的野心家。

嬉 xī

人体 形体

俗话说:"三个女人一台戏。"有女人的地方,似乎就特别热闹,笑声也多。嬉字由女、喜会意,表示女子耍闹而喜乐之意,其本义为游戏、玩耍。喜又兼作声符。

嬉笑 欢笑耍闹。
嬉游 游玩。
嬉戏 玩乐。
嬉笑怒骂 指写文章才思敏捷,不拘题材形式,都能任意发挥。

甲　　　　篆

　　婢即婢女，指旧社会中供有钱人家使唤的女孩子，又泛指女奴、女仆。婢字由女、卑会意（卑又兼作声符），女之卑者为婢，表明婢是女子中社会地位比较卑微的人。

　　婢子　女奴，婢女。又指婢女所生的子女。也用作古代妇女的卑称或自称的谦辞。

　　婢妾　小妻、侍女。

妣 bǐ

甲 金 篆

妣本指祖母或祖母辈以上的女性祖先，后来指母亲，又特指亡母。甲骨文和早期金文的妣字，通作"匕"，像一人屈膝弯腰敛手之形。在古代父系社会，妇女处于从属地位，在男性面前必须弯腰屈膝作恭顺状，故用此种形象的字来指女性。又泛指雌性，如牝字从匕，即是明证。后来又在匕字的基础上加女旁，以表明其女性的身份。小篆的妣则变为从女比声的形声字。《说文解字》："妣，殁母也。从女，比声。"

妣考 亡母与亡父。

（嫺）

娴是会意兼形声字，从女从闲，闲亦声。人有闲暇，则从容安静，而女子从容安静，则显得特别高贵文雅，故娴的本义为文雅，又用为熟练之义。

娴都（dū） 文雅美好。

娴雅 文静大方（多形容女子）。

娴熟 熟练。

mǔ
姥

人体形体

姥字由女、老会意,其本义是老妇,即年老的妇女,与"姆"通用。又媳妇称婆婆为姥。北方方言称外祖母或尊称年长的妇人为"姥姥",也作"老老",这时读 lǎo。

甲　　　金　　　篆

甲骨文的身字，像一个腹部隆凸的人形，其本义当为妊娠，即妇女身怀有孕。身又指人或动物的躯体、身体，引申指自身、自我，又引申为亲自之义。凡从身的字，大都与人的身体有关，如躬、躲、躺、躯等。

身份　人在社会上的地位、资历等。

身世　人生的经历、遭遇。

身教　以自己的实际行动对人进行教育。

身体力行　亲身体验，努力实行。

甲　　　篆

甲骨文的孕字，像一个侧立的大腹便便的人，人的腹中有"子"，表示怀有身孕。小篆字形讹变，不但腹中之"子"跑了出来，而且人形也已变样，最后演变成楷书从乃从子的孕字。孕的本义为怀胎、生育，后也比喻在既存事物中培养出新事物。

孕育　怀胎生育，引申为庇护抚育。

育 yù

[毓]

甲骨文、金文的育字，像一个妇女生产的样子：女人的下部有一个头朝下的"子"，像婴儿刚从母体中分娩出来的样子；"子"下的三点，表示产子时流出来的胎液。育早期的字形为"毓"，育字从倒子从肉（月），是其变体。育的本义为生育，即生孩子，引申为抚养、培养之义。

育龄 在年龄上适合生育的阶段。

zǐ 子

甲　　金　　篆

甲骨文、金文的子字，像一个婴孩形象，主要有两种表现方式：一是像婴儿头大身小之形，一是像小孩双脚站立且突出表现其头发稀疏、囟门未合的特征。因此，子字的本义是婴儿，引申指子嗣，即儿女。子又借用为干支名，是十二地支的第一位。汉字中凡从子的字，大都与婴孩或子嗣有关，如孩、孙、孝、孕、字等。

子弟　子与弟，相对"父兄"而言。又是对后辈的通称，指子侄。

子夜　夜半子时，即晚十一点至凌晨一点。

子城　附属于大城的小城，如内城及附郭的月城等。

甲　　　　篆

甲骨文的乳字，像一人胸前乳头突出，双臂抱子让他吮吸奶水的样子，其本义为喂奶、哺乳，即以乳汁喂婴儿，又指吃奶。乳字由吃奶之义引申，泛指饮、喝，如乳血餐肤；由喂奶之义又引申为奶汁、乳房；再由哺乳婴儿之义引申为产子、生育，又指刚生育过的或刚生下的、幼稚的。

乳母　被雇为别人哺育婴儿的妇女。

乳虎　指育子的母虎。又指幼虎。

乳臭未干　口中还有奶气，贬斥其幼稚。

金　　　篆

　　字的构形,上部一个宝盖头(宀)代表房子,下面一个子字表示婴儿。婴儿在屋内,表示生育之义,引申为养育、滋生、孳乳等义。古人把最早产生的独体象形字称为"文",而把由两个或两个以上的独体字组合而成的合体字叫作"字"。因为合体的字是由独体的文滋生出来的,所以称"字"。后世"文""字"不分,多以"字"来作为文字的通称。

bǎo 保

甲　　金　　篆

　　婴儿初生，不能站立行走，自己取食，护理照料实非易事。常见的办法是把婴儿抱在胸前或背在身后。甲骨文和早期金文的保字，像一个人把婴儿放在背上并伸出一只手在后面加以保护的样子，后来手形与人形分裂，变成右下的一点，为了平衡，又在子字的左下增加一点，原有的象形意味就荡然无存了。总之，保字的本义是背负，引申为护理、抚养、养育之义，进一步引申为保护、保佑、守卫等义。

jié
孑

篆

  小篆的孑字,从子而无右臂,像人独臂之形,其本义为无右臂,引申为单、独、残留以及短、小等义。

  孑然 形容孤独的样子。

  孑遗 残存,剩余。

  孑孓 短小。又专指蚊子的幼虫。

篆

孒字和孑字一样，均为残缺的子形，只不过孑缺右臂而孒缺左臂而已，故孒字本指无左臂，同样也引申为短、小之义。

chán 孱

篆

孱字从尸下有三子,子指幼童,尸为人形,表示人有众多幼童。儿童幼稚肥小,故孱字有弱小、懦弱之义,又引申为拘谨、谨小慎微等义。

孱弱 身体瘦弱。又指人软弱无能。

孱(càn)头 方言,骂人的话,指软弱无能之人。

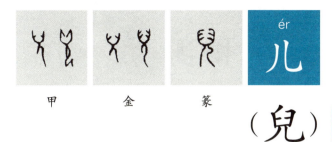

甲　　　金　　　篆

ér 儿（兒）

古文字的儿字，像一个婴儿的样子：身小头大，囟门尚未闭合。《说文解字》："儿，孺子也。……象小儿头囟未合。"所以儿的本义是儿童。在古时，男称儿，女称婴，但笼统而言皆称儿。

儿女　子女。又指青年男女。

儿戏　儿童游戏。又比喻做事不认真，处事轻率有如小儿嬉戏。

儿女情　指男女恋爱或家人之间的感情。

孙(孫) sūn

甲　金　篆

　　孙字从子从系,子是小儿形,系是绳索形,绳索有系联之义,表示子孙连续不断。孙的本义是孙子,即儿子的儿子,也泛指孙子以后的各代,如曾孙、玄孙。

jiào

教

甲　　金　　篆

　　古代"朴作教刑"（以棍棒作为教学的工具），用肉体的惩罚来督导学习，所谓"不打不成材"。这种"棍棒政策"的教育就很生动地表现在教字的字形上。古文字的教字，右边像人手持教鞭（或棍棒），左边一个"子"表示儿童，"子"上的两个叉代表算数的筹策（小木棍或草秆），所以教字的本义为督导儿童学习，引申为指导、培育、训诲等义。

xué 学（學）

甲　金　篆

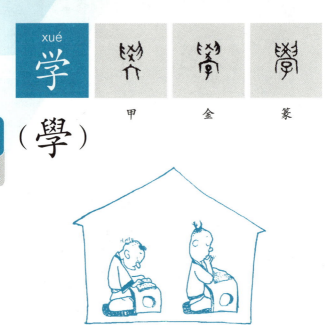

　　学是一个会意字。甲骨文的学字，像人双手摆弄筹策（小木棍或草秆）来算数的样子；金文增加一个"子"，表示是儿童在学习算数。因此，学字的本义即为学习、仿效；引申为学问、学说、知识等，如品学兼优；又可以用来指人学习的场所，即学校。

zhǎng 长(長)

甲　金　篆

人体形体

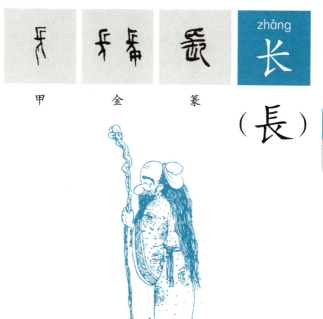

　　甲骨文、金文的长字，是一个手拄拐杖的老人形象，而特别突出其长发飘飘的特征。长字的本义是老人，引申指尊长，即辈分大、职位高的人，又指首领。用作动词，长字又有生长、滋长、增长、成长等义。此外，长还读 cháng，为长短之长，引申为长远、长久等义。

老 lǎo

甲　金　篆

甲骨文、金文的老字，像一个弯腰驼背、老态龙钟的老人手拄拐杖的样子。老的本义就是老人，即年岁大的人；引申为年岁大，与"少""幼"相对；又指陈旧，与"新""嫩"相对。

老当益壮　年纪虽老，但志气更高，干劲更大。

老谋深算　筹划周密，打算深远，形容办事精明老练。

甲　　　金　　　篆

孝是古代封建社会所崇奉的道德标准之一，善于侍奉父母为孝。古文字的孝字，上部是一个弯腰驼背、白发飘飘的老人形象，下边的"子"代表小孩，表示小孩搀扶老人。敬重老人，帮助老人，这正是孝道的具体表现之一。孝又指居丧，即在尊长死后一定时期内遵守一定的礼俗。

孝子　指孝顺父母的人。又指父母死后居丧的人。

孝顺　尽心奉养父母，顺从父母意志。

孝敬　把物品献给尊长，表示敬意。

殷 yīn

金

篆

金文的殷字，像人手持一根针形器具，在一个腹部膨大的人身上刺扎，表示医治疾病。殷的本义为医治，引申为治理、忧痛等义。此外，殷还有盛大、众多、富足等义。

殷实　富足。

殷聘　盛大的聘礼。指古代诸侯遣使互相访问，以敦睦邦交之礼。

殷切　深厚而急切。

殷勤　热情而周到。

金　　　　篆

古文字的夏字，像一个挺胸叉腰、四肢健壮、高大威武的人，本指高大威武之人，引申为物之壮大者。古代中原人自称"夏"，又称"华夏"。我国第一个朝代称为夏朝，而现在夏多作为姓氏。此外，夏又用作季节名，是春夏秋冬四季的第二季。

夏令　夏季的节令。

夏历　即农历，也称阴历。其制始于夏朝，以正月为岁首，故名。

页 yè

（頁）

甲　金　篆

甲骨文的页字，像一个头部特别突出的人，其本义即为人头。许慎《说文解字》："页，头也。"页字现多借用为叶，特指书册中的一张，也指纸的一面，如册页、活页等。在汉字中，凡由页字组成的字大都与页的本义人头有关，如颈、项、额、顶、须等。

qǐng

篆

（顷）

　　顷为"倾"的本字，由匕、页会意，匕为倒斜人形，页为人头，故顷字本义为头不正，引申为歪斜、偏侧之义。此字后多借用为时间名词，指少时、片刻，引申为时间副词，指近来，刚才；又用为土地面积单位，百亩为一顷。

顷之　一会儿，不多久。之，助词，无义。
顷亩　百亩或概指百亩之地。也泛指田地。

fán 烦(煩)

篆

烦字从页从火,页指人头,表示头热疼痛,犹如火烧,引申为焦躁、苦闷、劳累、杂乱等义。《说文解字》:"烦,热头痛也。从页从火。一曰焚省声。"所谓省声,是说只写声符的一部分而不写全。

烦恼 佛教指身心为贪欲所困扰而产生的精神状态。又指愁苦。

烦劳 繁杂劳累。也可用作动词,麻烦、打扰。

烦闷 郁结不舒畅。

烦剧 指事务丛杂。

mào 貌

籀　　　篆

[兒]

小篆的貌字，像一个头面突出的人，本义是人的面容、相貌、仪表，泛指事物的外表、外观、样子、状态等。或写作从页，豹省声，则由象形变而为形声。

貌合神离　外表亲密而内怀二心。

首 shǒu

| 甲 | 金 | 篆 |

甲骨文首字是一颗头颅的形象,但不大像人类的头,而更像兽类(如猿猴)的头。金文的首字则只用一只眼睛和头发来作为头部的标志。因此,首的本义是人或其他动物的头。由头的意义引申,首字有首领之义,即一群之长,又引申为事物的开始、第一、最高等义,如首届、首席、首当其冲、首屈一指等。

金　　　篆

xiàn
县
（縣）

人体器官

  县是"悬"的本字。远古之时，有将战败者枭首示众的做法。金文的县字，一边的"木"代表树或木杆，用一根绳子把一颗头颅悬挂在树或木杆上。小篆县字形体略有变化，其左为倒"首"，右为"系"，也是悬挂人头之状。所以，县的本义为悬挂人头，引申为吊、悬、系挂之义。县字后来借用为地方行政区划名称，故另造"悬"字来表示它的本义。

miàn
面

甲　　　篆

甲骨文的面字，外部是一张脸的轮廓，中间有一只大眼睛，它的本义即是人的脸。不过在古代，脸和面的含义有所不同。脸，最初指颊，即眼睛与颧骨之间的部位；而面指整个头部的前面部分。所以面可泛指前面，又指物体的外表、表面。

面目　面貌。也泛指事物的外貌。

面壁　面向墙壁。佛教也称坐禅为面壁，谓面向墙壁，端坐静修。

面面相觑　相视无言。形容紧张惊惧、束手无策之状。

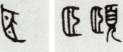

金　　篆

yí
颐

（頤）

人体器官

颐，是指人脸的颊、腮部位。金文的颐字，像脸上的颊、腮；有的在腮部画有胡须；小篆、楷书又加页旁，表示颐在人的头部。颐字除指人面的颊、腮之外，还可用作保养之义，如颐养。

颐指气使　不说话而用面部表情来示意，形容有权势的人的傲慢神气。

xū
须
(鬚)

金　篆

　　古代男子以须眉浓密为美。金文的须字,正像人面有须的样子,其本义为胡须。后来加义符彡(biāo,表示毛发)写作"鬚",又简化为"须"。须字在后来多假借为"需",有需要、必需、应当等义。

　　须眉　胡须和眉毛。旧时指男子。
　　须臾　指时间上的片刻。

金　　　　篆

冉是"髯"的本字。古代须、髯有别,髯指颊毛,须则指下巴上的胡子。古文字的冉字,正像两颊髯毛下垂的样子。冉字由髯毛下垂引申为柔弱、垂下之义。而冉冉连用,则有慢慢、渐渐之义。

冉冉　渐进的样子。又形容柔弱下垂之状。

甲　　　金　　　篆

　　古文字的而字，像人颏下胡须飘拂的样子，其本义当是下巴上的须毛，今人多称胡子或胡须。而字后来多借用为第二人称代词，相当于你、你们；又借为连词，有和、及、才、就、并且等多种含义。其本义反而少为人知了。

　　而已　语末助词，仅止于此，相当于"罢了"。

　　而立　《论语·为政》："子曰：吾十有五而志于学，三十而立。"后称三十岁为而立之年。

篆

耐是古代一种剃去胡须的轻微刑罚。耐字从而从寸，而是胡须，寸是手，表示用手除去胡须。此字后多借用为忍受、禁得住之义，本义遂不再行用。

耐久　持久，经久。
耐烦　忍受麻烦。

méi 眉

甲　　　金　　　篆

甲骨文、金文的眉字，均像人眼上有眉毛的样子，其本义即为眉毛。小篆以后眉字形体略变，原字的象形意味就逐渐减弱了。

眉目　眉毛和眼睛，泛指容貌，后又指一件事情的头绪、条理。

眉睫　眉毛和眼睫毛，比喻近在眼前。

眉批　眉在人脸五官的上端，所以凡在上面的往往称为"眉"，比如书页的上端称"书眉"，而在书眉部分加上批语，就叫"眉批"。

甲　　　金　　　篆

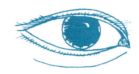

目字是个象形字。甲骨文、金文的目字,像一只眼睛。它的本义即为眼睛,引申为动词,是以目视物,即看的意思。目又可以指渔网的网孔(俗称"网眼"),引申指条目、细目等。汉字中凡从目之字,都与眼睛及其作用有关,如看、眉、相、瞪、瞥等。

目送　以目光相送。

目前　眼前,现在。

目录　按次序编排以供查找的图书或篇章的名目。

目空一切　形容骄傲自大,什么都看不起。

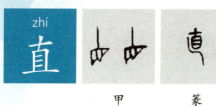

甲骨文的直字，为目上一条直线，表示目光直视。《说文解字》："直，正见也。"因此，直的本义为直视、正视，引申为成直线的（与"曲"相对）、垂直（与"横"相对）、正直、公正、直爽、直接等义。

直观　用感官直接接受的，直接观察的。

直截了当　（言语、行动等）率直爽快。

直言不讳　直率而言，无所隐讳。

甲　　　金　　　篆

　　古代的奴隶主为了强迫奴隶劳动，防止他们造反，往往采取极其残酷的镇压手段：或给他们戴上沉重的脚镣手铐，或用绳索套住他们的脖子，或砍去他们的一只脚，或用锥子刺瞎他们的眼睛。甲骨文、金文的民字，正像以锥刺眼之形，其本义为奴隶；引申指被统治者，其中包括奴隶和平民；后也泛指普通的群众、老百姓。

máng 盲

玺　　篆

盲字是会意兼形声字,从亡从目,亡即无,表示眼中无眸,亡又指示这个字的读音。《说文解字》:"盲,目无牟(眸)子。"目中无眸子就看不见东西,所以盲的本义为瞎。

盲目　眼瞎,比喻没有见识,认识不清。

盲从　不问是非地附和别人,盲目随从。

盲动　未经考虑,没有明确目的就行动。

盲人摸象　形容对事物没有全面了解,固执一点,乱加揣测。

篆

睡字是会意兼形声字，从目从垂，表示垂头闭目休息，垂又代表这个字的读音。《说文解字》："睡，坐寐也。"所以睡本指坐着打瞌睡，又泛指睡觉、睡眠。

睡乡 即梦乡，入睡后的境界。

睡魔 人疲乏时，急切欲睡，好像有魔力催促，称为睡魔。

甲　　　金　　　篆

相字从木从目，是个会意字，表示用眼细细观赏树木外形。相的本义是观察事物的外表以判断其优劣，引申指人或事物的外观形貌。此外，相字还有辅助之义，又用作官名，特指宰相。相又可读 xiāng，有相互、交互之义，也表示一方对另一方有所动作。

相术　指观察人的形貌，预言其命运的一种方术。

相貌　即容貌，指人的面部模样。

相得益彰　指互相配合，更能显出彼此的长处。

篆

看是个比较晚出现的会意字,在甲骨文和金文中还未发现。小篆的看字,从手在目上,像手搭凉棚往远处眺望。因此,看的本义为远望,引申为观察、注视之义,再引申为探望、访问之义。

看台 供观望的高台。

看法 对客观事物所抱的见解。

看风使舵 比喻跟着情势转变方向,即随机应变。多用作贬义。

wàng 望

| 甲 | 金 | 篆 |

望本是个会意字。甲骨文的望，是一个人站在一个高出地面的土墩上翘首远看的样子；金文望字增加月形，表示"举头望明月"的意思。因此，望的本义为仰观、远看。登高远望往往有等待之意，故又可引申出期望、期盼等义。小篆以后，望字形体发生变化，原来代表眼睛的"臣"被"亡"（表示读音）所代替，望字即由会意字变成了形声字。

篆

眇字由目、少会意,表示少一只眼,故其本义是偏盲,即一目失明,也泛指两眼瞎。《说文解字》:"眇,一目小也。"即眯着一只眼睛仔细看,故又有细小、谛视、仔细看等义,又引申为低微、远、高远等义。

眇茫 即渺茫,辽阔而迷茫看不清的样子。

眇视 偏盲,以一眼视,或暗中偷看。又指轻视、蔑视。

篆

[瞑]

睡的本义是坐着睡觉,而瞑是真正的卧床睡觉。《说文解字》:"瞑,翕目也。从目、冥,冥亦声。"翕目即闭目。瞑字由目、冥会意,冥有黑、暗之义,闭目入睡,目无所见,当然是一片黑暗了。瞑字既是会意字,又属形声字。今天这个意义写作眠,以民为声符,是完完全全的形声字。而瞑只表示闭眼或昏暗,读 míng。

瞑目　闭目。又比喻死而无憾。
瞑眩　头晕目眩。
瞑瞑　昏暗迷乱。

甲　　　金　　　篆

甲骨文、金文的曼字，像以两手撑开眼睛，其本义为张目，引申为展开、延长之义。《说文解字》："曼，引也。从又，冒声。"则误把会意当形声。古人以眼大为美，故曼字又有美好、妩媚之义。

jiàn 见（見）

甲　金　篆

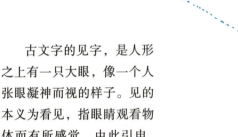

古文字的见字，是人形之上有一只大眼，像一个人张眼凝神而视的样子。见的本义为看见，指眼睛观看物体而有所感觉。由此引申，则耳之所闻、心之所悟均可称之为"见"，如听见、见识、见解等。此外，见还常借用为助动词，表示被动。

见地　见解、见识。

见效　发生效力。

见笑大方　指知识浅陋，为见识广博的人讥笑。今多用为谦辞。又作"贻笑大方"。

见义勇为　见正义之事而勇于作为。

见微知著　通过事物的细微迹象，认识其实质和发展的趋势。

金

　　金文的觅字，从爪从见，像人以手搭眼窥视之状，其本义为斜视、偷看，引申为寻找、求索等义。

　　觅句　指诗人苦吟。

览 lǎn

篆

（覽）

览字从监从见,监有从上俯视的意味,因此览的本义为俯视、鸟瞰,引申为观看、阅览等义。《说文解字》:"览,观也。从见、监,监亦声。"则监又兼作声符。

览胜 观赏美丽的景色。也作"揽胜"。

甲　　　篆

甲骨文的艮字，像人扭头向身后反视，其本义为回顾、顾盼。频频回顾则犹豫不前，故又有停滞不前之义。后世多用艮为卦名，为八卦之一，其象为山。又因艮在方位上属东北，故以东北为艮。

xiàn 限

金　篆

　　金文的限字，左边的阜像高丘形，右边是一张目反顾的人形，表示一个人回头向后看，但被高丘阻挡视线，无法极目远眺。限的本义为阻挡、阻隔，引申为限制，又指界限。此外，限字还可当门槛讲，因为门槛有限制、界限的作用。

限定　在数量、范围等方面加以规定。
限度　范围的极限；最高或最低的数量或程度。
限期　指定日期，不许超过。

chén

臣

甲　　金　　篆

臣本指男性奴隶或俘虏。《尚书》孔传中说，凡是奴隶，"男曰臣，女曰妾"。泛指仆役。甲骨文、金文的臣字，像一竖起的眼睛。因为奴隶在主人面前不能抬头平视，只能俯首或仰视，所以成竖目。奴隶为卑恭、屈服之人，所以臣又有臣服、屈服之义。在奴隶、封建君主制时代，各级官员都是帝王君主的奴仆，在君主面前均自称为"臣"。

卧 wò

篆

卧字从人从臣,臣为竖目形,人低头俯视则目竖。金文临(臨)、监(監)二字所从的卧字均为俯身向下看的样子。所以卧字的本义为俯伏、趴下,引申为仰躺、睡下的意思。

卧具 枕席被褥等卧室用具的统称。

卧病 因病躺下。

卧薪尝胆 形容人立志报仇雪耻,因此刻苦自励,不敢安逸。

zāng 臧

甲　金　篆

古代以战俘为奴隶，为了防止他们反抗和逃跑，往往残酷地将其双眼刺瞎。甲骨文和早期金文的臧字，从戈从臣，像以戈刺瞎人眼，本指在战争中被虏获为奴隶的人，后用作对奴婢的贱称。在典籍中，臧字常用作善、好、称许之义。

臧否（pǐ） 善恶，得失。又指品评，褒贬。也作"臧贬"。

臧获 对奴婢的贱称。

jiàn 监 (監)

甲　金　篆

在古代发明镜子之前，人们若想看到自己的样子，就只有一个办法，即用水来照。甲骨文、金文的监字，像一个人跪在水盆（皿）边，张眼向下看的样子，表示人利用盆中之水照看自己的模样，所以监字的本义为临水自照，即自己看自己。这个意义后来写作"鉴"。由自己看自己引申为观察别的人或事物，故监又有监视、监督之义，读jiān。

金　　　　篆

（臨）

　　金文的临字，像人俯视众物。小篆的临从卧从品，卧像俯视的人形，其下为众物，其会意方式与金文相同。因此，临的本义为俯视，引申为面对、降临、到、及等义，又引申为统管、治理之义。

临时　到事情发生之时。又指一时、暂时。

临渴掘井　感到渴了才挖井，比喻平时没有准备，事到临头才想办法。

临渊羡鱼　比喻只有空想和愿望而不去实干，就无济于事。

耳 ěr

甲　　金　　篆

甲骨文、金文的耳字，正像一只耳朵，本义即为耳朵。耳是人和动物的听觉器官，故凡从耳的字，都与耳朵或听觉有关，如闻、聂、取等。

耳目　指见闻。又指替人刺探消息的人。

耳食　比喻不善思考，轻信传闻。

耳濡目染　形容经常在一起，听得多了看得多了之后，无形之中会受到影响。

wén 闻（聞）

甲　金　篆

甲骨文的闻字，像一个人竖起耳朵正在聚精会神地听着什么声音的样子。金文闻字或变为形声字，从耳昏声。小篆闻字从耳门声，门也可以是个义符，似乎可以理解为一耳贴在门外偷听别人说话。闻的本义为听、听见，又指所听到的事情、消息，如新闻、奇闻，引申为见闻、知识。后来闻字从听觉范畴扩展到嗅觉范畴，如闻香下马。

闻风丧胆　听到一点风声就吓破了胆。形容对某种力量极端恐惧。

闻一知十　形容人十分聪明，善于类推。

圣 shèng（聖）

甲　金　篆

甲骨文、金文的圣字，像一个人站着听人说话的样子。其中的口表示有人在说话，而人形头上的耳朵特别突出，表示听力极佳。所以，圣字的本义是听觉灵敏，又有聪明睿智、百事通达之义。古代称人格品德崇高、学识才能有极高成就的人为"圣"，如圣贤、诗圣、书圣等。在封建君主制时代，圣多用为对帝王的尊称，如圣上、圣旨、圣恩等。

圣明 封建时代称颂君主的套词，言英明而无所不知。

圣哲 超凡的道德才智。又指圣哲的人。

tīng 听(聽)

甲　金　篆

甲骨文的听字,从耳从口,表示用耳朵听别人讲话。听的本义是用耳朵来感受声音,引申为听从、接受,又引申为决断、治理之义。

听命　接受命令。

听政　处理政务,引申为执政。

听其自然　任凭人或事物自然发展变化,不去干涉。

听天由命　指听从天意和命运的安排而不做主观努力。

niè 聂

篆

（聶）

聂字是个会意字,从三耳,表示众人口耳相传。《说文解字》:"聂,附耳私小语也。"故聂的本义为附耳私语,这个意义后来写作"嗫"。聂现在多用作姓氏。

甲　篆

声
（聲）

甲骨文的声字，像一个人手持小槌敲打悬挂的石磬，从耳表示可以听到石磬发出来的声音。声的本义是声音、声响，又指音乐、言语、音信，引申为声势、名誉之义。

声色　说话的声调和脸色。又指音乐歌舞和女色。

声援　声势相通，互相援助。

声东击西　指战斗中设计造成对方错觉，而突袭其所不备之处。

取 qǔ

甲　金　篆

　　古代两军作战，战胜一方的将士是以割取敌人的首级或俘虏的耳朵来计功的。甲骨文的取字，像一只手拿着一只被割下来的耳朵，表示割取耳朵，引申为捕获、索取、收受、采用等义。

dā
奤

奤字由大、耳会意,其本义即为大耳朵。耳大则下垂,故有下垂、低垂之义。

奤拉 下垂,垂下。

zì 自

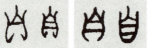

甲　　金　　篆

甲骨文的自字，像人的鼻子，是"鼻"字的初文，其本义即为鼻子。后来自字多用作第一人称代词，指自己；因而增加一个"畀"字作为声符，另造了一个"鼻"字来表示鼻子的意思。

自由　指能按自己的意愿行动，不受他人限制。

自然　天然，非人为的；又指不造作，非勉强的。

自相矛盾　比喻言行不一致或互相抵触。

sì

四

甲　　　金　　　古

四是一个数目字。甲骨文的四字，是用四条横画来表示四这个数目。它和一、二、三等数目字一样，都属于指事字。而"四"字是一个象形字，像人口中发出来的声气，当是"呬"的本字。因此，四字作为数目字，乃是借用了"呬"的本字。

四平八稳　形容说话、做事、写文章十分稳重，有时也指做事只求不出差错，缺乏创新精神。

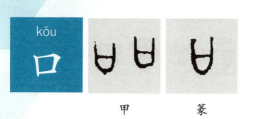

甲　　篆

口字正像人或动物的嘴,其本义就是嘴巴。嘴巴是人或动物饮食、发音的器官,所以从口的字多与吃喝和言语有关。口也可用作言语的代名词,如口舌、口角等。口形中空,故凡形状像口的事物都可以口为喻,如山口、海口、洞口、关口、瓶口、碗口、疮口、决口等。

口实　指话柄,即可供别人批评或谈论的资料。

口若悬河　比喻人健谈,说话如河水倾泻,滔滔不绝。

口诛笔伐　指用言语或文字谴责他人的罪状或错误言行。

甲　　　金　　　篆

古文字的司字，像以手遮嘴作呼叫状，表示大声呼喝，发号施令，故其本义为主持、掌管，引申为操作、经营等义，又可用作官职或行政组织名称。

司法　指检察机关或法院依照法律对民事、刑事案件进行侦查、审判。

司仪　举行典礼或召开大会时报告进行程序的人。

司令　负责指挥所属军队的长官。

司空见惯　相传唐朝司空李绅请卸任和州刺史的刘禹锡饮酒，席上叫歌伎劝酒。刘作诗有句曰："司空见惯浑闲事，断尽江南刺史肠。"后用"司空见惯"表示看惯了就不觉得奇怪。

zhuàn
啭

(囀)

啭字由口、转会意,表示声音出口婉转,其本义即为声音婉转。又指小鸟鸣叫,因为小鸟的叫声往往十分婉转好听。转又兼作声符。

dāi
呆

　　呆字由口、木会意，其本义是言语木讷，口齿不灵，引申为头脑迟钝，痴傻，又指人脸上表情死板，发愣。

　　呆滞　不灵活，不活动。

　　呆若木鸡　呆得像木头鸡一样，形容人因恐惧或惊讶而发愣的样子。

唾 tuò

篆

小篆的唾字,由口(或水)、垂会意,是指由口中垂落下来的液体,即唾液,通称"唾沫",俗称"口水"。唾还表示用力吐唾沫。《说文解字》:"唾,口液也。从口,垂声。"则垂又兼作声符。

唾骂 鄙弃责骂。

唾面自干 人家往自己脸上吐唾沫,不擦掉而让它自己干。比喻受了侮辱而极度容忍。

篆

喑字由口、音会意,其本义是婴儿啼哭不休,导致嗓音嘶哑,义同"瘖"。《说文解字》:"宋、齐谓儿泣不止曰喑。从口,音声。"则音又兼作声符。引申为缄默不言。

喑哑 口不能言。又比喻沉默不语。

zhǐ 只

篆

只字在古籍中用作语气词。小篆的只字,从口下有两道,像口中说话时声气外出的样子,用以表示语气。后因同音的关系,借用为"衹",表示仅仅;又借用为量词的"隻"。简化字中,只、衹、隻三字合用一体。

只今 如今,现在。

xuān 喧

篆

［諠］

小篆的喧字，从二口，表示人多口杂，声音吵闹，其本义即为声音大，吵闹。今写作喧，从口宣声，属形声字。

喧哗　声音大而杂乱。又指喧嚷。
喧闹　喧哗热闹。
喧腾　喧闹沸腾。
喧嚣　声音杂乱，不清静。又指叫嚣，喧嚷。
喧宾夺主　客人的声音比主人的还要大，比喻客人占了主人的地位，或外来的、次要的人或事物侵占了原有的、主要的人或事物的地位。

嚣 xiāo

金　　篆

（嚣）

嚣字由"页"和四个"口"组成，页指人头（参见"页"字条），一个人四面都是口，表示说话的人很多，声音嘈杂，有吵闹、喧哗之义，如成语甚嚣尘上（指人声喧闹，尘土飞扬，后来形容议论纷纷，多含贬义）。

嚣尘　指喧闹，尘土飞扬，同"甚嚣尘上"。

嚣张　指为人跋扈，放肆张扬，如"气焰嚣张"。

甲　　　篆

人体器官

　　甲骨文的欠字,像一个跪着的人昂首张嘴,大打哈欠的样子,它的本义就是张口出气,也即打哈欠。以欠为偏旁的字,如吹、歌、歇等,大都与张口出气有关。至于欠债、亏欠的"欠",则用的是假借义,与本义无关。

chuī 吹

| 甲 | 金 | 篆 |

  吹字从口从欠，欠字本来像一个人张口出气的样子，再加上一个口，强调用嘴巴呼气，所以吹的本义为"合拢嘴唇用力呼气"。自然界空气的流动也可称为吹，如"风吹雨打"。而一个人信口开河、胡说八道则叫作"吹牛"或"吹牛皮"。

甲　　　篆

xián
涎

[次]

人体器官

　　涎字的本义是口水、唾液。甲骨文、金文的涎是个会意字，像一个人张着嘴，嘴里流出口水的样子；小篆涎字从水从欠，仍是会意字；楷书涎字从水延声，则变成了形声字。

　　涎皮赖脸　厚着脸皮跟人纠缠，惹人厌烦。

yǐn 饮（飲）

甲　　金　　篆

斯文人饮酒，是先把酒斟入酒杯，然后再慢饮细品。而甲骨文的饮字，像一个人弯腰低头，伸着舌头抱坛痛饮的样子，可见古人饮酒也是豪兴过人。饮的本义是喝酒，后来才引申指一般的喝，如饮水、饮茶等。

饮水思源　南北朝庾信《徵调曲》："落其实者思其树，饮其流者怀其源。"后人取其意，以喻不忘本源。又作"饮水知源"。

饮鸩（zhèn）止渴　饮毒酒解渴。比喻不顾后患，用有害办法解决眼前的困难。

篆

古代以木柴为燃料,烧火做饭时常常还需要人吹气或煽风助燃。这种做法就反映在炊这个汉字上。炊字从火从欠,欠是"吹"的省略,表示人吹火燃柴,其本义即烧火做饭。《说文解字》:"炊,爨(cuàn)也。从火,吹省声。"

炊火 烧饭的烟火。也用以比喻人烟。

炊金馔(zhuàn)玉 形容饮宴豪奢。

甲　　金　　篆

古文字的曰字，像口中加一横或一曲画之形，表示从口里发出声音，即说话。曰的本义为说、道，引申为叫、叫作，又引申为为、是，表示判断。

篆

沓字从曰从水,表示人言多如水,其本义为话多。《说文解字》:"沓,语多沓沓也。"引申为啰唆、重沓、繁杂以及松懈、松弛等义。

沓杂　繁多杂乱。

沓至　连续不断而来。

沓拖　重叠的样子。又指办事拖拉,不利落。也作"拖沓"。

甲　　篆

古文字的甘字,从口从一,一为指示符号,表示口中所含的食物。甘本指食物味美,特指味甜。引申为甘心、乐意、情愿等义。

甘旨　指美味。

甘言　即甜言蜜语,指谄媚奉承的话。

甘拜下风　与人比较,自认不如,愿居下列。

tián

甜

篆

人体器官

甜和"甘"的本义完全相同。甜字从甘从舌,甘指味道甜美,而舌是辨味的器官。所以甜的本义是味道甘美,引申为美好之义;又指酣适,形容觉睡得踏实。

甜美　甘甜可口。又指愉快、舒服。

甜头　微甜的味道,泛指好吃的味道。又指好处、利益。

甜言蜜语　为了讨人喜欢或哄骗人而说的好听的话。

舌 shé

甲　　金　　篆

舌的本义就是舌头。甲骨文的舌字，下面的口是嘴的象形，从嘴中伸出来并带有唾液的东西，就是舌头。《说文解字》："舌，在口，所以言也，别味也。"人的舌头有两大功能，发音说话和辨味，所以与说话和食味有关的字多从舌，如舐、舔、甜等。

舌耕　古代把教书授徒称为"舌耕"，意即以口舌为谋生工具。

舌人　古代指通晓他国语言、担任翻译的人。

舌剑唇枪　比喻人言辞犀利，能说会道。

甲　　金　　篆

  甲骨文、金文的言字,下面部分是口舌的象形,而在舌头之上加一短横作为指示符号,表示人张口摇舌正在说话,因此言字的本义为说话,如"直言不讳"(有话直说,毫无顾忌)。引申为名词,指说话的内容,即言论、言语,如"言简意赅"(言语简练而意思完备,形容说话写文章简明扼要)。

讯(訊) xùn

甲　金　篆

甲骨文、金文的讯字是个会意字,像一个人双手被绳索反缚在背后,被缚之人即为战俘或罪犯,左边的"口"表示审问之意。因此,讯字的本义为审问战俘或罪犯,又特指战俘,如"折首执讯"(砍敌人的头,抓到俘虏)。小篆以后,讯字变为形声字,本义就罕为人知了。后来讯用为一般的询问、查问之义;引申为信息、音讯,如唐储光羲诗:"有客山中至,言传故人讯。"

讨(討) tǎo

篆

讨字由言、寸会意。在古文字偏旁中,寸和又往往相通,都是手形。此处从寸,表示伸手探取;从言,则表示用语言请求。因此讨字的本义为索要、请求,引申为声讨、谴责、征讨、治理、探究、寻访、乞求等义。

讨伐　征伐。

讨论　研究议论。

讨便宜　谋取非分利益。

yù 狱

金 篆

（狱）

狱字由言、㹜会意，㹜指两犬互咬，引申为争斗、纠纷之意，从言则表示用诉讼辩论的方式来解决争斗和纠纷，故狱字的本义为讼案，俗称"打官司"。又引申为监牢、牢狱之义。

狱吏　管理监狱的官吏。
狱卒　看管狱中囚犯的差役。
狱情　案情。
狱牒　刑事判决文书。

音 yīn

金　篆

音和言都是指从口中发出声音，最初本无区别，所以金文音、言可以通用。后来二字的用法发生分化，言专指人说话的动作或说话的内容，而音泛指从口中发出来的任何声响，所以音字就在言字的基础上加一小横，以示区别。音的本义是声音，又指乐声，引申为消息、信息等。

音信　往来的信件和消息。

音容　指人的声音和容貌。

音乐　用有组织的乐声来表达人们思想感情、反映现实生活的一种艺术。

牙 yá

| 甲 | 金 | 篆 |

牙，即牙齿。小篆的牙字，像人的牙齿上下交错的样子；有的牙字从齿，其义更为显豁。在古代，牙多指象牙，如牙尺、牙板、牙管等；又用作牙旗的简称。

牙口　指牲口的年龄。又指老年人牙齿的咀嚼力。

牙爪　即爪牙，指官吏的随从差役。

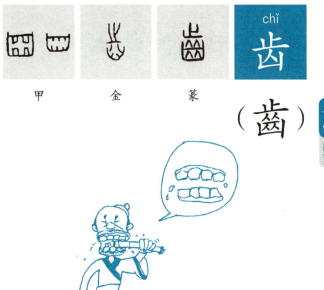

齿也是指牙齿。甲骨文的齿是一个象形字,像人口中上下两排牙齿。金文、小篆的齿字增加了一个止旁表示读音,齿字于是由原来的象形字变成了形声字。

齿舌 犹言口舌,指人的议论。
齿发 牙齿与头发,借指人的年龄。

qǔ 龋 （齲）

甲　篆

龋是一种口腔疾病，是由于口腔不清洁，牙齿被腐蚀形成了空洞。古代医学尚不发达，人们误认为这种病是由于牙齿内有蛀虫之故，所以把患这种病的牙齿叫"蛀齿"，俗称"虫牙"或"虫吃牙"。甲骨文的龋字，正像齿间有蛀虫之形。《说文解字》小篆龋字从禹从牙（或齿），禹也是虫形，同时又代表读音，因此龋字是会意兼形声字。

niè

啮（齧）[齩]

篆

人体器官

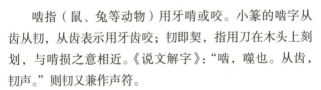

啮指（鼠、兔等动物）用牙啃或咬。小篆的啮字从齿从㓞，从齿表示用牙齿咬；㓞即契，指用刀在木头上刻划，与啃损之意相近。《说文解字》："啮，噬也。从齿，㓞声。"则㓞又兼作声符。

啮合 上下牙咬紧。又指像上下牙那样咬紧。

啮臂 咬臂出血，以示诚信。

shǒu
手

金

篆

古文字的手字，像一只人手的样子，上面的分支代表五个手指，下面是手臂。在汉字中，凡从手的字都与手的动作有关，如打、拍、扶、拿等。

手下 指所属的人，犹部下。

手册 记事小本。今也称各种专业资料或一般知识性的小册子为手册。

手忙脚乱 形容遇事慌张，不知如何是好。

甲　　　金　　　篆

爪字的本义为覆手持取，其实也就是"抓"的本字。甲骨文的爪字，像一只向下伸出的手，而且特别突出手指；金文的爪字更在指端添上指甲，所以爪字也指人的手指，又是指甲和趾甲的通称，后来引申指动物的脚——爪子。

爪牙　爪和牙，是鸟兽用于攻击和防卫的主要工具。引申指武臣；又比喻得力的助手、亲信、党羽等。现多用为贬义。

chǒu
丑

| 甲 | 金 | 篆 |

　　古文字的丑字，像人的手爪，当即古"爪"字，借用为干支名，表示十二地支的第二位；用作时辰名，指凌晨一点到三点；作为生肖名，丑属牛。

|甲|金|篆|jiǔ 九|

古文字的九字像人手臂弯折,指手肘,当即"肘"的本字。借用为数目字,除专指九这个特定的数目外,也虚指多数。

九州　古代中国设置的九个行政区域。又代指中国。

九泉　地下深处,常指人死后埋葬的地方。

九死　多次接近死亡。

九牛一毛　指多数中的极少数,比喻微不足道。

九牛二虎　形容非常大的力气。

九死一生　形容处于生死关头,情况十分危急。也指多次经历危险而幸存。

九霄云外　形容极度高远的地方。

gōng 肱

甲　　金　　篆

肱是指人的胳膊上从肩到肘的部分，也泛指胳膊。甲骨文的肱字，是在上肢的臂肘部位加一个隆起状的指示符号，表示臂肘所在的位置。此字形为《说文解字》小篆所本。而小篆肱字的异体字在原字形上增加肉（月）旁，又为楷书肱字所本。

甲　　　金　　　篆

左和右一样，最初本是一个象形字。甲骨文就是一只向左伸出的手形，后来才在手形下加"工"，成为左字的定形。所以左字的本义是左手，引申为方位名词，凡在左手一边的都叫"左"，与"右"相对。

左右　左和右两方面，又指旁侧，引申指身边跟随或侍候的人；用作动词，则有支配、影响等义。

yòu 右

甲　　　　金　　　　篆

右字本是一个象形字。甲骨文的右字,像一只向右边伸出的手。此字楷书可写为"又",是右的本字。后来由于"又"多借用为副词,所以金文就在"又"下增加一个"口",作为表示右手或左右的右的专字。因此,右的本义为右手,引申为方位名词,凡在右手一边的皆称"右",与"左"相对。

篆

寸字是个指事字。小篆的寸字,从又从一,又是手形,一为指示符号,在手下左侧,指的是手掌以下约一寸的地方,即中医诊脉的部位,又称"寸口"。所以,寸的本义是寸口,为经脉部位名称。寸又用作长度单位名称,十分为一寸,十寸为一尺。又形容极短或极小,如寸土、寸步、寸阴等。

寸心 指心。心位于胸中方寸之地,故称"寸心"。又指微小的心意。

寸进 微小的进步。

寸隙 短暂的空闲。

寸步难移 形容走路困难。也比喻处境艰难。

yǒu 友

甲　　金　　篆

　　古文字的友字,像两只同时伸出来的右手,两手相交表示握手。直到现在,老友重逢,大家还都伸出右手紧紧相握,以表达亲密友好之情。因此,友字的本义就是朋友。不过在古代,"朋"和"友"的含义是有区别的:"同门曰朋,同志曰友",跟从同一个老师学习的人称为"朋",志同道合的人称为"友"。

fǎn

反

甲　　　金　　　篆

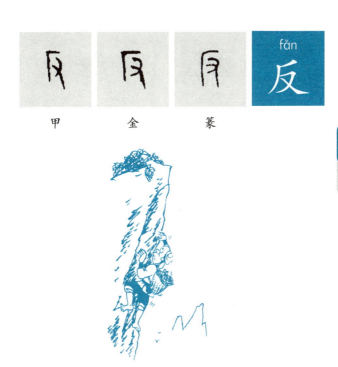

　　反是"扳"字的最初写法。古文字的反字,像一个人在悬崖峭壁下用手向上攀援,本义即为攀,引申为翻转,又引申为方向正反的反。随着意义的引申,反字的本义渐渐变得隐晦,于是只好在原字上又增加一个手旁,另造了一个"扳"字来表示攀援之义。

fán 樊

篆

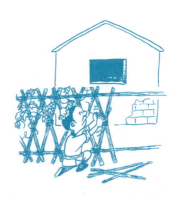

樊通"藩"。小篆的樊字,像人双手持木交叉编织篱笆,其本义即为篱笆;用作动词,则有筑篱围绕之义。如《诗经·齐风·东方未明》:"折柳樊圃,狂夫瞿瞿。"后多用作地名和姓氏。

樊笼 关鸟兽的笼子,比喻受束缚、不自由的境地。

篆

　　小篆的攀字本是个会意字,像一双向两边伸出的手,表示用双手抓住东西引身向上攀援。后来攀变成从手樊声的形声字。攀的本义为攀援,即用手抓住东西向上爬,引申为牵挽、抓牢,又引申为依附、拉拢之义。此外,攀还有拗、折的意思。

　　攀折　拉折,折取。

　　攀龙附凤　比喻依附有权势的人以立名。后来特指依附帝王以求建立功业。

甲　　　篆

[争]

古文字的争字，像两只手在同时抢夺一件物品。争的本义为抢夺，引申为争斗、竞争、争辩、争取等义。

争端　争讼的依据。后多指引起双方争执的事由。

争执　争论中各执己见，互不相让。

争风吃醋　因追求同一异性而嫉妒、争吵。

甲　　　金　　　篆

甲骨文、金文的受字，上面一只手，下面又是一只手，中间为"舟"，表示一方给予、一方接受。所以受字既有给予之义，又有接受之义。在古书中两种用法并存。后来在受字旁再加手旁，另造一个"授"字来表示给予之义。这样，受字后来就专作"接受"的意义来使用了。

受用　得到好处、利益。又有享受、享用之义。

受命　古代统治者托神权以巩固统治，自称受命于天。又指接受任务和命令。

受宠若惊　受人宠爱而感到意外的惊喜和不安。

yuán 爰

| 甲 | 金 | 篆 |

爰为"援"的本字。甲骨文的爰字,像人一只手抓住棍棒的一端,将另一端递到另一个人的手中,表示援引。所以《说文解字》称:"爰,引也。"爰字后来多引申为更换等义,又用作句首语气词,其本义则用"援"字来表示。

爰居 迁居。

爰田 指轮休耕种的田地。

^{guó}
虢

甲　金　篆

甲骨文的虢字，像人双手抓按虎头，其本义为徒手搏虎，又指虎爪攫划之迹。后世虢字多用为国名和姓氏，其本义遂不为人知。

jū
掬 𦥑

篆

[臼]

　　掬的本字是"臼"。小篆的臼字,像人双手捧托之形,表示两手捧物。

甲　　　金　　　篆

　　金文的臾字，像双手抓住人的头部拖拽，其本义即捆绑拖拉。《说文解字》："束缚捽抴为臾。"这种做法，大概是古代惩罚战俘、奴隶和犯人的常用手法。

　　臾弓　亦作"庚弓"，便于远射之弓。

舁 yú

篆

小篆的舁字,像二人四手共举一物,其本义为扛、抬、举起,又借用为"舆",专指蓝舆、竹轿。在汉字中,凡从舁之字,都与抬高、举起之义有关,如与(與)、兴(興)等。

甲　　　篆

　　古文字的拱字，像人两手合圆抱拳相拱的样子，表示拱手作揖。

弇 yǎn

篆

弇字从廾从合,表示双手把东西合拢、遮盖起来,其本义为覆盖、遮蔽。

弇汗 马身防汗之具。也称"防汗",古称"鞯"。

dòu 斗 (鬥)

甲　　篆

　　甲骨文的斗字，像两个人在打架，你抓住我的头发，我给你一拳，扭成一团的样子。它的本义是厮打、搏斗，引申为争斗、战斗之义。斗字的楷书繁体写法与门（門）字形体接近，容易混淆，所以它的简化字字形就借用了升斗的"斗"。

闹 nào

篆

（鬧）

闹字是个会意字。小篆的闹字从市从鬥，表示有人在市集上相争打斗。由于楷书中的鬥字与门（門）字极为近似，因此简体的闹字讹变为从市从门。闹的本义为喧哗、不安静，引申为吵闹、扰乱等义。

闹哄 吵闹。

闹事 烦扰之事。又指聚众捣乱，破坏社会秩序。

甲　　　金　　　篆

　　甲骨文的若字,像人用双手梳理自己的头发。梳理头发,可以使其通顺,所以若字有顺的意思,引申为顺从、顺应,在甲骨文中则用为顺利、吉利之义。此字后来多借用为如、像、似等义,其本来的意义就渐渐消失了。

　　若即若离　好像接近,又好像疏远。形容对人保持一定距离。

　　若无其事　像没有那回事一样。形容遇事镇定或不把事放在心上。

俘 fú

甲　金　篆

甲骨文、金文的俘字，从爪从子，像以手逮人的样子；或从彳，表示驱人行走。俘的本义为虏获，即在战争中掳掠人口；又指俘虏，即在战争中被掳掠的人。

金　　　　篆

　　金文的付字，从人从又，像人用手把一件东西递交给另外一个人。或从寸，与从又同义。所以，付的本义为交付、给予。

付托　交给别人办理。

付账　交钱结账。

付诸东流　把东西扔在水中冲走。多用来比喻希望落空，前功尽弃。

甲　　　金　　　篆

　　一个人在前面奔跑，另一个人从后面追上来，用手把他抓住，这就是及字所表达的意思。及的本义为追上、赶上，引申为到或至；又用作连词，相当于"和""与"。

fú 扶

金　　篆

　　金文扶字从夫从又,像用手搀扶一个人的样子。夫又兼作声符。扶字本义为搀扶,引申为扶持、扶植、扶助、支持等义。

　　扶病　支持病体。现指带病工作或行动。
　　扶掖　搀扶,扶助。
　　扶摇(tuán)　乘风盘旋而上,比喻得意。

招 zhāo

篆

招字由手、召会意,召即召唤、呼唤,其本义为挥手叫人来,引申为引来、招惹等义。《说文解字》:"招,手呼也。从手、召。"召除用作义符外,还兼作声符,因此招是会意兼形声字。

招揽　招引(顾客)。

招摇　故意张大声势,引人注意。

招降纳叛　招收、接纳敌方投降叛变过来的人。现多指网罗坏人,结党营私。

招摇撞骗　假借名义,进行诈骗。

篆

授字是由"受"字衍生出来的。古代受字既有给予的意思,又有接受的意思。在古书中这两种截然相反的用法并存。后世为了区别,受字专用作"接受"之义,而另造加手旁的授字来表示给予之义。故授字的本义为给予,引申为传授。《说文解字》:"授,予也。从手从受,受亦声。"则授是会意兼形声字。

授命　献出生命。又指下达命令。

授权　把权力委托给人或机构代为执行。

授受　交付和接受。

授意　把自己的意思告诉别人,让别人照着办(多指不公开的)。

zhuā
抓

　　抓字从手从爪,其本义是人用手指甲或动物用脚爪在物体上划过,义同搔挠,也指用手或爪取物,引申为捉住、捉拿等义。

　　抓尖儿　抢先讨好。一般用于口语。

　　抓耳挠腮　形容人焦急而又没有办法的样子。又形容欢喜的样子。

　　抓破脸　比喻感情破裂,公开争吵。一般用于口语。

金　　　篆

拜是古代表示敬意的一种礼节。古之拜礼，唯拱手弯腰而已，如今之作揖。后来称屈膝顿首、两手着地或叩头及地为拜。金文的拜字，从手从页，即像人弯腰拱手的样子；或作从手从桒，桒有快步前趋之义，表示快步前趋拱手行礼；小篆的拜字或作从二手，表示双手下拜及地。拜字的引申义，还有拜访、拜谢、授官等。

拜官 授予官职。

拜堂 古代婚礼仪式之一。唐宋以后，特指新妇于堂上参拜公婆及新夫妇行交拜礼。

拜节 节日里亲故相互拜贺。

róu
揉

人体器官

揉字由手、柔会意(柔又兼作声符),表示用手反复搓擦、按压、团弄以使物体柔软,故有以手擦、搓、团弄之义,如揉面、揉眼睛等。

揉搓 用手来回搓或擦,引申为作践、折磨。

挟

(挾)

篆

挟字由手、夹会意，其本义为夹持，即用胳膊夹住，引申为胁持、挟制之义，又引申为怀有、倚仗之义。《说文解字》："挟，俾持也。从手，夹声。"则夹又兼作声符。

挟持 从两旁抓住或架住被捉住的人（多指坏人捉住好人）。又指用武力或威势强迫对方服从。

挟制 倚仗势力或抓住别人的弱点，强使服从。

挟恨 心怀怨恨。也作"挟怨""挟嫌"。

挟山超海 比喻困难或不可能办到的事。语出《孟子·梁惠王上》："挟太山以超北海。"

挟天子以令诸侯 挟制皇帝，以其名义号令诸侯。后比喻假借名义，发号施令。

yǎn 揜

篆

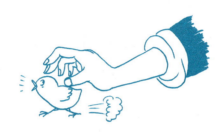

揜字从手从弇,弇的本义为覆盖、遮蔽,揜表示用手覆而取之,故本义为捕取、夺去。《说文解字》:"自关以东谓取曰揜。一曰覆也。从手,弇声。"则揜字又属形声字。此外,揜又通"弇",有遮蔽、掩盖之义。

揜眼 眼罩。

揜覆 遮盖、隐蔽。同"掩覆"。

tóu

投

篆

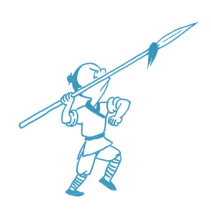

  古代枪、矛、殳(shū)一类直刃的兵器,既可用于近距离手持刺击,也可用于远距离的投掷。投字从手从殳,表示以手掷殳,其本义为掷、扔,引申为投入、投赠、投送、呈递、投合等义。

  投枪 可以投掷出去杀伤敌人或野兽的标枪。

  投缘 情意相合(多指初交)。也作"投契"。

  投机 见解相同。又指利用时机谋取私利。

  投资 把资金投入经营领域,以获取利益。

  投鼠忌器 要打老鼠又怕打坏了它旁边的器物。比喻想打击坏人而又有所顾忌。

篆

拳字从手从卷省（卷又兼作声符），表示人手卷曲成团，其本义为拳头，引申为拳曲之义。

拳术 徒手的武术。

拳曲 （物体）弯曲。

拳拳 形容恳切。

篆 （挚）

挚字由手、执会意,表示用手执持,其本义为握持,攫取。《说文解字》:"挚,握持也。从手从执。"执也兼作声符。后世多用为诚恳、恳切之义。

bāi
掰

人体器官

掰是晚近在方言中出现的字,由双手、分会意,其本义为用手把东西分开或折断。

甲　　　　金　　　　篆

甲骨文、金文的承字，像双手托着一个跪着的人。承的本义为捧着，引申为接受、承担，又引申为继续、继承。

承袭　沿袭。又指继承封爵。

承上启下　承接前者，引出后者，多指文章内容的承接转折。

chéng 丞

甲　　　篆

甲骨文的丞字,像一个人陷落坑中,有人用双手将他救出来。所以丞字的本义为援救,其实也就是拯救的"拯"的本字;又引申为辅佐、协助,所以古代中央和地方长官的副职或助手多称"丞",如大理寺丞、府丞、县丞等。

丞相　古代中央政府的最高行政长官,职责为协助皇帝处理国家政务。

甲　　　金　　　篆

　　甲骨文、金文的印字，像用手按着一个人的头，其本义是按压，也就是压抑的"抑"的本字。印由按压之义引申，指需要按压才能留下印迹的图章印信。先秦时玺尊卑通用；秦始皇统一中国后，规定只有皇帝的印才能称为"玺"，其他人的一律叫作"印"。凡是由按压留下的痕迹也都可以称为印，如手印、脚印、印刷等。

tuǒ 妥

甲　　金　　篆

古文字的妥字，像一个女子被人用手按头，跪在地上俯首帖耳的样子。妥字的本义为服帖、屈服，引申为安稳、稳当。

妥帖　稳当、牢靠。

妥善　妥当完善。

妥协　用让步的方法避免冲突或争执。

甲　　金　　篆

古文字的奚字，像一个人被绳索拴住脖子，绳索的一端抓在另一个人的手里。用绳索把人拴住，牵着他去干活以免逃脱，这是奴隶社会常见的现象，而被拴住的人就是那些没有自由的奴隶。因此，奚的本义是奴隶。古代自由民犯了罪，被拘入官府为奴的，也称作"奚"。现在用作姓氏的奚，其来源大概也与古代的奴隶有关。

奚奴　本指女奴，后通称男女奴仆。

zú
足

甲　　　金　　　篆

　　足字是个象形字,本义为脚,后借用为充实、充足、足够等义。汉字中凡从足之字都与脚及其动作有关,如跟、蹈、路、跳、践等。

足下　古代下级称上级或同辈相称的敬辞。
足色　指金银的成色十足。
足够　达到应有的或能满足需要的程度。
足智多谋　智慧高,善于谋划。

甲　　　篆

　　疋与足字形相近，意义也相近，同是指人的脚，但足主要是指人脚的趾、掌部，而疋主要指胫（小腿）部。甲骨文的疋字，像脚趾、脚掌、小腿及膝盖俱全的下肢，但突出的是小腿部分。在实际应用中，疋字常与"匹"字通用，用作量词，相当于布匹的匹；又用作动词，有配对的意思。

　　疋似　好像，譬如。
　　疋练　成匹的帛练。常用以比喻潮汐、瀑布、虹霓等。

qí
跂

篆

跂字由足、支会意,支即分支、支派,表示人的脚趾多出一根,其本义为多出的脚趾。《说文解字》:"跂,足多指也。从足,支声。"则支又兼作声符。又读 qǐ,是抬起脚后跟站着的意思。

跂望　企望,翘望。

甲　　　金　　　篆

甲骨文的止字,像人的脚,其本义为脚。脚不前行为止,所以止字又有停止、静止、栖息等义。后来用"趾"来表示止字的本义。在汉字中,凡由止字组成的字,大都与脚的动作有关,如步、此、陟、涉等。

bù 步

甲　金　篆

　　甲骨文、金文的步字，像一前一后两只脚，表示两脚交替前行，所以步的本义为行走、步行。步又是一种长度单位。古代以迈一步为跬（kuǐ），迈两步为步。如《荀子·劝学》："不积跬步，无以至千里。"周代以八尺为一步，秦代以六尺为一步，三百步为一里。

zǒu
走

甲　金　篆

　　古文字的走字,上面像一个甩开两臂向前奔跑的人,下面的止代表脚,表示行动。因此,走的本义为跑、奔跑,又指逃跑。古代跑叫作"走",走路则称为"行"。后来,走渐渐由跑之义转变成走之义。汉字中凡从走的字,大多与跑的动作有关,如趋、赴、赶、超、趣等。

甲　　　篆

甲骨文的企字，像一个侧立的人，特别突出了人的脚，表示踮脚站立。有的企字的形体，脚与人体分离，于是成为一个从人从止的合体字。这种变体，为小篆企字所本。企的本义为踮起脚，今用为盼望之义。

企伫　踮起脚跟，翘首而望。

企求　希望得到。

企羡　仰慕。

企图　图谋、打算。多含贬义。

甲　　　金　　　篆

　　甲骨文、金文的奔字由一个夭和三个止组成。夭像一个甩臂奔跑的人,下面加上三个止表示很多人一起奔跑。所以,奔的本义是众人奔走,引申为快跑、急走、逃亡等义。后来由于形近讹误,小篆奔字夭下面的三只脚变成了三丛草(卉)。这样,众人奔走的形象就变成一个人在草上飞奔了。

xiān 先

甲　　金　　篆

古文字的先字，从止在人上，一只脚走在人家的前头，这就是先。所以先字的本义为前，与"后"相对；又指时间上靠前，即早。

先生　年长有学问的人，又特指老师。现在则多用为对成年男士的尊称。

先河　古代以黄河为海的本源，因此祭祀时先祭黄河后祭海。后用来指事物或学术的创始人和倡导者。

先锋　作战时率领先头部队在前迎敌的将领。

先导　在前引导。又指以身作则，为人之先。

甲　　　　金　　　　篆

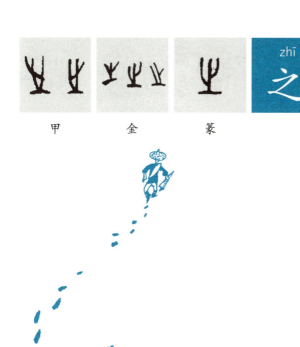

甲骨文的之字，上面的止代表向外迈出的脚，下面一横代表出发的地方，表示离开此地，去到彼处。因此，之字的本义为往、至、去、到。此字后来多借用为代词、连词、助词等，其本义反而少有人使用了。

之死靡它　至死不变。

之乎者也　四字都是古汉语的语助字，常用以讽刺旧式文人咬文嚼字、食古不化。

此 cǐ

甲　金　篆

古文字的此字,从止从人,止即趾,代表脚,又含有停步的意思。甲骨文的此字,像一个人站立不动的样子,指人站立的地方。因此,此的本义是人站立的地方,即此地、此处,引申为指示代词,相当于"这",与"彼"相对。又引申为这样、这般。

此起彼伏 这里起来,那里落下,表示连续不断。

甲　　　金　　　篆

正为"征"的本字。甲骨文的正字，上部的方框代表四面围墙的城邑，下从止，表示抬脚向城邑进发。金文正字，上面的方框或填实为方块，或简化成一横，渐失象形意味。正的本义为征行、征伐；引申为中正、平直，与"偏""斜"相对；又指正面，与"反"相对。

正大光明　正直无私，光明磊落。
正襟危坐　理好衣襟端正地坐着，表示严肃或尊敬。

qí
歧

歧字由止、支会意(支又兼作声符),止即趾,表示走路,而支有分支、分叉之义,故歧的本义为分岔、岔道,引申为不相同、不一致、不平等等义。

歧途 歧路,比喻错误的道路。

歧异 分歧差异;不相同。

歧视 不平等地看待。

歧路亡羊 比喻因情况复杂多变而迷失方向,误入歧途。典出《列子·说符》。

逆 nì

甲　金　篆

甲骨文逆字,上面像一个迎面而来的人,下面的止表示另一个人相向而行,所以逆字的本义为迎,如《国语·晋语》:"吕甥逆君于秦。"由二人逆向而行,逆又引申出倒向、不顺、违背等义。

逆流　指水倒流,又指迎着水流的方向向上游走。

逆境　指不顺利的境遇。

逆旅　客舍,指迎接宾客之处。

逆取顺守　以武力夺取天下曰逆取,修文教以治天下曰顺守。

dá 达(達)

甲 金 篆

甲骨文的达字像一个人(大)沿着大路(彳)向前行走,有的达字加止突出行走之义。因此达字的本义是在大路上行走,含通达、到、至等义,如四通八达、抵达等;引申为对事理认识得透彻,如达观、达识等。

yí

疑

甲　金　篆

甲骨文的疑字，像一个人扶杖站立、左右旁顾的样子；或从彳，表示出行迷路、犹豫不定。疑的本义为迷惑、犹豫不定，引申为疑问、怀疑。

疑似　是非难辨。

疑义　指难于理解的文义或问题。

疑神疑鬼　指神经过敏，无中生有。

陟 zhì

甲 金 篆

古文字的陟字,像一前一后两只脚沿着陡坡向上登爬。其本义为登高,引申为升进、提高。

陟降 升降,上下。又指日晷影的长短变化。

jiàng 降

甲　　金　　篆

甲骨文、金文的降字,像一前一后两只脚从高坡上往下走。降的本义是从高处向下走,与"陟"相对,引申为降落、降低、下降,又引申为贬抑。同时,降字还可以读xiáng,有降伏、投降之义。

降临　来到。

降水　下雨。

降心相从　抑己而从人。

降龙伏虎　使龙虎降伏,形容本领大,法力高。

涉 shè

甲　　金　　篆

甲骨文、金文的涉字，中间是弯弯的一道水流，两边是两只脚，一左一右，一前一后，表示正在蹚水过河。小篆涉字左右都是水，中间一个步字（上下两只脚），也表示徒步渡水。涉的本义为步行渡水，引申为游历、到、面临、进入等义，再引申为关联之义，如干涉、牵涉等。

涉世　经历世事。

涉猎　广泛涉及，指读书多而不专精。

历

(歷)

甲骨文的历字,从止从林(或二禾),表示人在林间(或稻田间)穿行,故其本义为经过、越过。引申为经历、跨越、度过等义,又指过去的各次,如历年、历代、历次等。

历劫 佛教谓宇宙在时间上一成一毁为一劫。宇宙无穷,成毁也无数。经历宇宙的成毁为历劫。后来指经历种种艰辛。

历历 分明可数。

hòu 后(後)

甲　金　篆

甲骨文、金文的后字，从彳或辵，表示行动；又从倒止上有绳索，像人脚有所牵绊。人脚有所牵绊，则行动迟缓，故后字本义为迟缓、落后。引申为位置在后，与"前"相对；又指时间上靠后，与"先"相对。简体的后字，借用了一个表示君主的同音字的字形。

后人　子孙后代。又指后世之人。又有落后，居于人后之义。

后尘　车辆前驰，尘土后起，比喻追随别人之后。

后学　后进的学者。

后来居上　原指新进之人位居旧人之上，后多泛指新旧交替，后者胜于前者。

甲　　　金　　　篆

wéi

围

（圍）

围字的本义为包围。甲骨文和早期金文的围字，中间的囗代表城邑，周围的多个止表示众人将城邑团团围起来。晚期金文的围字，再在外围加囗以强调包围之义，成为从囗韦声的形声字。

围子　圈子。又指以土木筑成的拦阻设备。

围城　被敌军包围的城邑。

围猎　合围而猎。

舛 chuǎn

篆

舛是个会意字。小篆的舛字,像两脚相背而行,其本义为违背,引申为错乱、谬误、困厄、不幸等义。小篆舛字异体又作从足春声,则属后起的形声字。

舛互 交互错杂。又指互相抵触。也作"舛午"。
舛误 谬误,错误。也作"舛谬"。
舛错 错乱。又指夹杂、交互。
舛驰 背道而驰。
舛驳 杂乱不纯。

桀 jié

篆

桀字从舛从木，像两脚在树上，其构造方法与"乘"相近，含有爬树、登上之义。只不过乘是专指人爬树，而桀泛指动物上树。《尔雅》："鸡栖于弋为桀。"桀又通"榤"，指小木桩。在典籍中，桀字常与"杰（傑）"相通，指突出、杰出的人；又通"磔"，指古代分裂犯人肢体的一种酷刑，引申为凶暴之义。

桀俊　杰出的人才。

桀黠　凶暴狡诈。

桀骜　凶暴乖戾。

桀纣　夏桀、商纣都是暴君，后用为暴君的代称。

桀犬吠尧　比喻坏人的爪牙攻击好人。

kūn 髡

篆

髡是古代一种剃去男子头发的刑罚。髡字从髟从兀，髟即头发，兀指秃顶，因此髡本义是剃去人的头发。《说文解字》："髡，剔发也。从髟，兀声。"则兀又兼作声符。

髡首 剃去头发；光头。又借指僧侣。

髡钳 一种剃去头发，又以铁圈束颈的刑罚。

髡褐 指僧侣与道士。髡，指光头，和尚剃发修行，故称"髡"；褐是道士的服色。

máo

篆

髦字从髟从毛,本来专指古代幼儿垂在前额的短头发,后又泛指毛发。古代也用来称鸟兽之毛。又引申为英俊、俊杰之义。《说文解字》:"髦,发也。从髟从毛。"毛又兼作声符。

髦士 才俊贤能之士。也作"髦俊"或"髦硕"。
髦马 不剪毛的马。
髦节 古代使臣所持之节。也作"旄节"。

篆

鬟字从髟从睘（睘又兼作声符），睘即圆圈，鬟是指古时妇女的圆环形发髻。《说文解字》新附："鬟，总发也。从髟，睘声。"总发即束发。在古代诗文中，鬟又多借指婢女，如丫鬟。

nǎi

乃

甲　金　篆

人体器官

甲骨文的乃字,像妇女乳房的侧面形象,其本义为乳房,当即"奶"的本字。《说文解字》有乳而无奶。从甲骨文开始,乃字就多借用为虚词,其本义逐渐不为人所知了,因此另造从女的"奶"字来代替它。

乃今　而今,如今。

乃翁　你的父亲。

乃者　从前,往日。

乃心王室　大意为你的心当忠于王室。后称忠心于朝廷为"乃心王室"。

腹 fù

甲

篆

腹是一个形声字。甲骨文的腹字,从身,复声。身字像一个腹部突出的人,具有较强的形象性,所以腹字的本义一望而知,是人的肚子。身或省作人,字形的象形意味已经消失。小篆又改为从肉(月)。腹字还引申为怀抱,又比喻事物的中心部分。

腹心　喻亲信。又指忠诚。
腹非　口虽不言而内心非之。也作"腹诽"。
腹笥　笥,藏书之器。以腹比笥,言学识渊博。
腹稿　预先构思好的文稿。
腹心之疾　比喻要害处的祸患。

féi 肥

篆

人体器官

肥字小篆由肉(月)、卩会意,卩是跽跪的人形。肥的本义是人体肥胖,肌肉丰满。《说文解字》:"肥,多肉也。从肉从卩。"楷书肥字误卩为巴,从肉从巴,则其形义关系不可索解矣。

肥腴(yú) 肌肉肥厚。又指田土肥沃。

肥甘 美味。

肥辞 辞多意少,空话连篇。

肥马轻裘 指车服华丽,生活豪奢。

胃 wèi

金

篆

胃属于消化器官，为人体五脏之一。胃字指胃脏。古文字的胃字，上部是胃囊的形象，其中的四个小点代表胃中待消化的食物；下部为肉（月），则表示胃是身体器官。

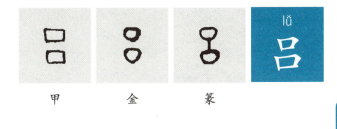

甲　　　金　　　篆

古文字的吕字,像两块脊骨,脊骨一块接一块连成一串,便是脊椎,所以小篆吕字中间加一竖表示连接之意。吕的本义是脊骨。这个意义后来用新造的"膂"字来表示,而吕字借用来指古代音乐十二律中的阴律,总称"六吕";又用作姓氏。

篆

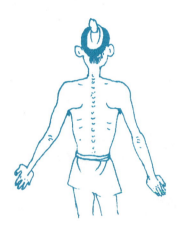

脊,即脊骨,指人背部中间的椎骨。小篆的脊字,上部像背肌和脊骨,下部从肉(月),强调这是身体的一部分。脊的本义为脊骨,引申为物体中间高起的部分,如山脊、屋脊等。

脊梁 脊骨为全身骨骼的主干,如屋之有梁,故名。

脊椎动物 有脊椎骨的动物,包括鱼类、两栖动物、爬行动物、鸟类和哺乳动物等。

甲　　　金　　　篆

囟，即囟门，也叫囟脑门儿，指婴儿头顶骨未合缝的地方。小篆的囟字，像人头顶骨，中间交叉的地方即为囟门。

xīn 心

甲　　金　　篆

心的本义是心脏，古文字的心字即像心脏的形状。古人认为心是人体器官的主宰，是思维的器官，所以心又是思想、意念、感情的通称。凡从心（忄、㣺）的字，大都与人的思想、意念和感情有关，如志、忠、性、怕、恭、忝等。心脏在人体的中央位置，因此心还有中央、中心之义。

心匠　指独特的构思、设计。又作"匠心"。

心法　佛教称佛经经典文字之外，以心相传授的佛法为心法。又指修心养性的方法。

心得　在学习实践过程中体验或领会到的知识、技能等。

玺　　　篆

在古代，人们误认为心是人的思维器官，因此有关思想、意念和情感的字都从心。后来随着科学水平的提高，人们慢慢意识到脑在人的思维中的重要作用。小篆的思字从囟从心，囟即囟门，表示人的思维是心脑并用的结果。楷书思字从田从心，则属于讹变。思的本义为思考、想，引申为想念、怀念，又指思路、思绪。

思想 思考，又指念头、想法。作为一个哲学概念，思想是指客观存在反映在人的意识中经过思维活动而产生的结果。

yōu 忧（憂）

金　篆

金文的忧字，像人以手掩面，一副愁闷的样子；或从心，表示心中郁闷。所以，忧本指忧愁、烦闷，又指令人担忧之事。

忧愁　因遭遇困难或不如意的事而苦闷。
忧患　困苦患难。
忧虑　忧愁担心。

篆

慰字由尉、心会意,尉即熨,有烫平、抚平之义,因此慰字的本义是安抚人心,使人的心情安适平静,又引申为心安。

慰问 用语言文字或物品安慰问候。
慰劳 慰问犒劳。
慰唁 慰问(死者的家属)。

mèng 梦 (夢)

甲　　篆

梦是人们在睡眠中的一种幻象。古代医学落后，不明白疾病的原因，因此常把疾病归咎于梦魇作祟。梦魇就是噩梦，古人认为这是疾病或灾难的先兆。甲骨文梦字，像一人躺在床上，而瞋目披发、手舞足蹈的样子，正是表示睡中做梦的意思。

梦幻　梦中幻想，比喻空妄。

梦想　梦寐怀想，形容思念深切。又指空想，妄想。

梦呓　睡梦中说的话，即梦话。后多比喻胡言乱语。

梦笔生花　相传唐代大诗人李白梦见所用的笔头上生花，从此才情横溢，文思敏捷。后用来比喻文人才思大进。

guǐ 鬼

甲　金　篆

人体器官

古人认为人死之后变为鬼。甲骨文的鬼字，下部是人形，说明鬼是人死后变成的；头部特大而且怪异，这就是我们今天所说的"大头鬼"。鬼本指人死后的魂灵。它惯居幽冥，出没无形，所以鬼又有隐秘不测的意思，引申为机智、狡诈之义。汉字中凡从鬼的字，大都与鬼神魂灵有关，如魂、魄、魔、魅等。

鬼才　指某种特殊的才能，也指有某种特殊才能的人。
鬼斧　比喻技术精巧，非人工所能为。
鬼使神差　被鬼神派遣、驱使，形容不由自主。

wèi 畏

甲　　金　　篆

甲骨文、金文的畏字，像一手持魔杖、头形怪异的鬼怪，十分威风。因此，畏字的本义是威风、威严，通"威"，引申为恐吓、吓唬，再引申为恐惧、害怕、担心、敬服等义。

畏友　指自己敬畏的朋友。
畏途　艰险可怕的道路，比喻不敢做的事情。
畏首畏尾　怕这怕那，比喻顾忌太多。

甲　　金　　篆

yì

异

（異）

人体器官

　　上古时代，巫风盛行。在举行巫术活动的时候，要让人头戴一些凶恶狰狞的面具跳舞，以驱除鬼怪病魔。甲骨文的异字，正像一个人头戴奇特的大面具、手舞足蹈的样子。因面具表情凶恶狰狞，不同于常人，所以异就有了奇特、怪异之义，引申为不同的、特别的等义。

gē 戈

甲　　金　　篆

戈是古代的一种兵器，长柄，上端有横刃，可以用来横击、钩杀，主要盛行于商周时代。甲骨文和早期金文的戈字，正像这种兵器。它是古代常用的几种主要武器之一。《荀子》称："古之兵，戈、矛、弓、矢而已矣。"因此，在汉字中凡从戈的字大都与武器、战争、格杀有关，如戟、武、戎、戒、戌、伐等。

				jiè
甲	金	篆		戒

古文字的戒字,像一个人两手拿着武器——戈。它的本义为持戈警戒,引申为防备、警告;又引申为禁止、戒除,如戒烟、戒酒等。

xián 咸

| 甲 | 金 | 篆 |

  咸字从戌从口。从甲骨文、金文看，戌是一种长柄大斧，口为嘴，在这里表示人头。大斧砍人头，所以咸的本义是杀戮。《说文解字》："咸，皆也，悉也。"把咸字释作皆、都、悉、尽之义，这其实是咸字本义"杀尽"的引申。

fá 伐

甲　　金　　篆

伐字从人从戈，是个会意字。甲骨文、金文的伐字，像人执戈砍击敌人头颈。伐的本义为砍斫，引申为击刺、攻杀，又引申为征讨、进攻。此外，伐字还含有胜利有功的意思，所以夸耀自己的功劳、才能也叫"伐"。

伐交　破坏敌人和它盟国的邦交。

伐智　夸耀自己的才智。

伐罪　征讨有罪者。

shù 戍

| 甲 | 金 | 篆 |

古文字的戍字，从人从戈，像人扛（或执）着一柄戈，表示武装守卫，其本义即保卫、防守、守卫边疆。

戍边 驻守边疆。

戍卒 驻守边疆的士兵。

róng 戎

甲　金　篆

戎字在早期金文中是一个图形化的文字,像一个人一手持戈一手执盾的样子。此字后来省去人形,则像一戈一盾并列之形,而盾形又省讹为"十",与甲字的古体写法相近,因此小篆的戎字讹变为从甲从戈。戎是兵器的总称,又可代指战争、军队和士兵。此外,戎又是古代对西北少数民族的泛称。

戎士　将士。
戎马　战马。又借指战争、军事。
戎装　军装。

wǔ 武

甲　金　篆

武与"文"相对。古文字的武字,从戈从止,戈是武器的代表,止是脚的象形,表示行进。所以武字本指有关军事的活动,又引申为勇猛、刚健之义。

武力 兵力。又指强暴的力量。

武功 战功,指军事方面的功绩。

武烈 威猛刚烈。

金

篆

战(戰) zhàn

战字从单从戈，单本是一种捕猎工具，也可用作杀敌武器，而戈是一种常用的兵器。单与戈结合，表示干戈相向、兵戎相见，所以战的本义是两军交战，即战争、战斗，泛指比优劣、争胜负。

战士 士兵，战斗者。

战争 国家或集团之间的武装冲突。

战战兢兢 恐惧戒慎的样子，又指颤抖。

jiān
歼

甲 篆

（殲）

歼的本字为"𢦏"。𢦏字从戈从二人，像以戈击杀二人，有灭绝众人的意味，故其本义为断绝、灭尽。

甲　　　　金　　　　篆

甲骨文、金文的蔑字，像以戈击人，其本义为削击、消灭，引申为无、没有，以及轻视、欺侮等义。

蔑如　没有什么了不起，表示轻视。
蔑侮　轻慢。
蔑视　轻视。

甲　　金　　篆

　　弟字像用绳索捆绑武器，绳索依次旋转缠绕，势如螺旋，故有次第、次序之义，后专指同辈后生的男子，与"兄"相对。

　　弟子　年幼的人，也泛指子弟，又指学生、徒弟。因为学生、徒弟视师如父兄，故称弟子。

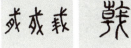

金　　　　篆

戟

[戦]

戟是古代的一种常用兵器，合戈、矛为一体，顶端有直刃，旁边有横刃，可以直刺和横击。金文的戟字从戈从肉，表明它是一种可以击伤人体的戈类兵器。小篆的戟字从戈从榦省，榦指树的枝干，戟即指像树木枝干一样长柄有枝刃的戈类兵器。

戟手　用食指、中指指点，其形如戟，用以形容指斥怒骂时的情状。

戟门　唐制，官、阶、勋俱三品者得立戟于门，因称显贵之家为戟门。也作"戟户"。

wù 戊

甲　　　金　　　篆

从甲骨文和早期金文的字形来看，戊字像一阔刃内弧作月牙状的斧钺，本来是指古代的一种斧类兵器或仪仗用具。后借用为干支名，表示天干的第五位。

戊夜　五更时。

甲　　　金　　　篆

甲骨文、金文的戌字，像一广刃外弧的斧钺，本来也是指古代的一种斧类兵器，后借用为干支名，表示地支的第十一位；又表示时辰，指晚上七点至九点。

戌削　形容衣服裁制合身。也作"卹削"。又指清瘦的样子。

wǒ 我

甲　金　篆

"我"是什么？由甲骨文我字字形可知，我原来是一种兵器。这是一种长柄而带齿形刃口的兵器，是用来行刑杀人或肢解牲口的。这种兵器后世罕见，所以我字本义也不常用，后来就借用为第一人称代词，指自己。

我们　代词，称包括自己在内的若干人或很多人。

我行我素　自行其是，不以环境为转移，也不受别人的影响。

钺是古代一种以青铜或铁制成、形状像板斧而较大的兵器。古代斧形兵器种类较多,形状和用途各异。甲骨文和金文中的钺字,像一长柄环刃的兵器,当是斧形兵器中的一种。

suì 岁（歲）

| 甲 | 金 | 篆 |

甲骨文和早期金文中的岁字，像一把长柄斧钺，其上下两点表示斧刃上下尾端回曲。岁本来是指一种斧钺，借用为年岁之岁，泛指时间、光阴，所以金文岁字增加两个止（即步），表示日月交替、时光流逝。

岁入 一年的收入，后用以指国家一年的财政收入。

岁月 指年月、时序，泛指时间。

岁朝 一岁之始，即农历元旦。

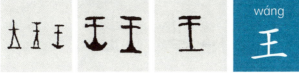

甲　　　金　　　篆

　　王是古代君主的称号。甲骨文与金文中的王字，是一种斧状的兵器——钺的形象。钺是用于杀戮的兵器，后来成为一种执法的刑具。古代的军事首领用它来指挥、监督士兵作战，所以钺就成为权力的象征物；而手执大钺的人就被称为王。在原始社会军事民主制时代，军事首领——王就是至高无上的君主。春秋以前，只有天子才能称王，到战国时各诸侯国的国君也纷纷自封为王。秦始皇统一中国，改君主的称号为"皇帝"。秦汉以后，王就不再是君主的称号，而成为皇室和有功大臣的最高封号。

shì 士

金　　篆

早期金文中的士字，和"王"一样，是斧钺的象形。不过，王是具有权力象征意义的执法刑具——大钺，而士是一般的斧状兵器或刑具。士字本指手执兵器（或刑具）的武士或刑官，如士卒（指战士）、士师（指狱官）等；引申为成年的男子，如士女（指成年的男女）。士还代表一种社会阶层，其地位在庶民之上，如士族（指在政治上、经济上享有特权的世家大族）、士子（多指士大夫，即做官的人，也是旧时读书应考的学子的通称）等。

| 甲 | 金 | 篆 | jīn
斤 |

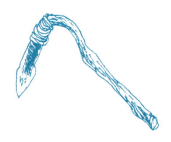

甲骨文的斤字，像一把曲柄的斧头，斧头上加箭头表示它的锋利。斤的本义即为斧头，现在的斤字，多用作重量单位名称。但在汉字中，凡从斤的字多与斧头及其作用有关，如斧、新、断、析、折、斫等。

斤斧　即斧头。引申为拿作品请人改正。

斤斤　聪明鉴察。引申为拘谨或过分计较细事，如斤斤计较。

| 甲 | 金 | 篆 |

器物器具

甲骨文的析字,左边是一棵树(木),右边是一把大斧(斤),是用斧劈木料的样子,其本义为劈开。由劈开这个本义,析字引申出分开、离散之义,如成语"分崩离析";又有分辨、剖解之义,如"分析""剖析",又如东晋陶渊明《移居》诗:"奇文共欣赏,疑义相与析。"

折 zhé

甲　金　篆

甲骨文的折字，像用斧头（斤）把一棵小树拦腰斩断，其本义为斩断，引申为把东西弄断。把东西弄断，可以用斧头砍，也可以直接用手折，而用手折断一件东西，须先使之弯曲，因此折字又有弯曲之义，如曲折、转折、折叠等；进一步引申为"使人从心里屈服"之义。折字由折断之义，还引申为夭折（指人早死）、损失、挫折、亏损等义。

折腰 弯腰。东晋文豪陶渊明曾任彭泽令，有一次上司派人来巡视，下面的人告诉他要立即束带迎谒，陶渊明叹道："我不能为五斗米折腰向乡里小人。"于是辞官归田。后因称屈身事人为折腰。在古代诗文中，称地方低级官吏为折腰吏。

xīn 新

| 甲 | 金 | 篆 |

新为"薪"的本字。甲骨文、金文的新字,右边的斤代表斧头,左边是一段木柴的形象,表示用斧头劈柴。新的本义为木柴,俗称柴火。此字后来多借用为新旧之"新",故另造"薪"字来表示它的本义。

新奇　新鲜而奇特。

新颖　新鲜而别致。

新闻　新近听说的事,泛指社会上最近发生的新事情。又指新知识。

新愁旧恨　指对往事和现状的烦恼、怨恨情绪。

篆

匠字从匚从斤，匚是用来装木工用具的敞口木箱，斤是木工用的斧头，所以匠字的本义当为木工，又称"木匠"。古代只有木工才称为"匠"；后来凡具有专门技术或在某方面有突出成就的人都可以叫作"匠"，如铁匠、能工巧匠、巨匠等。

匠心　巧妙的心思，谓精思巧构，如工匠的精心雕琢，别出心裁。多指文学艺术创造性的构思。

甲　　　金　　　篆

　　甲骨文的兵字,像一个人双手擎着一把非常锋利的武器——斤(即斧头),本指作战用的武器(又称兵器),如兵不血刃、短兵相接等。引申为手持兵器作战的人——士兵,如兵强马壮。进一步引申为军队、军事、战争等义,如兵不厌诈、兵荒马乱等。

甲　　　金　　　篆

父本是"斧"字的初文。金文的父字，像一只手抓着一柄石斧。在原始社会父系时代，石斧是一种主要的武器和生产工具，而手持石斧与敌人作战或从事艰苦的野外劳动，是成年男子的责任，所以父就成为对成年男子的尊称，后来又成为对父亲及父亲同辈男子的称呼。

甲　　　金　　　篆

从早期金文的字形来看，辛像一把形似圆凿而末尾尖锐的刀具，是一种用来黥面的刑具。此字后来多用为干支名，表示天干的第八位。此外，辛还有辛辣之义，也指辛味的蔬菜。又引申为悲痛、酸楚、劳苦等义。汉字中凡从辛之字，大多与刑罚及辛味有关，如辜、辟、辣等。

辛苦　辛，辣味；苦，苦味。比喻艰劳。

辛酸　辣味和酸味。比喻悲痛苦楚。

辟 pì

甲　　金　　篆

辟为"劈"的本字。甲骨文、金文的辟字，左边是一个跪着的人，右边是一把刑刀（辛），下面的小方框或小圆圈则代表人头，表示用行刑大刀把犯人的头砍下来。这就是古代"大辟"之刑的形象描绘。辟的本义为砍、劈；又用作刑罚名，如劓辟（割鼻子）、墨辟（脸上刺字）等；引申指法律、法度。以上意义读 pì。又指最高执法人、君主。这个意义读 bì。现在复辟一词，是指恢复君主统治。

金　　篆

矛是古代的一种兵器,在长杆的一端装有青铜或铁制成的枪头,主要用于刺击。金文的矛字,像一件上有锋利矛头、下有长柄的兵器。汉字中凡从矛之字,都与矛这种兵器及其作用有关,如矜、稍等。

矛盾　矛和盾,比喻事物互相抵触的两个方面。

| 金 | 篆 | shū
殳 |

殳是古代的一种兵器，多用竹木制成，也有用铜等金属制成的，一般顶端有棱，主要用于撞击。金文的殳字，像人手持兵器。在汉字中，凡从殳的字往往与打、杀、撞击等义有关，如殴、毁、杀（殺）、段等。

殳仗　仪仗的一种。

殳书　古代书体之一。因为此种书体多用在兵器上，故名。

役 yì

甲　篆

甲骨文的役字，像人手持长鞭殴打人的样子，表示驱赶人劳动，其本义为驱使，引申为劳役、役事、仆役。小篆役字从彳从殳，殳为武器，表示其为军事行为，则役又特指服兵役，戍守边疆。《说文解字》："役，戍边也。从殳从彳。"

役夫　供人役使的人。
役徒　服劳役的人。
役物　役使外物，使物为我所用。
役使　驱使，使唤。

甲　　　篆

刀本是一种兵器,又泛指可以用来斩、削、切、割物体的工具。古文字的刀字,正是一把短柄弧刃的砍刀形象。在汉字中,凡从刀(刂)的字大都与刀及其作用有关,如刃、刑、剁、利、剖、剥等。

刀兵　指武器。又指战争。

刀耕火种　原始的耕种方法,把地上的草木烧成灰作肥料,就地挖坑下种。

刀光剑影　形容激烈的厮杀、搏斗或杀气腾腾的气势。

刀山火海　比喻非常危险的地方。

wáng 亡

甲　金　篆

[亾]

甲骨文、金文的亡字，是在刀刃的顶端加一短画，表示刀头断失。因此，亡的本义为刀头断失，引申为失去，又引申为灭亡、死亡以及逃亡等义。

亡故　死去。

亡国　（使）国家灭亡。

亡灵　人死后的魂灵（多用于比喻）。

亡命　逃亡，流亡。又指（冒险作恶的人）不顾性命。

亡羊补牢　羊丢失了，才修理羊圈，比喻在受到损失之后想办法去补救，免得以后再受损失。

甲　　篆

刃字是一个指事字，刀上加一点作为指示符号，以指明刀口所在的位置。因此，刃的本义为刀锋、刀口；又泛指刀，如利刃、白刃等；用作动词，则是用刀杀死的意思。

刃具　指刀一类的工具。

chuāng 创

金　篆

（創）
[刃]

器物　器具

古文字的创字，是在刀字的两边各加一点，表示刀的两面都有刃，是指一种双刃刀（如剑之类）。又作从刀仓声，变为形声字。刀有双刃，容易伤人，由此引申出创伤、伤害之义，这个意义读 chuāng。又通"刱"，有始造、首创之义，这个意义读 chuàng。

创痛　伤痛。

创见　往昔所无而初次出现者，后引申为独到的见解。

创意　指文章中提出的新见解。也泛指一切有新意、有特点的好点子、好办法。

创业垂统　创建功业，传之子孙。

甲　　　金　　　篆

勿即"刎"的本字，是指一种祭祀时的杀牲方法，即用刀把牺牲割成碎块，以敬献给祖先神灵。甲骨文、金文的勿字，像一把血淋淋的弯刀，表示宰割。后世勿字多用作否定副词，表示禁止和劝阻，相当于不、不要，其本义则另由从刀的"刎"字来表示。

勿药　不用服药而病自愈。后称病愈为"勿药"。

fēn

分

| 甲 | 金 | 篆 |

分字从八从刀，八本身就有分开之义，表示用刀把一件物体剖开。分的本义为分开、别离，即把一个整体变成几部分或使相连的事物分开，与"合"相对。由此引申，分字还有辨别、分配等义。

分崩离析 形容集团、国家等分裂瓦解。

分道扬镳 比喻因目标不同而各奔各的前程或各干各的事情。

分庭抗礼 原指宾主相见，站在庭院的两边，相对行礼。现在比喻平起平坐，互相对立。

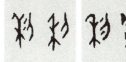

甲　　金　　篆

古文字的利字，从禾从刀，用刀收割禾谷，说明刀很锋利。因此，利字的本义为锋利、锐利，引申为利益、功用，又有顺利、吉利等义。

利用　物尽其用。又指借助外物以达到某种目的。

利令智昏　一心贪图私利，使头脑发昏，忘掉一切。

bié
别

金　篆

古文字的别字,右边像一堆骨头,左边是一把刀,表示用刀把骨头从肉中剔除出来。因此,别的本义为剔骨,引申为分开、分离、分支、差别、类别等义。

别致　　特别、新奇,不同寻常。

别出心裁　独创一格,与众不同。

别有天地　另有一种境界,形容风景等引人入胜。

别具只眼　比喻有独到的见解。

yuè 刖

甲　篆

刖是古代一种砍脚的酷刑。甲骨文的刖字,像用一把锯子把人的一条腿锯断,是刖刑的形象描绘。小篆刖字从肉(月)从刀,同样是个会意字,但已经没有了象形的意味。刖字由把脚砍断的酷刑之义,引申为砍断、截断之义。

刖跪　指断足之人。跪,即足。

刖趾适屦(jù)　比喻不顾实际,勉强迁就,生搬硬套。又作"削足适履"。

yì 劓

| 甲 | 金 | 篆 |

甲骨文的劓字，从刀从自（"鼻"的初文），表示用刀割取鼻子。割掉鼻子，这是古代五种常用刑罚中的一种。按古代法律，凡不服从命令、擅改制度，或盗窃、打伤他人者，都要处以劓刑。

契 qi

甲　　篆

　　古文字的契字，右边是一把刀，左边的一竖三横表示刻下的记号。它形象地反映了上古时代结绳记事之外的另一种主要记事方法——契刻记事。后来契字增加木旁，表示契刻记事主要采用木材。后来"木"误写成"大"，就成了今天的契字。契的本义为刻，引申为符契，又引申为契约；用作动词，则有符合、投合之义。

　　契合　融洽、相符、投合。
　　契约　双方或多方协商一致订立的条款、文书。

fá 罚（罰）

篆

罚字小篆从刀从詈（lì），刀代表刑具，詈为责骂之义，故罚字本义为责罚、惩办，是对非严重犯法行为的一种惩处办法。《说文解字》："罚，罪之小者。从刀从詈。未以刀有所贼，但持刀骂詈，则应罚。"引申为出钱或以劳役赎罪之义。

罚一劝百 处罚个别人以惩戒众人。

篆

黥是古代的一种肉刑,也称"墨刑",指刻字于犯人面、额等处,而以墨染黑。清代叫"刺字"。小篆黥字,从黑京声,是个形声字;或又作从黑从刀,则表示以刀刺字、以墨染黑。

黥首 古代刑罚,于额上刺字。

黥兵 宋代招募入伍士兵,为防其逃亡,在脸上刺字,故有"黥兵"之称。

篆

（劑）

剂字由刀、齐会意，表示用刀切割整齐，其本义为整齐。《说文解字》："剂，齐也。从刀从齐，齐亦声。"则齐又兼作声符。后世剂字多用作动词，有切、割、剪、调节、调和等义。又用作名词，指由多种成分调配混合在一起的物品，如药剂。

金　　　篆

　　刺字从朿从刀，本指草木的芒刺或矛、枪的锋刃部分，引申指用锐利之物戳入或穿透，后世又用为指责、讽刺之义，即用言语刺人。

　　刺配　古代对犯人处以黥刑再遣送到边远地区服苦役的一种刑罚。

　　刺骨　深入骨髓，极言程度之深。

　　刺耳　指说话不中听。

　　刺探　探听，侦察。

钊 zhāo

篆

（剑）

钊字从金从刀，表示金属有棱角，用刀来削磨，其本义为削磨棱角，引申为勉励之义。后世多用为人名。

甲　　　金　　　篆

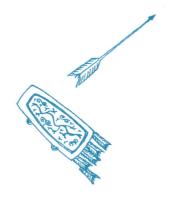

矢就是箭。不过在古代,矢和箭稍有区别:木箭为矢,竹箭为箭;现在则通称为箭。矢箭是用来射伤敌人或野兽的武器。甲骨文、金文的矢字,正像一支箭,箭头、箭杆、箭尾俱全,其本义即为箭,如有的放矢(放箭要对准靶子,比喻说话做事要有针对性)。由于矢与誓在古代同音,所以矢字有时也可借用为誓,如矢志不移(发誓立志决不变心)。

甲　　　　金　　　　篆

甲骨文、金文的至字，上面是一倒矢，下面一横代表地面，像一支箭射落到地面。因此，至字的本义为到、到达，又引申为极、最。

至于　表示达到某种程度。又用在一句话的开头，表示另提一事。

至交　关系最为密切的朋友。

至高无上　最高，没有更高的。

至理名言　最正确、最有价值的话。

shè
射

甲　　金　　篆

唐代的武则天是一个喜欢标新立异的人,特别喜欢乱造字、乱改字。有一次她对大臣们说:"射字由身字和寸字组成,一个人的身高只有一寸,应该是矮小的意思;而矮字由矢和委组成,委有发放之意,把箭发放出去,应该是射箭的意思。所以这两个字应该调换过来使用才是。"其实射字的本义就是射箭。古文字的射字就是一个人用手拉弓发箭的形象,只是到了小篆,弓箭之形讹变成身字,无从会意,才让武则天闹了这么个大笑话。

疾 jí

甲　金　篆

疾原本是个会意字。甲骨文、金文的疾字,均像一个人腋下中箭的样子,表示受了箭伤。但从小篆开始,疾字变成了从疒矢声的形声字,其意义也发生了变化,即由原来专指外伤变成泛指小病。所以,古代疾、病有别,一般来说,重病为"病",轻病为"疾"。疾由病痛之义引申为痛恨。另外,疾字从矢,矢飞急速,所以疾字又有快、急促的意思。

疾言厉色 言语急促,神色严厉,常形容对人发怒时说话的神情。

疾恶如仇 憎恨坏人坏事如同仇敌。

hóu
侯

甲　金　篆

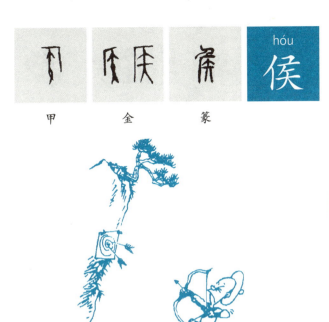

甲骨文、金文的侯字，像一支箭正向箭靶子射去，其本义即为箭靶。上古时代，人们以弓矢为常用武器，他们中力强善射的人常常被大家推为首领。射箭中靶就是善射，故称善射者为"侯"。后来侯成为爵位名称，为五等爵中的第二等，又可作为对达官贵人或士大夫之间的尊称。

侯服玉食　穿王侯的衣服，吃珍贵的食物，形容生活穷奢极侈。

甲　　　金　　　篆

甲骨文、金文的函字，像一只装着箭矢的箭囊，箭囊的一边有鼻扣，可以把它悬挂在腰间。函的本义为箭囊，即装箭的袋子，俗称"箭壶"。函是用来盛放箭矢的，故有容纳、包含之义，又泛指匣子、盒子、封套、信封等，引申指书信、信件。

甲　　　金　　　篆　　　fú箙

甲骨文、金文的箙本是一个会意字,像一个插箭的架子,上面倒插着箭矢。它的本义即为盛箭的用具。小篆的箙字变成从竹服声的形声字。之所以从竹,是因为箭架多用竹木做成。

晋 jìn

（晉）

甲　　金　　篆

晋为"搢"的本字。金文的晋字，上像二矢，下为插矢之器，即箭壶，表示把箭插进箭壶，其本义为插。小篆晋字变矢为至，变器形为日，其义也随之改变。《说文解字》："晋，进也，日出万物进。从日从臸。"后世多用晋为前进之义。其本义既失，故另造"搢"字以代之。晋也用作国名、地名及姓氏。

晋谒　进见，谒见。也作"晋见"。

晋升　提高（职位）。

晋级　升到较高的等级。

| 甲 | 金 | 篆 | fú 弗 |

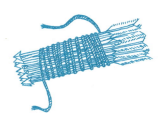

古文字的弗字,像用绳索加箍(竹条夹具)捆绑箭杆,表示矫正箭杆。《说文解字》:"弗,挢也。"挢,即矫。故弗字本义为矫正,后多用为不、不可等义。

弗豫　不安乐。豫,安乐。

弗郁　忧,不乐。同"弗豫"。

gōng 弓

甲　　金　　篆

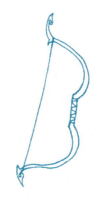

弓是一种用来射箭的武器。以坚韧之木为干,以丝为弦,搭箭于弓上,可以引弦而发之。甲骨文的弓字,正像一把弓。由于弓背的形状是弯曲的,所以弓又有弯曲之义。凡从弓之字,都与弓及其作用有关,如弦、弹、张、弛、弩等。

弓腰　即弯腰。

弓月　指半月。半月形状似弓,故称。

| 甲 | 金 | 篆 | yǐn 引 |

甲骨文和早期金文中的引字,像一个人挽弓拉弦的样子。也可省去人形,仅在弓干上保留一短画,表示拉弓。引的本义为开弓,引申为拉、牵挽,又含有延长、拉长及带领、劝导等义。

引诱　诱导,多指引人做坏事。

引而不发　射箭时拉开弓却不把箭放出去。比喻善于引导或控制,也比喻做好准备,待机行动。

引狼入室　比喻把敌人或坏人引入内部。

xián
弦

篆

弦,是指绷在弓上的绳状物,多用牛筋或丝麻制成,用来弹射箭矢。小篆的弦字,从弓从玄,玄即丝绳,表示以丝绳作为弓弦,同时玄又代表这个字的读音。弦除了指弓弦,还可以指绷在乐器上用来弹拨发声的琴弦,也泛指绷直的线状物。

弦外之音 比喻言外之意。

弹（彈） dàn

甲　篆

甲骨文的弹字，像在弓弦上加一颗圆形丸粒，表示可以发射的弹丸。小篆弹字从弓单声，则变成形声字。弹的本义是弹丸，又指弹弓。该字还读 tán，表示用弹弓发射弹丸，引申为用手指拨弦或敲击之义。

弹丸　供弹弓射击用的泥丸、石丸等。又比喻狭小。

弹劾　检举、抨击官吏的过失、罪状。

弹弦　弹奏弦乐器。

弹冠相庆　弹冠，用手指弹去帽子上的灰尘。比喻一个人当了官或升了官，他的同伙也互相庆贺有官可做。多用于贬义。

弩 nǔ

篆

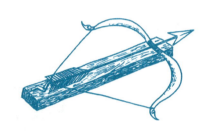

弩是一种用机械发射的弓，也叫"窝弓"，比弓更有力，射程更远。从字形上看，弩是一个典型的形声字。从弓，表示它是弓类的武器；奴作声符，则代表它的读音。《说文解字》："弩，弓有臂者。《周礼》四弩：夹弩、庾弩、唐弩、大弩。从弓，奴声。"

弩牙 弩上的发矢机关。

弩手 射弩者。犹"弓手"。

弩炮 发射石块的弩机。

弩张剑拔 比喻形势紧张，一触即发。后多作"剑拔弩张"。

金 篆

厥是一种发射石块的武器,即把一长木条置于轴架上,一端的斗中放石块,另一端用人拉或安装机关,用以投射石块远距离攻击敌人。金文的厥字,即像这种武器的长木和斗;小篆则改为形声字。在后世典籍中,此字多借用为代词,相当于"其"。

dùn 盾

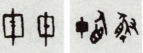

甲　　金　　篆

盾，即盾牌，是古代一种用来防护身体、遮挡刀箭的武器。甲骨文和早期金文的盾字，是对盾牌背面的描绘，中间的一竖是盾背用于执手的木柄，木柄用绳捆扎在盾牌中间。金文的盾字，或作从十豚声，十即盾的象形。

甲　　金　　篆

甲是古代军人作战时穿的革制护身服。甲骨文、金文的甲字，像甲片的形状，有的则简化为十字形。甲字本指铠甲，引申指动物身上起保护作用的硬壳，如龟甲、甲壳、指甲等。甲又用为天干名，表示天干中的第一位，因此引申出第一位之义。

甲兵　铠甲和兵器，泛指武备、军事。又指披坚执锐的士兵。

甲子　用干支纪年或算岁数时，六十干支轮一周叫一个甲子。又代指岁月、年岁。

甲第　旧时豪门贵族的宅第。又指科举考试的第一等。

| 甲 | 金 | 篆 |

古文字的介字，像一个侧立的人，人身体前后的两点代表护身的铠甲，表示人身上穿着铠甲。介字本指人穿的铠甲。由人身裹甲，引申为处于两者之间，如介居。此外，介还有刚硬、耿直、孤傲等义。

介士 披甲的武士。又指耿直的人。

介居 处于二者之间。又指独处、独居。

介特 单身孤独的人。又指孤高，不随流俗。

介入 插进两者之间干预其事。

介意 在意，把不愉快的事记在心里。

介虫 有硬壳的虫类。

写给孩子的
说文解字

（二）

谢光辉 ◎ 著

北京大学出版社
PEKING UNIVERSITY PRESS

甲　　　篆

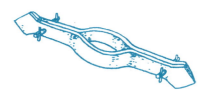

幸指手铐，是古代拘锁犯人的一种刑具。从甲骨文字形看，幸字正像一副中空而两端有辖的手铐，其本义即为手铐。凡从幸的字，都与拘执人犯有关，如执［執］、圉［圉］、报［報］等。

zhí 执（執）[埶]

甲　金　篆

甲骨文的执字，像一个人双手被手铐枷锁扣住，其本义为拘捕。由拘捕的意思，又引申出持、拿、掌握、掌管、施行、坚持等义。

执法　执行法令。
执政　掌握政权，主持政务。
执意　坚持己意。
执照　证明身份的凭据、证件。

yǔ 圉

[囹]

甲　金　篆

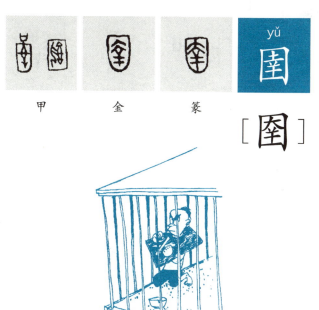

圉又写作"圄",从口从幸,口像牢笼,幸为手铐枷锁,故其本义为监牢。甲骨文的圉字,像一人带铐蹲坐牢笼之中,正是牢狱的形象描绘。所以古代的牢狱又称"囹圉"(也写作"囹圄")。此外,圉还有养马之义。

bào 报(報)[赧]

甲　金　篆

甲骨文的报字，像一个被镣铐锁着双手的罪人跪地听候判决的样子，后面还有人用手按着他的头，使之服罪。它的本义为判决犯人，或按罪判刑。判刑需要向上报告和向下公布，由此报又引申出报告、传达、通知等义。

金　篆

鞭是一种用来驱赶牲畜的用具,古代也用作刑具,俗称"鞭子"。金文的鞭是个会意字,像人手持鞭,并以鞭抽打人。鞭子多用皮革制成,故后世鞭字加革旁。鞭又可用作动词,表示鞭打。

鞭策　鞭打驱赶马。比喻严格督促以激励上进。

鞭长莫及　鞭子虽长,不及马腹。比喻力量达不到。

鞭辟入里　形容能透彻说明问题,切中要害。

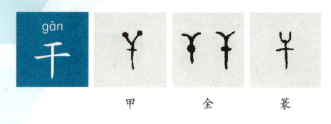

甲　　　金　　　篆

古文字的干字,像一杆头上分叉的长柄工具,古代用作武器。这种叉形武器,既可用于进攻,又可用于抵挡敌人的兵器,作用类似于盾。因此干后代专指防御性武器,成为盾的代名词。也用为动词,含有触犯的意思,如干犯、干涉、干预等。

干戈　干和戈是古代的常用兵器,因此用为兵器的通称,后多用来代指战争,如"化干戈为玉帛"(变战争为和平。玉和帛是和解的礼物,代指和平)。

dān 单（單）

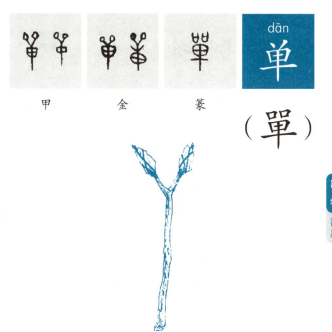

甲　　金　　篆

单是古代的一种打猎工具，也可用作杀敌的武器。甲骨文、金文的单字，像一件长柄的杈杆。这种杈杆，可以用来刺击或抵挡野兽；它的上端叉角上还缚有石块，可以甩出去击伤猎物。这种打猎工具盛行于原始时代，后世罕见。而单字多借用为单独、单一、单薄等义，其本义已渐渐消失，罕为人知。

单纯　简单纯一，不复杂。

单刀直入　比喻说话直截了当，不绕弯子。

单枪匹马　比喻单独行动，没有别人帮助。

wǎng 网（網）

甲　金　篆

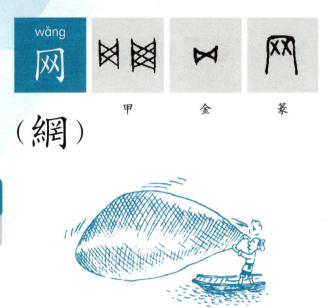

网是捕捉鱼鳖鸟兽的工具。甲骨文网字，左右两边是木棍，中间网绳交错、网眼密布，正是一张网的样子。金文的网字略有简化，而楷书的网增加糸旁表示类属，增加声符亡表示读音，属于繁化。在汉字中凡由网字和它的变体（罒）所组成的字大都与网及其作用有关，如罗、罟、罾等。

网罗　搜罗、征集。

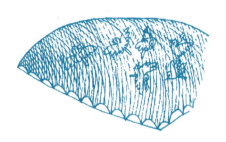

甲骨文罗字,上面是一张网,下面是一只鸟的形象,表示鸟在网中。罗的本义为以网捕鸟,如门可罗雀;还可用作名词,指罗网,如天罗地网;引申为搜罗、收集等义,如网罗人才。

bì 毕(畢)

甲　金　篆

毕是古代用来捕捉鸟兽的一种带柄的小网。甲骨文的毕字,正像这种长柄网。毕字或从田,则表示这是用来田猎的工具。所以《说文解字》称:"毕,田网也。"此字后来多用为结束、终止、完成之义,又引申为皆、全、完全之义,其本义则逐渐消失。

毕生　一生;终生。

毕业　完成学业,指学习期满并达到规定的要求。

甲　　　　篆

zhuó 卓

甲骨文的卓字，从匕从毕，像用长柄网将人罩住，当即"罩"的本字。小篆卓字讹变为从匕从早，《说文解字》："卓，高也。早匕为卓。"后世沿袭许慎之误，积非成是，而卓字原本的形义俱失，因此在卓字上加网，另造"罩"字。

卓异　高出一般；与众不同。
卓越　非常优秀，超出一般。
卓绝　程度达到极点，超过一切。
卓著　突出地好。
卓尔不群　优秀卓越，超出常人。

甲　　　　金　　　　篆

甲骨文的禽字，像一张带柄的网，是指一种用来捕捉鸟雀的工具。禽的本义为捕鸟的网，又通"擒"，有捕捉的意思。禽又是鸟类的通称，同时也泛指鸟兽。

禽兽　飞禽走兽的统称。又为骂人之语，犹言"畜生"。

禽兽行　指违背人伦的行为。

lí 离(離)

甲　篆

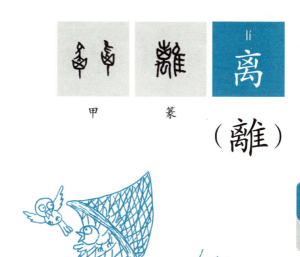

甲骨文的离字,从隹从毕,像用网捕鸟,其本义为捕鸟,又用作鸟名。今借用为离别、分散之义。

离间　从中挑拨,使彼此对立、不团结。

离乡背井　离开家乡流落外地。也作"背井离乡"。

离经叛道　违反儒家尊奉的经典和教旨。现在泛指背离占主导地位的理论或学说。

gāng 刚(剛)

甲　金　篆

甲骨文的刚字,像用刀切断一张网,表示坚硬锋利;又含有稳固、坚强之义,因此金文增加山。

刚正不阿　刚强正直,不迎合,不偏私。

刚愎(bì)自用　傲慢而固执,不接受别人的意见,一意孤行。

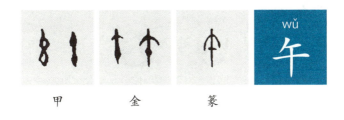

甲　　　金　　　篆

午为"杵"的本字。甲骨文和金文的午字，像一个两头粗中间细的棒槌，本义即为杵。杵是用来舂米的，因此午含有抵触之义，从午的字多含有触犯、违背的意味，如忤、迕等。午字后来借用为干支名，表示十二地支的第七位。它的本义则由杵字来表示。

午时　指上午十一点到下午一点。又泛指日中的时候。

午夜　半夜；夜里十二点前后。

陶　　篆

臼是古代的舂米器具，多用石头凿成，中间凹下以盛谷物。甲骨文、金文的臼字，像一个舂米用的石臼。它的本义就是石臼，又指形状似臼之物。汉字中凡从臼之字，大都与臼类或坑类有关，如舀、舂等。

臼科　指坑坎。又比喻陈旧的格调，也称"窠臼"。

篆

舀字从爪从臼,是个会意字。小篆的舀字,像用手到臼中抓取稻米。舀的本义为探取、挹取;后来专指用瓢、勺等取东西(多指液体)。

舀子 舀水、油等液体用的器具。

chōng 舂

甲　　金　　篆

古代没有碾米的机器，谷物脱壳全靠手工操作。这种手工劳动就叫作"舂"。古文字的舂字，像人双手握杵在臼中舂米，即用杵在臼中捣去谷物的外壳。

篆

小篆的舂字,从臼从千,千犹杵也,表示用杵在臼中舂捣谷物,其本义为舂捣。《说文解字》:"舂,舂去麦皮也。从臼,千所以舂之。"引申为穿插、夹杂之义。又指锹,一种掘土的农具。

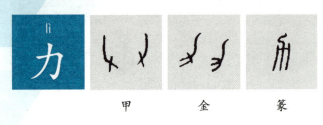

甲　金　篆

甲骨文的力字，是古代一种耕地的农具——耒的象形：上端为长柄，下端弯曲的部分是用来铲土的耒头，中间加一竖杠，是用来踏脚的地方。所以，力字本指耒这种农具。用耒来耕地是要使劲用力的，因此力引申为力量、力气，又引申为能力、威力、权力等。

力不从心　想做某事而力量达不到，即心有余而力不足。

力争上游　努力争取先进。上游，江河的上流，比喻先进。

nán
男

甲　　金　　篆

男字由"田""力"两部分组成,其中"力"就是古代农具耒。古代男耕女织,用耒在田里耕作是成年男子的专职,所以男字的本义即是成年男子,泛指男性,与"女"相对,又专指儿子。

男婚女嫁　指儿女婚嫁成家。

金　　　篆

耒是古代一种松土的农具，形状似锸而顶端分叉作齿形。早期金文的耒字，从又从力，像一只手拿着一把耒。小篆的耒字，手形的又省为三撇，下面的力讹为木。这种讹变后的结构，为楷书耒字所本。汉字中凡从耒之字，都与农具或农作有关，如耜（sì）、耕、耘等。

耒耜　古代一种像犁的农具，也用作农具的统称。

甲　　　金　　　篆

甲骨文耤是一个会意字,像一个人手持农具耒在用力铲土,其本义即为耕种。金文耤字增加昔旁表示读音,小篆以后成为一个从耒昔声的形声字。耤在古籍中多写作"藉",如藉田(又作"籍田")。

gēng 耕

耕 篆

[畊]

耕字从耒从井，井即井田、田地，而耒是翻土犁地的工具，因此耕字的本义为犁田，又泛指从事农业劳动。《说文解字》："耕，犁也。从耒，井声。一曰古者井田。"则井又兼作声符。

耕作 农业劳动。

耕耘 翻土除草，泛指农事或劳动。

耕战 耕田和作战，也指农业和战事。

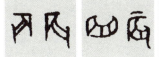

甲　　金　　篆

辰为"蜃"的本字。金文的辰字，即像蜃形。蜃属蛤蚌类，有大而坚硬的扁壳，上古时代的人们将它磨制成除草的工具。如《淮南子》一书记载："古者剡（yǎn，削尖）耜而耕，摩（磨）蜃而耨（nòu，锄草）。"辰字后来多借用为干支名，表示十二地支的第五位。辰又是日、月、星的通称，也泛指时辰、时光、日子等。

辰光　时间。

辰时　指上午七点到九点。

篆

辱为"耨"的本字。小篆的辱字,从辰从寸,像人手持蜃壳,表示用磨利的蜃壳除去田间杂草,其本义为耘草,引申为耻辱、侮辱、辜负等义。又用作谦辞,犹言承蒙。《说文解字》:"辱,耻也。从寸在辰下。"

辱没 玷辱,羞辱。

辱命 指玷辱、辜负使命。

辱临 敬称他人的到来。

nóng 农 (農)

甲　　金　　篆

甲骨文的农字，像以蜃耘苗，正在耕作。金文农字从田，其意更加明显。所以农字的本义为耕作，又指耕作之人，即农民。

农夫　从事耕作的人。
农事　耕作的活动。
农时　指春耕、夏耘、秋收，农事的三时。

篆

　　小篆的乂字由两斜画相交而成，像一把剪刀，其本义为剪草、割草，当即"刈"的本字。后引申为治理之义。

　　<u>乂安</u>　指政局稳定，国治民安，太平无事。

qí

其

甲　　金　　篆

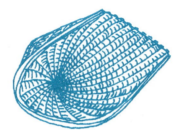

甲骨文的其字，像一只簸箕，所以其就是"箕"的本字，本指簸箕，一种扬米去糠的器具。因簸箕用竹编制，故加竹头成为"箕"。而其字被借用为代词，复指上文的人或事；还可用作副词，表示猜测或祈求。

kuài 块(塊)

篆

　　块字本来是个会意字。小篆的块字，像把土块盛于筐内，它的本义即为土块。此字后来变为形声字，如小篆的异体作从土鬼声，简化字则变为从土夬声。块字由土块之义引申，泛指块状之物，如铁块、煤块、石块等；又引申为孤高、磊落不平之义。

块阜　土丘，小山。
块然　孤傲不拘的样子。又指孤独无聊。
块垒　心中郁结不平。

kāng

康

甲　　金　　篆

  康是"糠"的本字。甲骨文的康字，主体像一簸箕，下面的四点代表谷糠，表示用簸箕把碾碎的谷皮和细屑簸扬出来。这些簸扬出来的谷皮和细屑，就是我们所说的糠。所以康字的本义是谷糠。康字后来多借用为安乐、安宁之义，又引申为丰盛、广大等义，因此又专门造了一个"糠"字来表示它的本义。

  康庄大道　平坦宽阔、四通八达的大道。《尔雅·释宫》："五达谓之康，六达谓之庄。"

  康宁　平安，无疾病患难。

fèn

粪(糞)

甲　篆

甲骨文的粪字,像人双手持箕,正在扫除尘土,它的本义为扫除。因扫除的是脏污之物,所以粪引申为粪便、污秽;又引申为施肥、施粪之义。

粪土　秽土,比喻令人厌恶的事物或不值钱的东西。引申为鄙视。

粪除　扫除。

甲　　金　　篆

甲骨文的弃字，下边是两只手，中间为"其"（簸箕），上部为"子"（婴儿），"子"周围的几点代表初生婴儿身上残留的胎液，整个字像人双手捧箕把初生的婴儿抛弃掉。因此，弃的本义为抛弃、丢掉，引申为废弃、违背。

弃井　废井。

弃暗投明　比喻背弃邪恶势力，投向正义的一方。

甲　　金　　篆

甾是古代一种装运沙土等物的农业用具，用草绳或竹篾编成，形似畚箕。古文字的甾字，即像这种用草绳或竹篾纵横编织而成的畚箕。在汉字中，凡从甾的字，多与盛土农具有关，如畚（畚）等。

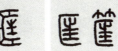

金　　　篆

匡为"筐"的本字。古文字的匡字,从匚往声,匚像篮筐类的盛物器具,或从竹,表示筐器多为竹制,其本义即为篮筐。匡字后世多用为纠正、扶助等义,而以"筐"字表示其本义。

匡正　扶正。

匡复　挽救将亡之国,使之转危为安。

huì 彗

甲 篆

[篲]

甲骨文的彗字,像用王帚一类植物扎成的扫帚,有的字形加几个小点,表示用扫帚扫除尘土,其本义即为扫帚,用作动词,则有扫除、清扫之义。小篆的彗字,像人手持扫帚,扫帚形也小有讹变。或从竹,表示其为竹制。

彗星 亦称"孛星",俗名"扫帚星"。以其长尾似扫帚,故名。

甲　　　金　　　篆

　　帚即扫帚，又称扫把。甲骨文、金文的帚是个象形字，像一把倒立的扫帚：上部是帚棕，下部为把柄；有的还在扫帚中间用绳子加以捆扎。到了小篆以后，帚字字形发生了较大的变化，就不再像扫帚的样子了。

fù 妇（婦）

甲　　金　　篆

古代社会，男女分工明确：男主外，在外耕田、打猎；女主内，在家织布、扫地、做饭。甲骨文、金文的妇字，正像一个女子手持扫帚的样子。手持扫帚在家扫地做家务，这是已婚女子的日常工作。所以妇字的本义为已婚的女子，有时也指妻子。

妇女　指已婚女子。现在多用作成年女性的通称。

甲　　　金　　　篆

甲骨文的侵字，像人手持帚把驱赶牛群，表示侵夺他人财产。侵的本义为侵占、掠夺，引申为进犯、攻占，进一步引申为欺凌、迫害。

侵占　以不法手段将他人之物占为己有。

侵略　侵犯掠夺。

侵吞　暗中占有。又指用武力吞并别国或占有其部分领土。

xīng 兴(興)

| | 甲 | 金 | 篆 |

　　甲骨文、金文的兴字，像多只手共同举起一副筑版（一种筑土墙的工具）。这是众人夯土筑墙劳动场面的形象描绘。有的兴字加上口，表示一边举夯筑土，一边呼喊号子以协同动作。因此，兴的本义为抬、举，引申为起、起来、兴起、建立，进一步引申为兴旺、兴盛。

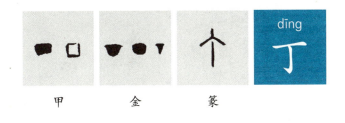

甲　　　金　　　篆

丁是个再简单不过的字，一横一竖钩，好写又易认，似乎只有文盲才不识，所以过去常用"目不识丁"来挖苦那些不学无知的人。那么丁字到底是什么东西呢？甲骨文、金文中的丁字，原来只是一颗钉子的形象：从上面俯视，看到的是圆形或方形的钉帽；从侧面看，则好似一个楔子，所以丁字的本义就是钉子。丁是"钉"的本字。

丁是丁，卯是卯　　丁指凸出的榫头，卯即卯眼。"丁是丁，卯是卯"表示做起事来认真严肃，不肯随便通融。

zhuān
专
（専）

甲　篆

甲骨文的专字，从又从叀（zhuān），叀像纺锤，纺锤上有线缠绕，表示以手旋转纺锤盘线，其本义为转动转轴。在汉字中，凡从专的字多有盘旋、转动、转递等义，如抟、团（團）、转、传等。专字后来多借用为单独、单纯、独一等义。

专断　独自决断。

专家　指专门从事某种事业或学问而有成就的人。

专精　集中精力，专心一志。

篆

（團）

团字从囗从专，囗代表一个圆环，专即纺锤，有转动之义，因此团字的本义为圆转、回环旋转，引申为圆形，又引申为糅合、聚合。

团弄　用手掌搓东西使成圆形。又有摆布、蒙蔽、笼络、成全等义。也作"抟弄"。

团拜　有庆贺的事，相聚而拜。

团扇　圆扇，也叫宫扇。

团圆　圆形的。又指亲属团聚。

团团　形容旋转或围绕的样子。

rén
壬

甲　　金　　篆

壬是"纴"的本字，原来是指一种纺织工具。甲骨文、金文的壬字，像一工字形的缠线工具；有的在中间加一粗点，表示缠线成团；小篆则变点为横。该字后借用为干支名，表示天干的第九位；又借用为奸佞之义。其本义既失，故另造从糸的"纴"代之。

壬人　佞人，巧言谄媚的人。

壬夫　水神名。

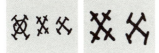

甲　　　　金　　　　篆

癸和壬一样，也是古代的一种纺织工具。甲骨文、金文的癸字，像一种可以旋转的纺纱、治丝工具，类似于后世的缫车，有的字形还像在纺轮上缠有丝线，其本义即为纺车、纺轮。此字后世多借用为干支名，表示天干的第十位，也即最后一位，其本义逐渐不为人所知。

癸水　妇女月经。又用作桂林漓江的别称。

hù 互 互篁

篆

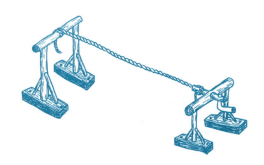

互是"篁"的本字,是指一种绞绳的器具。小篆的互字,上下两横代表固定绳两端的横木,中间像两股绳绞在一起。由二绳的盘结交错,引申为交错之义,又引申为相互、彼此之义。

互市 指互相往来贸易。

互训 同义词互相解释。

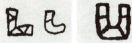

甲　　　金　　　篆

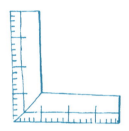

甲骨文、金文的曲字，像一把曲尺，其本义为弯曲，与"直"相对。引申为曲折、隐秘、婉转等义。曲字还可以读 qǔ，指音乐的曲调。

曲意　委曲己意，奉承别人。

曲笔　封建时代史官不据实直书，有意掩盖真相的记载。

曲解　错误地解释客观事实或别人的原意（多指故意为之）。

曲直　有理和无理。

曲房　深邃幽隐的密室。

曲学　偏颇狭隘的言论。也指孤陋寡闻的人。

曲高和寡　曲调高深，能跟着唱的人很少。比喻作品不通俗，不能为多数人所了解或欣赏。

gōng 工

甲　　金　　篆

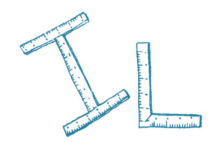

工字的字形像是一把曲尺。曲尺是匠人（特别是木匠）必备的度量及画线工具，因此工字的本义为用具、工具；引申为从事手工劳动的人，即工匠。工匠做工要细致精巧，因此工又引申出细密、精巧之义。

工夫　占用的时间；空闲时间。

工巧　精致、巧妙。又指善于取巧。

工艺　手工技艺。

金　　　篆

巨为"矩"的本字。矩是一种画角量方的曲尺。如《荀子》："圆者中规，方者中矩。"其中规为圆规，矩为曲尺。金文的巨字，像一个人手持一把曲尺的样子，其本义即为曲尺。此字后来多借用为大、最、极等义，故另造"矩"表示它的本义。

巨室　大厦、大屋。又指有世袭特权的豪门贵族。
巨眼　指善于鉴别是非真伪的眼力、见识。

篆

　　小篆的丈字，从十从又，像人手持量尺测量长度。丈的本义为丈量，又是长度单位的名称。十尺为一丈，十丈为一引。此外，丈还用作对成年或老年男子的尊称。

丈量　测量。

丈人　古时对老年男子的尊称。今指岳父。

丈夫　成年男子。又指女性的配偶。

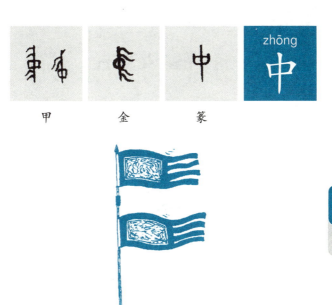

甲　　金　　篆

古代的旌旗由多条叫作"斿"（yóu）的飘带组成。飘带有多有少，其中以王的旗飘带最多，有十二斿。甲骨文、金文的中字，像一杆多斿的旗，旗杆中段束扎木块，以增加旗杆的强度。这个木块就叫"中"。由于它位处旗杆中段，把斿从中间分为上斿下斿，所以中的本义为当中、中间，引申为里面、内中。为人处世中正平和，不偏不倚，无过不及，也叫作"中"，如中行、中庸等。

㫃 yǎn

甲　金　篆

甲骨文、金文的㫃字,像旌旗飘带飞扬,因此其本义为旗帜飞扬的样子。《说文解字》:"㫃,旌旗之游㫃蹇之貌。"汉字中,凡从㫃的字,均与旗帜有关,如旗、旌、施、斿、旋、旄、旅、族等。

篆

旄字由㫃、毛会意,毛又兼作声符。㫃即旗帜,毛指牦牛的尾毛,因此旄字是指用牦牛尾在旗杆顶上做装饰的旗帜。又代指牦牛尾。

旄节 古代使臣所持之节,上饰牦尾,用作信物。镇守一方的军政长官也拥有旄节。

旄钺 旄节和斧钺。比喻军权。

旄骑 即旄头骑。皇帝仪仗中警卫先驱的骑兵。

| 甲 | 金 | 篆 |

古人出征作战,先要召集将士于大旗之下,发布训诰,整装待发。甲骨文和金文的旅字,像聚众人于旗下,其本义即为师旅,泛指军队,又特指军队的编制单位(古代以五百人为一旅)。此外,旅还有"众人成群"和"在外客居"的意思。

旅行　众人成群结伴而行。现在用为离家出行之义。

旅店　旅客停留住宿之所。又称旅舍、旅馆。

旅进旅退　与众人共进退。也可用作贬义词,形容随波逐流。

甲　　金　　篆

甲骨文、金文的旋字，像旗下有止（趾），表示用旗帜引领众人行进，止上的口表示行进的目标。旋的本义是军队出征返回，即凯旋，泛指返回、归来，引申为盘旋、旋转之义。

旋复　回还，归来。

旋踵　把脚后跟转过来，比喻时间极短。

旋律　声音经过艺术构思而形成的有组织、有节奏的和谐运动。

yóu 游

甲　金　篆

[遊]

古代重大的户外活动或军事行动，都要大张旗鼓以壮声威。甲骨文和早期金文的游字，像一人手持大旗在行走，大旗上方旗幅飘扬。它的本义为执旗行进，又特指旗幅上的飘带饰物，"斿"是其本字。金文的游字或加辵（辶），表示行动，有遨游、行走的意思。至于小篆中从水斿声的游字，则是表示在水中浮行。斿、遊、游本来表示三个不同的词，现在都统一作游，不再加以区别了。

甲　　　　金　　　　篆

古代同一氏族或宗族的人，不但有血缘关系，而且是一个战斗单位或武装集团。甲骨文、金文的族字，从矢在认下，树旗所以聚众，箭矢则代表武器。所以，族字的本义即为氏族、宗族或家族，用为动词，则有聚结、集中之义。

族姓　指同族亲属。又指大族、望族。

族党　聚居的同族亲属，也指聚族而居的村落。

chē 车（車）

甲　金　篆

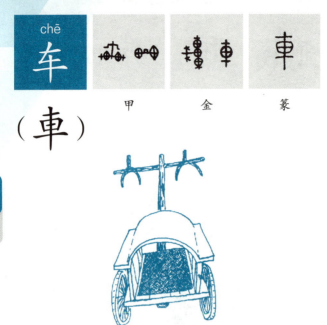

车指的是陆地上有轮子的运输工具。甲骨文、金文的车字，像一辆车轮、车轴、车辕、车衡、车轭俱全的马车。小篆的车字，则仅有车轮、车轴，是简化的车字。凡从车的字，大都与车及其功用有关，如轨、轮、转、载、军等。

车水马龙　形容车马众多，来往不绝。
车载斗量　形容数量很多。

两 liǎng
（兩）

金　　篆

　　两为"辆"的本字。古代的一驾马车多用两匹马来拉，因此马车的衡上多配有双轭。金文的两字，像马车前部的衡上有双轭。所以两字的本义为车辆。又用作数词，指一对、一双，专用于马匹等成双配对之物。两还可用为量词，车一驾为"一两"，布一匹也可称为"一两"。此外，两又是常用的重量单位名称，按现在的用法，十钱为一两，十两为一斤。

　　两全　对两方面都有利无损。
　　两两　成双成对。

niǎn 辇（輦）

金　　篆

金文的辇字，像二人拉车，本指人拉的车，秦汉以后特指帝王或皇后乘坐的车，如帝辇、凤辇等。

辇下　指京师，犹言在皇帝车驾之下。

辇毂（gǔ）　天子的车舆，代指天子。又指京师。

yú
舆
(輿)

古文字的舆字，像四只手共同担起一副坐轿。其本义为抬轿，引申为抬、负荷；又指轿（也称"肩舆"或"步辇"），引申为车厢。古代把人的身份分为十等，舆为第六等，属于地位平凡低微的一等，因此引申指一般的众人。

舆士　抬轿或推车的人。
舆论　公众的言论。

hōng 轰

轟 篆

（轟）

轰字由三个车字组成，表示群车奔驰、轰然作响。轰字本指群车轰鸣之声，泛指巨大的响声，又有轰鸣、轰炸、轰击、轰赶等义。

轰动 惊动。指同时惊动很多人。

轰隆 象声词，形容雷声、爆炸声、机器声等。

轰轰烈烈 形容气魄雄伟，声势浩大。

篆

lián
连
(連)

连字从辶从车,表示车辆前后相连,其本义为连接,引申为连续、接续等义,又用作军队编制单位名称,如连队。

连环 一个套着一个的一串环,比喻一个接着一个、互相关联,如连环画、连环锁等。

连贯 连接贯通。

连绵 (山脉、河流、雨雪等)接连不断。

连累 牵连别人,使别人也受到损害。

连襟 姐妹的丈夫之间的亲戚关系。

zhuàn 转 轉
篆

（轉）

　　转字从车从专，专有盘旋、转动之义，因此转本义为转动、运转，引申为迁徙、转移、变化、传送等义。《说文解字》："转，运也。从车，专声。"则专又兼作声符。

转运　循环运行。又指运输，转移。
转圜　转动圆体的器物，比喻调解挽回。
转瞬　转动眼睛，形容时间短促。
转败为功　变失败为成功。

			pèi 辔（轡）
甲	金	篆	

辔是驾驭牲口用的嚼子和缰绳，又叫辔头。甲骨文、金文的辔字，从车，像马车夫手中牵制马匹的三股缰绳。小篆辔字从叀从丝。《说文解字》："辔，马辔也。从丝从叀，与连同意。《诗》曰：'六辔如丝。'"引申为驾驭、骑行、牵制等义。

辔勒 驾驭牲口用的缰绳和带嚼子的笼头。

zhōu

舟

甲　　金　　篆

甲骨文、金文的舟字,像一只小木船的样子,其本义即为船。古人称搁茶碗的小托盘为"茶舟",今人也叫"茶船"。汉字中凡以舟为义符的字大都与船及其作用有关,如航、舫、舰、艇、艘等。

舟梁　浮桥,即连船为桥。

金　　　篆

金文的俞字，左边为舟，右边像一把尖锐的木凿，旁边的一画表示挖凿的木屑，表示人用凿把一棵大树挖空做成小舟。所以俞字的本义为凿木造船，又指挖凿而成的独木舟。此字后世多用为叹词，又用作姓氏，其本义则罕为人知。

金　　　篆

　　前字是个会意字。古文字的前字,从止从舟,从止表示行进,从舟表示乘船。《说文解字》:"不行而进谓之前。"前的本义为向前行进,引申为方位和时间词,与"后"相对。

　　前途　前面的路,也指未来的境况。又作"前程"。
　　前车之鉴　比喻以往失败的经验可引为后来的教训。

（艙）

舱字由舟、仓会意（仓又兼作声符）。仓即库房，是盛货物的地方，因此舱是指船上放置货物的地方，泛指船或飞机中分隔开来载人或装货物的部分。

舱位　船或飞机等舱内的铺位或座位。

玉 yù

甲　金　篆

甲骨文的玉字，像用绳子穿在一起的一串玉璧，本义当为玉器，泛指玉石。玉石是一种矿石，质地细腻温润，光泽透明，可用来制作装饰品。古人往往把美好、珍贵的东西加上玉作为修饰词，如玉颜、玉体、玉女等。汉字中凡从玉的字大都与玉石或玉器有关，如环、珍、琳、琼、球等。

玉帛　瑞玉和缣帛，是古代祭祀、会盟时用的珍贵礼品，又泛指财物。

玉成　成全。敬辞。

玉洁冰清　比喻高尚纯洁。

金　　　篆

圭是古代帝王诸侯举行礼仪时握在手中的一种玉器，上尖下平，形状略似土字形。圭字从二土，指的就是这种土字形的玉器。圭字也可以加玉旁，表明圭的玉质属性。

<u>圭臬</u>　指圭表（臬就是测日影的表），比喻准则或法度。

gòng 共

甲 金 篆

共是"拱"或"供"的本字。早期金文的共字,像一个人双手捧着一块玉璧。玉璧是贵重之物,常用来作为宗庙祭祀的供奉之物。因此,共有拱手捧璧、供奉于前的意思,引申为环抱、拱卫和供给等义。由两手同捧一物,又引申为共同、一起等义,如同舟共济。

甲　　金　　篆　　nòng 弄

古文字的弄字,像双手捧玉玩赏的样子,其本义为玩玉,引申为玩弄、游戏之义。在古代,真正有玉可玩或有资格弄玉者,大抵不外帝王将相、公卿大夫以及妃嫔姬妾、公主千金之辈,所以弄玉是一种十分高雅的文化生活。现在的弄则多带贬义,如弄权(玩弄权势)、愚弄、戏弄、弄巧成拙(本欲取巧反而败事)等。

弄臣　指为帝王所亲近狎玩之人。

弄璋弄瓦　古代称生男为弄璋,生女为弄瓦。语出《诗经·小雅·斯干》:"乃生男子……载弄之璋……乃生女子……载弄之瓦。"

bǎo
宝
(寶)
［寶］

甲　　金　　篆

在古代，玉器是一种非常宝贵的东西，而海贝壳是用来交换的货币，代表一个人的财富，更是弥足珍贵。甲骨文的宝字，像是在屋子里放着贝和玉，表示一个人所占有的珍贵之物或财富，所以宝字的本义是珍贵之物。金文的宝字，增加缶旁表示读音，使宝字由原来的会意字变成形声字。这种写法一直沿用到楷书时代。而简化的宝字，省去贝和缶，它又成为从宀从玉的会意字了。

bān 班

金　　篆

古文字的班字,像刀在两玉之间,表示把玉石分开。班的本义为分玉,引申为分发、分布、排列等义。班也可用作名词,表示位次、等级之义;又用作军队或集体单位名称。

班次　指学校班级的次序,也指定时往来的车船开行的次数。

班师　指军队出征回来。

班门弄斧　在大匠门前摆弄斧头,比喻不自量力。班,即鲁班,古代有名的巧匠。

pú 璞

甲

璞是一种含玉的矿石。甲骨文的璞字,像人在山洞中手持工具敲打玉石,盛于甾(筐一类的器具)中,其本义即为初采于山中的玉石,即未经雕琢的玉石。

篆

（瑩）

　　莹字从玉从荧省，荧指微光，故莹本指玉色光洁莹亮、通透，引申为使明净、觉悟等义。荧又兼作声符。

　　莹泽　晶莹而有光泽。

　　莹镜　明镜。

　　莹拂　拂拭使之明洁。

lóng 珑

瓏 篆

（瓏）

珑是一种雕刻成龙形的玉器，是古代向神灵祈求降雨时使用的一种玉制礼器。珑字从玉从龙，表示它是雕成龙形或饰以龙纹的玉器。《说文解字》："珑，祷旱玉，龙文。从玉从龙，龙亦声。"则龙又兼作声符，珑是会意兼形声字。

金

琥字从玉从虎,是指一种雕刻成虎形的玉器。琥在古代用作礼器,被认为是一种祥瑞之器。也有人认为这是一种遣将发兵的凭证,即兵符。如《说文解字》云:"琥,发兵瑞玉,为虎文。从玉从虎,虎亦声。"则虎又兼作声符。

琥珀 松柏树脂的化石,色黄褐或红褐,燃烧时有香气。红者曰琥珀,黄而透明者曰蜡珀。可入药,也可制成饰物。

bì 璧

璧 璧 璧 璧
金　　　篆

璧是古代的一种玉器，常用作贵族祭祀、朝聘、丧葬的礼器，也可作为装饰品。其形制为扁平的圆环形，正中有孔，环边的宽度为孔径的二倍。金文的璧字，从玉辟声，有的另加一圆圈，以表示其为圆形的玉器；小篆则变为从玉辟声的形声字。《说文解字》："璧，瑞玉圜也。从玉，辟声。"

璧人　称赞人仪容美如璧玉。

璧合　比喻美好的事物或人才结合在一起。也作"珠联璧合"。

huán 环（環）

金　　篆

环是玉璧类的一种，在古代常用作礼器。环的形制为圆形，中心有孔，其环边的宽度和孔径相等。环字从玉从睘（睘又兼作声符），睘有圆环之义，表示它是一种圆环形的玉器。《说文解字》："环（環），璧也。肉（环边）好（璧孔）若一谓之环。从玉，睘声。"而在汉字中，凡是从睘（或以睘为声符）的字，多有圆环、回转等义，如圜、还（還）、寰等。

环视　四面察看。

环境　环绕全境。今指周围的自然条件和社会条件。

guài
夬

金　篆

夬为"玦（jué）"的本字。玦是一种环形而有缺口的玉佩，古时常用以赠人，表示决裂、决绝之意。夬字像人手持一有缺口的环形物体，即指玉玦。在汉字中，凡从夬（夬往往兼作声符）的字，多有断、缺、分离、不满等义，如决（决裂）、诀（诀别）、缺（残缺）等。另外，夬又指《周易》中的一卦，读guài。

huáng
黄

甲　　金　　篆

甲骨文的黄字，从大，像人腰间佩带环玉，其本义即为佩玉，当即"璜"的本字。后世黄字借用为颜色词，其本义反而逐渐不为人所知，故另造从玉的"璜"字代替之。

黄卷青灯　灯光映照着书，形容深夜苦读，或修行学佛的孤寂生活。

黄袍加身　黄袍，皇帝之服。谓受拥戴而成为天子。

黄钟毁弃　黄钟，黄铜铸造的大钟。屈原《卜居》："黄钟毁弃，瓦釜雷鸣；谗人高张，贤士无名。"比喻贤才不得任用。

bèi 贝(贝)

甲　金　篆

器物　器具

贝是有介壳的软体动物的总称，但在古代主要是指海贝。甲骨文、金文的贝字，正像海贝贝壳的形状。在古代中原地区，海贝是一种珍贵的装饰品。这大概是因为离海太远，得来不易，因此人们都将其视为珍宝，串起来挂在颈上，悬于胸前，以示富有。后来贝又成为最早的一种货币，代表财富，所以凡从贝之字，大都与财货有关，如财、货、贯、贸、贵、赁、贷等。

贝书　即贝叶书，古代印度用贝叶树的叶子写佛经，因此用"贝书"代指佛经。

贝联珠贯　形容联贯整齐美好的样子。

甲　　金　　篆

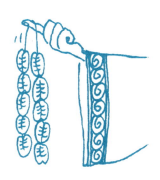

古代以五枚贝为一挂,两挂为一朋。甲骨文、金文中的朋字,正像两挂贝的样子,其本义即为两挂贝。后用作货币计量单位,如《诗经·小雅·菁菁者莪》:"既见君子,锡(赐)我百朋。"后世朋字,多用为朋友之义,又指党与、同类,引申为比附、勾结之义。

朋友　古代指同一师门和具有共同志向的人,"同门曰朋,同志曰友"。今指彼此有来往、有交情的人。

朋党　排斥异己的宗派集团。

朋比　依附勾结。多用为贬义。

dé 得

| 甲 | 金 | 篆 |

贝在上古时代是一种珍贵难得之物,后来用作货币。甲骨文的得字像一只手拾起一只海贝,表示有所获得,其本义为取得、获得、得到。或加彳旁,强调行为动作的意味。

得失 得到的和失去的。事之成败、利弊、损益或优劣等都可称为得失。

得寸进尺 比喻贪得无厌。

得不偿失 得到的抵不上失去的。

金　　篆

yīng
婴
（嬰）

贝在古代是一种非常难得的珍贵之物，除用作货币外，妇女们还把它们串起来挂在脖子上作为装饰。婴字从二贝在女上，本指戴在女人脖子上的串贝颈饰。所以《说文解字》称："婴，颈饰也。"此字后来多用来指初生的女孩儿，又泛指幼童。

婴孩　指不满一岁的小孩儿。

mǎi 买（買）

甲　金　篆

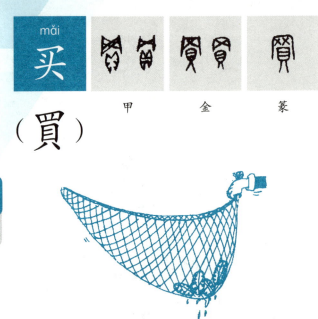

古文字的买字，从网从贝，是用网取贝的意思。贝是古代的货币，可以用它换取货物。买即收购，是一种拿钱换取货物的行为，与"卖"相对。

买椟还珠　典出《韩非子·外储说左上》。楚国人到郑国去卖珍珠，把珍珠装在极其华贵的匣子里。结果郑国人出钱买走匣子，却把珍珠退还。比喻没有眼光，取舍不当。

篆

(賣)

小篆的卖字,由出、买会意,表示出售财物,其本义为售物、出货。引申为出卖,又引申为炫耀、卖弄等义。

卖舌 以言语炫世。

卖官鬻(yù)爵 出卖官职爵位。鬻,卖。

卖剑买牛 放下武器,从事耕种。后比喻改业务农或坏人改恶从善。

pín 贫(貧)

篆

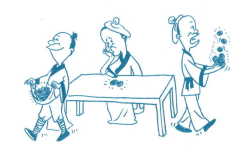

贫字由分、贝会意,贝即贝币,代表财物,财物分散则不足,因此贫的本义为穷乏,与"富"相对。《说文解字》:"贫,财分少也。从贝从分,分亦声。"则分又兼作声符。

贫乏　穷困,短缺。

贫穷　贫苦穷困。缺乏财物为贫,前途无出路为穷。

贫嘴贱舌　形容话多而刻薄。

篆

guàn
贯

(貫)

贯字由毌、贝会意。毌有穿透之义,贝指钱币,贯本义为以绳串贝、以绳串钱,引申指穿钱之绳,又用作钱币单位名称。古钱币中间有孔,可用绳线贯穿成串,以一千钱为一贯。又泛指以绳穿物,引申为贯穿、会通等义。

贯通　首尾通达。

贯彻　上下始终,通达至底。

贯行　连续实行。

fù 负（負）

篆

小篆的负字，从人从贝，贝是财富的象征，人有财富则心有所恃，故《说文解字》称："负，恃也。从人守贝，有所恃也。"负的本义为倚恃、依仗，引申为赔偿、亏欠、辜负之义。又有以背载物及担负等义。

shí
实
（實）

金　　　　篆

《说文解字》："实，富也。"金文实字有的从宀从田从贝，家中有田有贝，表示富有。小篆实字从宀从贯，贯指成串的钱币，也表示富足。所以，实的本义为富足、殷实，又指财富、财物，引申为充满，又指真实。

实际　指客观存在的现实。

实践　实地履行。

实惠　实在的利益、好处。

实事求是　从实际出发，求得正确的结论。

篆

中古以前无桌椅，人们习惯席地而坐，常于座侧或身前置一小几，用于倚靠。这种几，实际上就是后来桌子的雏形。其形长而窄，较矮。小篆的几字，略似其形，其本义即为案几。现在的几字，多用作"幾"字的简体，读 jǐ。

几杖　几案与手杖，可以供老人平时靠身，走路时扶持，因此古代以赐几杖为敬老之礼。

几案　泛指桌子。

chǔ
处
（處）

金　篆

　　金文的处字，像一个人坐在凳上；或从虎声，表示这个字的读音。处的本义为坐，引申为居处、居住之义，又指跟别人一起生活、交往。现在的处字，则多用为处置、办理之义。

　　处分　处理。又指对犯罪或犯错误的人按情节轻重做出处罚决定。

　　处境　所处的境地。
　　处世　在社会上活动，跟人往来。
　　处事　处理事务。

zuò
座

座字从广从坐,表示坐在室内,其本义为床座,泛指一般的座位,又指器物的底托。

座主 古代举人、进士称主考官为座主,又称座师。

座右铭 训诫文字的一种。古人刻铭文置于座位右侧,用于警诫,称座右铭。

甲　篆

床 chuáng

（牀）

上古无桌凳椅，人们日常起居，往往席地而坐，席地而卧；后来有了床炕，最后才发明了桌凳椅。古代的床，是一种可供人坐卧的器具。甲骨文的床字，是一竖立的床形，床脚床面俱全，为床字的初文。小篆床字加"木"，表示床是用木材做成的。楷书床字俗体作"床"，为今简化字所本。

床席　床上的垫席。

床上施床　比喻重叠。

古　　　篆

席是一种供坐卧铺垫的用具，多用苇篾、竹篾或草等编织而成。《说文解字》所录古文席字，像屋内放有一张草席。所以席的本义为垫席，引申为席位、座次、筵席等义。

席地　古人铺席于地以为座，因称坐在地上为席地。

席卷　像卷席子一样把东西全部包卷进去。比喻全部占有。

席不暇暖　形容事务极忙，或迫不及待，连坐定的时间都没有。

席地幕天　以地为席，以天为幕。形容胸襟旷达。

甲　　　金　　　篆

因是"茵"的本字。古文字的因字，像一个人仰面卧于席垫之上，它的本义是草席。由于因有席、垫之义，可引申为依靠、根据、凭借、沿袭等义，进一步引申，又有原因、因缘之义。

因果　即因果报应。根据佛教的说法，善因得善果，恶因得恶果，即做善事得善报，做恶事得恶报。又指原因和结果。

因循　沿袭旧法而不加变更。

因人成事　依赖他人之力而成事。

因地制宜　根据各地情况而制定适宜的办法。

因势利导　顺应着事物发展的趋势加以引导。

gǔ 鼓

| 甲 | 金 | 篆 |

鼓是一种圆柱形、中空、两端蒙皮的打击乐器。古代两军作战，以击鼓鸣金来指挥进退（金指铜钟，击鼓表示进攻，鸣金表示收兵）。古文字的鼓字，像人手持鼓槌敲击鼓面的样子，其本义为击鼓；引申为敲击、拍打、弹奏，如鼓掌、鼓瑟（弹奏瑟）；再引申为振动、振作、激励等义，如鼓动、鼓励、鼓舞、鼓足干劲等。此外，鼓形外凸，所以鼓又有隆起、凸出之义，如鼓腹（腆起肚子）。

甲　　　金　　　篆

甲骨文、金文的彭字，左边是一面鼓，右边几点像鼓声声浪，所以彭是一个象声字，表示击鼓之声。

xǐ 喜

甲　　　金　　　篆

甲骨文的喜字，像一面安放在支架上的大鼓，鼓两侧的点表示击鼓所发出的声音，说明有喜庆的事而击鼓庆贺。喜的本义为喜庆、吉庆，引申指快乐、喜悦，又引申为喜欢、爱好之义。

喜出望外　遇到出乎意外的喜事而特别高兴。

喜形于色　内心的喜悦表现在脸上。形容抑制不住内心的喜悦，十分高兴。

hé
和
甲　金　篆

[龢]

古文字的和字，左边像由几条竹管合并而成的一种笙箫类乐器，右边的禾是声符，表示读音。因此，和字的本义应该是乐声的调和、和谐，引申为温和、柔和等义。

和平　指战乱平息，秩序安定。

和亲　指与敌方议和，结为姻亲。

和光同尘　把光荣和尘浊同样看待，指不露锋芒、与世无争、随波逐流的处世态度。

yuè 乐（樂）

甲　金　篆

上古时代的弦乐器（如琴瑟）想必是比较简单的。相传"舜作五弦之琴，以歌南风"，周文王、周武王各加一弦，才成了今天的七弦琴。甲骨文、金文的乐字，像丝弦绷附在木上，指的正是这种丝弦乐器。乐又是所有乐器的总称，后来泛指音乐。乐声悦耳，能使人感到快乐，所以乐又用作动词，有喜悦、快乐、欢喜等义，读lè。

篆

琴本指古琴这种弦乐器。小篆的琴字,是古琴一端的侧视图:字形下部的弧曲部分表示琴身,上面的两个王字形像用来绷弦的琴柱。现在,琴用作某些乐器的统称,如钢琴、提琴、胡琴、口琴等。

庚 gēng

甲　　金　　篆

从早期甲骨文和早期金文的字形来看,庚是一种两边有吊槌,可以摇动的乐器,类似现在的拨浪鼓。此字后世多用为干支名,表示天干的第七位,其本义则鲜为人知。

金　　　　篆

磬是古代一种打击乐器,以玉石或金属制成,形状如矩。甲骨文的磬字,像人手持槌棒敲打悬挂着的磬。小篆磬字加石旁,表示磬多由玉石制成。由于磬形如矩曲折,所以磬又有弯腰、屈身之义。

磬折　屈身弯腰,以示恭敬。又指敬服。

nán
南

甲　　　金　　　篆

南是古代南方少数民族的一种音乐。甲骨文、金文中的南字，像钟、镈一类用于悬挂敲击的乐器，可能是指古代南方少数民族特有的一种乐器，用以代指南方的一种音乐，后来引申指南方，成为一个方位名词。

南面 古代以坐北朝南为尊位，故天子见诸侯、群臣，皆面朝南而坐。后泛指帝王的统治。

南腔北调 指人说话口音不纯，夹杂着方言。

南辕北辙 欲南行而车向北，比喻行动与目的相反。

yǒng 甬

金　　篆

　　铜钟是古代重要的礼器和乐器,通常悬挂于架上,口在下而柄在上,敲击出声。其悬柄部分,即称为甬。甬的本义即为钟柄。金文的甬字,像直甬的悬钟之形,其下部为钟体,上部则像带钩环的直甬。

　　甬道　两侧筑墙的通道。又指复道,即在楼阁之间架设的通道。

（業）

金　　　篆

业是古代悬挂钟、鼓、磬等乐器的架子，架子的支柱往往做成双手托梁的人形。金文的业字，就是这样一个乐器架的简单构形图。只是后来支柱的人形讹变成"木"，到小篆时就已经失去它原来的形象了。业字后来多用为事业、职业、产业、学业等义，其本义则逐渐消失。

业务　职业上的事务。

业主　产业的所有人。

业师　授业的老师。

业精于勤　学业由于勤奋而专精。

甲　　　金　　　篆

尹字是个会意字。古文字的尹字，像人手持杖。手杖是一种权力的象征，手握权杖即表明有权力处理大小事务，故尹有治理之义。后来尹多用作官名，如县尹、京兆尹等。而作为姓氏的尹，是从"尹氏"这个官职名称演变而来的。

jūn 君

甲　金　篆

君字从尹从口，尹表示一人持手杖指挥别人做事，口表示发号施令。以此会意，君即指统治人民的一国之主，后来又引申为对人的尊称，如严君、家君、夫君等。还可用作动词，有统治、主宰的意思。

君子　对统治者和贵族男子的通称，又指有才德的人。

笔(筆) bǐ

笔是用于书写的工具。毛笔的使用，在中国有非常久远的历史。考古发掘出来的最早的毛笔实物出于战国时代；但从种种迹象推测，毛笔的实际使用始于原始社会末期。甲骨文、金文的笔字，像用手抓着一支毛笔的样子。这种笔有较粗的笔杆，杆头上的分叉代表笔毛。早期的毛笔多用木杆，传说秦代蒙恬改用竹管，故小篆的笔字增加竹头。而简化字的笔从竹从毛，又是一种新的写法。

笔札 相当于现在所说的笔、纸。古代无纸，书写于札（木简）。又代指公文、书信、书法。

笔墨 本指笔和墨，借指诗文及写作之事。

huà
画
（畫）

甲　　金　　篆

　　甲骨文和早期金文的画字，像人用手执笔画交叉线条、作图画的样子。这就是画字的本义——作图、绘画。画又有划分之义，相当于后来的"划"，所以金文和小篆的画字又增加一个"田"字，表示划分田界的意思。

　　画卯　　签到。旧时官署在卯时（清晨五点到七点）开始办公，吏役都必须按时到衙门签到，这就叫"画卯"。

甲　　　金　　　篆　　　cè 册

在纸发明和大量制造以前，人们用于书写的主要材料是竹简（一种经过加工修整的窄长竹片）。通常一枚竹简只能写一行字，把许多条竹简用绳子编连起来，就成为册。古文字的册字，正是对简册的形象描绘。

册府　指藏书的地方。

diǎn 典

| 甲 | 金 | 篆 |

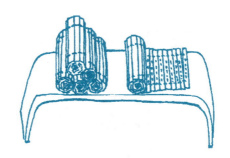

甲骨文的典字,像双手捧着简册;金文、小篆的典字,则是将简册供放案上之形。典是指那些记载法律、典章制度等重要内容的书籍;引申为法则、制度、常道、准则等;典还可用作动词,有掌管、从事、抵押等义。

典籍 指法典图籍等重要文献。

典式 范例、模范。

典故 指常例、典制和掌故。又指诗文中引用的古代故事和有来历出处的词语。

篆

古代用毛笔蘸墨在竹简上写字,遇有错字,就用小刀把墨迹刮掉重写。删字从册从刀,表示用刀把简册上的错字或多余的字刮掉。因此,删的本义为削除、去掉,引申为减少、削减。

删改　去掉或改动文辞中某些字句或某些部分。
删汰　删削淘汰。

甲　　　金　　　篆

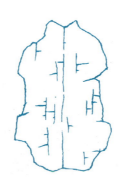

古人迷信鬼神，凡事必先占卜，以断吉凶。所谓卜，是用火艾灼烧龟壳使之出现裂纹，然后根据这些裂纹（又称兆纹）的方向和特点来预测吉凶。古文字的卜字，正像这种兆纹，所以卜是个象形字。卜字的读音像龟甲爆裂的声音，因此它又是一个象声字。卜由占卜之义，可以引申为预测、估量、选择等义。

卜筮　古时占卜，用龟甲称卜，用蓍草称筮，合称卜筮。

卜居　用占卜的方法选择定居之地。后泛指择地定居。

甲　　　篆

占字从卜从口，表示占卜时解释兆纹。因此，占的本义是根据兆纹判断吉凶，泛指占卜活动。凡用龟甲、蓍草、铜钱、牙牌等来推断吉凶祸福的迷信活动，都可称为"占"，如占卦、占课等。此外，占又读 zhàn，是据有、占据的意思，繁体作"佔"，简化为"占"。

占兆　占卜时以火灼龟甲，龟甲上的裂纹叫占兆。
占梦　根据梦中所见附会预测人事的吉凶。

巫 wū

甲　　金　　篆

古代巫师以玉为通灵之物。甲骨文的巫字,像两块玉交错的样子,表示以灵玉敬献神灵,以求神灵降福显灵,其本义即为巫祝、巫术,引申指女巫。按照古代迷信的说法,女巫是那些能以歌舞取悦神灵并使其降临附体的女性巫师,她们以替人祈祷为职业的,现在俗称"神婆"。故《说文解字》云:"巫,祝也。女能事无形,以舞降神者也。"

巫祝　古代沟通鬼神的迷信职业者。

巫医　巫师和医师。这两种职业在古代被认为是低贱的职业。

巫蛊(gǔ)　古代迷信,谓巫师使用邪术加祸于人为巫蛊。蛊,毒虫。

| 金 | 篆 | shì 筮 |

　　古人用蓍草作算筹占卦以占问吉凶。筮字从竹从巫，从竹表示所用算筹为竹制，从巫则表示占筮这种活动属于巫术范畴。《说文解字》："筮，《易》卦用蓍也。"筮本指占卦，又专指蓍草做成的占卜用具。但用蓍草作算筹是最原始的做法，后世多改用竹片，故筮字从竹。

　　<u>筮仕</u>　古人在出仕前，先占吉凶，谓之"筮仕"。后遂称做官为"筮仕"。

qiě
且

甲　金　篆

  且是"祖"的本字。古文字的且字，像一块牌位的样子。牌位是在宗庙祭祀时用来代表祖先的，所以且字的本义即为祖宗、祖先。因为且与宗庙祭祀有关，于是增加义符示，写作"祖"。而原来的且字借用为连词，表示并列、递进等关系，如并且、而且等；又用作副词，表示暂且、姑且。

shì
示

甲　　篆

古人迷信鬼神，凡事都要请求神灵的指导和保佑，所以祭祀鬼神的活动特别多。甲骨文的示字，像一横一竖两块石块搭成的石桌，桌上可以摆放祭品，用以拜祭祖先或鬼神，其本义为供放祭品的石桌，也即所谓的"灵石"。因此，凡从示的字，如福、祭、祝等，均与祭祀有关。拜祭祖先神灵，一般是有事相告以求庇佑，所以示字又有"以事相告"之义，引申为显示、表示，即给人看的意思，如示威（显示威风或尊严）、示弱（表示比别人力量小）、指示等。

祝 zhù

| 甲 | 金 | 篆 |

古文字的祝字,像人跪在祭桌前祷告的样子,表示祈祷、求神降福,引申为祝颂、祝贺、庆祝等义。此外,祠庙中专司祭祀祝告的人一般也称为"祝"。后代作为姓氏的祝氏,大概也来源于祭司巫祝这一职业。

fú 福

甲　金　篆

　　甲骨文的福字，像双手捧着酒樽，往祭桌上进奉酒食，表示以酒祭神，以求神灵降福，引申为神灵所降赐的福气。古代称富贵寿考等为"福"，如《尚书·洪范》："五福：一曰寿，二曰富，三曰康宁，四曰攸好德，五曰考终命。"又引申指幸运，与"祸"相对，如《老子》："祸兮福所倚，福兮祸所伏（灾祸中蕴含着好运，幸运里隐藏着灾祸）。"

祭 jì

甲　金　篆

器物 器具

祭是一个会意字,像人手持肉块供放到祭桌上,表示以酒肉祭祀和供奉神、祖。祭在后代成为一种对死者表达追悼、敬意的仪式,如祭奠、公祭等。此外,祭字还可用作姓氏。不过用作姓氏的祭字不读 jì,而应该读 zhài。

祭酒 酹酒祭神。古代举行祭祀活动,一般要推举一个地位尊贵或年长的人来主持祭礼,这个人就叫"祭酒"。后来主管宗庙礼仪和文化教育的官员也称为祭酒。如国子监祭酒,就是当时最高学府国子监的主管官。

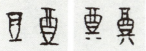

甲　　金　　篆

甲骨文、金文的奠字,像置酒樽于祭坛之上,表示以酒食相祭,即祭奠。由此引申为进献,又引申为安置、安定、建立等义,如奠基(打下建筑物的基础,比喻一项大事业的创始)、奠都(确定首都的地址)等。

奠雁　即献雁。古代婚礼,新郎到新娘家迎亲,先进雁为礼。

zūn 尊

| 甲 | 金 | 篆 |

尊为"樽"或"罇"的本字,是指古代的一种酒器。古文字的尊字,像一个人双手捧樽的样子,表示向人敬酒。楷书的尊字,下面的双手变成了一只手(寸)。双手捧樽敬酒,有敬重、推崇的意味,引申为尊贵、高贵之义,又指尊长、长辈。

尊彝 古代酒器。也泛指祭祀用的礼器。

尊俎(zǔ) 古代盛酒肉的器皿。尊为酒器,俎为载肉之具。后常用作宴席或外交场合的代称。

yǒu
酉

甲　　金　　篆

甲骨文、金文的酉字像一个酒坛子,本当指酒坛或酒壶。此字后来借用为干支名,表示地支的第十位。在汉字中凡从酉的字大都与酒、发酵酿造有关,如酣、醉、酿、酌、配等。

酉时　指下午五点到七点。

酒 jiǔ

甲　金　篆

酒是一种用谷类或果类发酵制成的饮料,如米酒、葡萄酒。酒字从水从酉,酉是装酒的坛子,水代表液体,因此酒是指作为饮料的酒水、酒液。

酒池肉林　聚酒成池,悬肉成林。形容穷奢极欲。
酒酣耳热　形容酒兴正浓。
酒囊饭袋　只会喝酒吃饭而不干实事,用于讽刺无用之人。

zhuó

酌

金　　篆

酌字从酉从勺，酉是盛酒的坛子，勺则是舀酒的工具。所以酌的本义为挹取，又指斟酒、饮酒，还引申为斟酌、估量之义。

酌量　本指计量酒米，也泛指估量。

酌断　酌情裁断。

酌金馔玉　喝酒的杯子是金的，盛菜的器皿是玉的。极言贵族豪门饮食的穷奢极欲。

pèi 配

甲 金 篆

金文的配字,像一个人蹲在酒坛边上,表示向酒中兑水或添加香料。其本义当为调酒。引申为调配,即把不同的东西调和或凑在一起。因此,配字还有凑合、匹配的意思。如男女两性结合,就叫作婚配。

配角 原指戏剧、电影等艺术表演中的次要角色,又比喻做辅助工作或次要工作的人。

配偶 指夫妻中的一方。

篆

酣字由酉、甘会意,表示酒味甘醇,饮者畅快尽兴,因此其本义为饮酒畅快、饮酒尽兴,引申为沉湎于酒,又引申为剧烈、浓盛、尽情等义。《说文解字》:"酣,酒乐也。从酉从甘,甘亦声。"则甘又兼作声符。

酣饮　畅饮。
酣畅　畅快。
酣战　激烈交战。
酣放　纵酒狂放。又指行文纵恣放逸。

qiú
酉

篆

小篆的酉字,像酒坛口香气外溢,表示久酿之酒香气馥郁,其本义为陈酒,引申为年长。部落的首领称为酋长,因为他们年龄大,经验丰富。

酋长 部落的首领。

甲　　金　　篆

畐是一种盛酒的容器,鼓腹,圆底,长颈,形如酒坛。甲骨文、金文的畐字,即像这种长颈鼓腹圆底的容器。从畐的字,多与酒有关。如福字,其本义为捧酒祭神以求福。

富 fù

金　　　篆

金文的富字,像屋中有一只酒坛子,屋中有酒表示富有。所以富字的本义为富有,即财物丰饶,与"贫"相对;又指财物、财富;引申为充裕、丰饶之义。

富贵　有钱又有地位。

富庶　物产丰富,人口众多。

富国强兵　使国家富有,兵力强大。

甲　　　金　　　篆

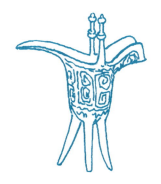

爵是古代的一种饮酒器具。这种酒器，三足两柱，有流有鋬，并仿雀形。它盛行于商周时代，是天子分封诸侯时赐给受封者的一种赏赐物。所以"爵"后来就成了"爵位"的简称，如《礼记》："王者之制禄爵，公、侯、伯、子、男，凡五等。"

爵禄　爵位和俸禄。

jiǎ 斝

甲　金　篆

斝是古代的一种酒器，圆口，平底，有三足、两柱、一鋬。甲骨文、金文的斝字，即像其形；而小篆斝字从斗，是后起的写法。

gōng 觥

甲　篆

[觵]

觥是一种用兕牛角做成的酒杯。后来也有用木或铜制的觥，其形制为椭圆腹，有流，有把手，形似兽头。甲骨文的觥字，即像原始的牛角酒杯；小篆则变为形声字。《说文解字》："觵，兕牛角可以饮者也。从角，黄声。其状觵觵，故谓之觵。觥，俗觵，从光。"

觥令　酒令。

觥筹交错　形容许多人相聚饮酒的热闹情景。

hú 壶

(壺)

甲　金　篆

壶是一种由陶瓷或金属等材料制成的容器,主要用来盛装液体,如茶壶、酒壶。古文字的壶字,颈窄腹圆,有耳有盖有底座,是一只酒壶的形象。

fǒu 缶

甲　　金　　篆

烧制陶器，先要捣泥作坯，然后才能入窑烧炼。甲骨文、金文的缶字，从午从口，表示用杵棒在泥盘中捣泥做坯，本指制作陶坯。因此，从缶的字多与制陶或陶器有关，如窑、缸、缺、罅、罄、罂等。而后世的缶字，专指一种大腹、小口、有盖的陶制容器，《说文解字》："缶，瓦器，所以盛酒浆。秦人鼓之以节歌。象形。"也泛指同形制的铜器，金文缶字或从金，则是专指铜制的缶。

táo
陶

金

篆

陶的本字是"匋"。金文的匋字,从人从缶,像人持杵捣泥做陶,其本义为制陶,又指陶器。因烧制陶器的窑多选在山的坡崖之下,于是在匋字的基础上再添加表示土山斜坡的阜旁,另造一个陶字来表示其本义,因此匋字渐渐不再使用了。

yáo 窑

窯

篆

[窯]
[窑]

窑是一种烧制砖瓦和陶瓷器皿的土灶。窑字从穴从缶，从穴表示窑形如穴，从缶则表示它是制作陶器的地方。窑或作从穴羔声，或作从穴䍃声，则属形声字。《说文解字》："窑[窯]，烧瓦灶也。从穴，羔声。"

缺 quē

篆

缺字从缶从夬,缶指陶器,夬有断缺之义,因此缺本指器物破损不全,引申为残破、败坏、空缺、欠缺、不足、缺少等义。

dǐng 鼎

甲　　金　　篆

　　鼎是古代的一种烹饪容器，常见者为三足两耳大腹。甲骨文和早期金文的鼎字，正是鼎器的形象写照。在古代，鼎不但是烹煮食物的容器，也是宗庙祭祀用的一种礼器，又是国家政权的象征。所以鼎有较为丰富深邃的文化内涵。

　　鼎立　鼎有三足，比喻三方势力并峙抗衡，如鼎足分立。

　　鼎沸　形容水势汹涌，如鼎中沸腾的开水。也用来形容局势不安定，或喧闹、嘈杂。

　　鼎盛　指昌盛或正当昌盛之时。

　　鼎新　更新。鼎为烹煮之物，生者使熟，坚者使柔，故有更新之义。也称"鼎革"或"革故鼎新"。

yuán 员（員）

甲　金　篆

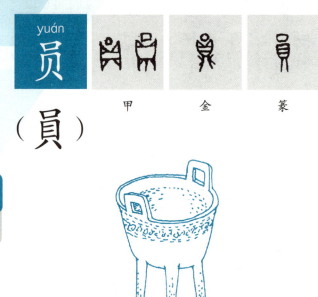

员为"圆"的本字。甲骨文、金文的员字，下面是个鼎，在鼎口的上方画一个圆圈，表示鼎口是圆形的。小篆的员字从贝，乃是由甲骨文鼎字讹变而来。所以，员本当指圆形或圆形之物。后来员字多用来指人员，于是另造圆字来表示它的本义。

败

bài

| 甲 | 金 | 篆 |

（敗）

　　甲骨文的败字，像手持棍棒敲击鼎或贝壳的样子。铜鼎是饮食和祭祀的重器，贝壳则为当时通行的货币，都是珍贵之物。以棒击鼎或贝壳，表现了败字的本义——击毁、毁坏，引申为破坏、败坏。败字的使用非常广泛，食物腐烂或变质变味可以说是"腐败"或"败味"；凋残衰落的草木可称为"残枝败叶"；军队被人击溃，叫作"战败"；事业不成功或遭到挫折和损失，则称为"失败"。

zé 则(则)

金　篆

在夏商周时代,鼎是国家政权的象征,重要的典章文献多载于铜鼎铭文。金文则字从鼎从刀,表示用刀把文字刻铸在铜器上。小篆则字,鼎形简化讹变成贝,从贝从刀,则无从会意。铜器上的文字多属典章法律性质,因此则字有法则、规则的意思;引申指法典、规章、模范、榜样等。则还可用作动词,有效法的意思。

甲　　　金　　　篆

　　鼎是古代的一种主要炊具和食具，凡宴享宾朋或宗庙祭祀都离不开它。甲骨文的具字，像双手举（或搬）鼎，其本义为搬弄器具，引申为供设、备办和完备。同时，具也指食器，泛指一般的器具或工具。金文中的具字，有的鼎误为贝，贝又变为目，原来的会意字形就变得面目全非了。

具食　备办酒食。

具体而微　指某事物内容大体具备而规模较小。

lú 卢 (盧)

甲　　金　　篆

　　卢为"炉"的本字。甲骨文的卢字,像炉身及款足俱全的火炉;卢字或加虍,虍是代表读音的声符;又从火,则表示其烧火的用途。金文和小篆的卢字从皿,《说文解字》:"卢,饭器也。"则以卢为盛食物的器皿,已非本义。后世卢多用为地名及姓氏。

甲　　　　金　　　　篆

鬲是古代的一种炊具,有陶制和铜制两种,其形状与鼎相近:大腹、三足,有时有两耳。只不过鼎的三足为实心足,较细;而鬲的三足中空,呈袋状,俗称"袋足鼎"。甲骨文、金文的鬲字,正是这种巨腹袋足的器物形象。汉字中凡从鬲的字大都与炊具或炊事有关,如融、鬻等。

chè 彻（徹）

甲　金　篆

甲骨文、金文的彻字，从鬲从又，像人用手（又）撤去食具（鬲）。彻字的本义为撤除，后来多用为通、透之义。

彻夜　通宵。
彻底　通透到底，自始至终。
彻骨　深透骨髓，极言深刻。

zēng
曾

甲　金　篆

　　曾为"甑"的本字。甑是古代一种用来蒸食物的炊具。甲骨文曾字,下面的田字形代表甑底的箅子,上面的两笔像逸出的蒸汽,表示用甑蒸食物。曾又借指中间隔两代的亲属关系,如曾祖、曾孙。曾还读 céng,用作副词,表示从前有过某种行为或情况,如曾经沧海。

dòu

豆

甲　　　金　　　篆

器物 器具

　　豆是古代的一种食器,形似高脚盘,后多用于祭祀。甲骨文、金文的豆字,像一上有盘下有高圈足的容器,盘中一横是指示符号,表示盘中盛有食物。现在的豆字,多指豆类植物,即豆菽之"豆"。

dēng 登

甲　金　篆

甲骨文、金文中的登字，像人两手捧豆（古代用以盛放食器的一种高脚盘）向上供奉的样子，字形上部是两个止，表示向前进献的动作。所以登字本义为向上进奉，引申为上升、登高、前进等义。

登科　古代称参加科举考试被录取为"登科"，又称"登第"。

登龙门　古代传说，黄河的鲤鱼跳过龙门就会变成龙。比喻得到有权力或有名望的人的引荐提拔而提高地位和身价。

登堂入室　古代宫室，前为堂，后为室。"登堂入室"比喻学问或技能由浅到深，达到很高的水平。

登峰造极　升上山峰绝顶，比喻学问、技艺达到最高的境界或成就。

甲　　　金　　　篆

《说文解字》:"豊,行礼之器也。"古文字的豊字,像一个高足的器皿(豆)中盛满玉器。豆中盛玉是用来敬奉神祇的,所以豊本指祭祀时的行礼之器。汉字中凡从豊之字都与祭祀行礼有关,如祭祀时用的酒称为"醴(lǐ)",而有关祭祀之事称为"礼(禮)"。

fēng
丰(豐)

甲　金　篆

古文字的丰字，像一高足器皿（豆）中盛满稻穗或麦穗一类的谷物，表示庄稼丰收。所以丰的本义为丰收，引申为茂盛、充实、富饶等。

丰年　农作物丰收的年头。

丰满　充足。又指人体胖得匀称好看。

丰美　多而好。

丰衣足食　形容生活富裕。

guǐ 簋

| 甲 | 金 | 篆 |

[殷]

簋是古代祭祀宴享时盛食物的器皿，圆腹、侈口、圈足，多为铜制。甲骨文、金文的簋字，像人手持勺子从一盛满食物的圈足簋中舀取食物。小篆的簋字从竹从皿，这大概是因为后世的簋多改用竹制的缘故。

甲　　　金　　　篆

甲骨文、金文的即字，左边是一只高脚的食器，里面盛满了食物，右边是一个跪坐的人，像一个人准备进食的样子，它的本义是"就食"。要就食必须走近食物，所以即又有走近、靠近之义，如若即若离、可望而不可即；后来又借用为副词，有马上、立刻之义。

既 jì

| 甲 | 金 | 篆 |

既字一边为食器,一边是一个跪坐的人,头向背后扭转,不再看摆在面前的食物,表示已经吃饱了,准备离开。所以既的本义为完、尽、结束,又引申为时间副词,表示已经,如既然、既往不咎等。

xiǎng 飨

| 甲 | 金 | 篆 |

甲骨文、金文的飨字,像两人面前摆着盛有食物的食器,相对而食。飨字本义为两人对食,后来引申指用酒食款待人。小篆的飨字,在原来字形的基础上增加了义符食,由于笔画太繁,后来就变成了左声右形的"飨"。

shí 食

甲　　金　　篆

　　甲骨文的食字,下边像一豆形容器,里面装满食物,上边是器盖。所以食字本指可以吃的食物,引申为吃。在汉字中,凡以食为偏旁的字,都与食品或吃有关,如饭(飯)、饮(飲)、饼(餅)、饱(飽)、飧、餐等。

　　食客　旧时指寄食于富贵之家并为之所用的门客,现在也指饮食店、餐厅的顾客。

　　食言　背弃诺言。

　　食古不化　一味学古人,读古书,而不知运用,如食物之不消化。

甲　　金　　篆

　　甲骨文、金文的会字，下面的口代表容器，上面是器盖，中间是装在容器中的东西，表示器、盖相合。所以会字的本义为汇合、聚合，引申为相逢、见面，又指有目的的集会或某些团体，如晚会、报告会、工会等。此外，会字还有理解、懂得、通晓、擅长等义，如体会、能说会道等。

甲　　　金　　　篆

　　古文字的合字，下面的口代表装东西的容器，上面是盖子，表示器、盖合拢在一起。所以合的本义为相合、关闭、收拢，引申为聚会、联结等义。

合同　契约文书。
合作　为了共同目的一起工作或共同完成某项任务。
合璧　指把不同的东西放在一起，配合得宜。

甲　金　篆

甲骨文的宁字，像室内桌上安放着器皿，表示安定、安静；金文加心，心安就是宁。因此，宁的本义就是安宁。宁字又可读 nìng，用作副词，表示宁愿、宁可、难道、竟、乃等义。

宁静　安定清静。

宁缺毋滥　指选拔人才或挑选事物，宁可少一些，也不要不顾质量贪多凑数。

宁为玉碎，不为瓦全　比喻宁愿为正义事业牺牲，也不愿丧失气节，苟且偷生。

fán 凡

甲

金　篆

凡是"盘"字的初文。盘是一种大口、浅腹、圈足的器具，甲骨文、金文的凡字即像其形。所以，凡的本义为盘子。此字后来多用为大概、总共等义，又用为世俗、凡庸之义，其本义则用盘字表示。

凡人　平庸的人。又指俗世之人，与"仙人"相对。

凡要　簿书的纲要、总目。

凡庸　平常，一般。

pán
盘
(盤)
[柈]

甲　金　篆

盘是盛水或食物的浅底器皿，多为圆形。甲骨文的盘字，像人手持一勺形器具从一圈足的器皿中舀取食物。金文盘字中的器形讹变为"舟"，字形写作"般"；或加皿底，表示它是器皿；或加金旁，表示它由金属制成。小篆的盘字也有从木的，则表示它用木材制成。盘除作为器名，还有旋转、缠绕、盘问、盘算等义。

盘旋　环绕着飞或走。又指徘徊、逗留。

盘根错节　树根盘绕，枝节交错。比喻事情繁难复杂，不易解决。

甲　　　金　　　篆

甲骨文的皿字,像一圈足的容器;金文皿字或加金旁,表明其材质为金属。皿字的本义就是装东西的器具,是碗盘一类饮食用器的总称。在汉字中,凡从皿的字大都与器皿及其用途有关,如盂、盆、盛、盥、益、盈等。

甲　　　金　　　篆

益为"溢"的本字。古文字的益字，像皿中之水满而外溢，本义为水溢出器皿，引申为水涨。由水满而外溢，引申出富足、增加之义，再引申为利益、好处等。

益友　对自己有益的朋友。

益智　增益智慧。

guàn 盥

甲　　　金　　　篆

甲骨文、金文的盥字,像有水从上倒下,用手接水冲洗,下面的皿是接水的容器。因此盥的本义为洗手。可是到了后世,洗脸洗手均称为"盥",如盥栉(指梳洗)。现在的"盥洗室",是既可洗手也可洗脸的。

甲　　　　金　　　　篆

甲骨文的血字,像血滴滴入皿中,本指血液。

血色　指深红色。如唐白居易《琵琶行》:"血色罗裙翻酒污。"

血性　指刚强正直的性格。

血亲　指有血缘关系的亲属。

血肉　血液和肌肉,比喻关系极其密切。

血战　激烈拼搏的战斗。

méng 盟

甲　　金　　篆

　　盟是指在神前誓约、结盟的一种仪式,往往杀牲取血,盛以朱盘玉敦(duì),用血书为盟书,饮血酒以示诚意。甲骨文和早期金文的盟字,像器皿中有血液,表示歃血而盟。后写作"盟",从血明声,则变会意而为形声。

盟主　同盟之领袖。
盟书　古代盟誓的文书。也称"载书"。
盟鸥　以鸥鸟为盟友,比喻退隐。

甲　　　　金　　　　篆

（盡）

甲骨文的尽字，像人手持竹枝刷洗器皿，表示器中空净。《说文解字》："尽，器中空也。"尽由器中空净的本义引申出完、竭尽之义，又引申为终止、完全、达到极限等义。

尽力　竭尽全力。

尽忠报国　竭尽忠诚报效国家。

尽善尽美　指完美至极。

yì 易

甲　　金　　篆

器物 器具

甲骨文的易字,像手持一个器皿,将水注入另一个器皿中。这个字形后来有所简化,只保留器皿中带耳的一片和水滴三点,因此到小篆时就讹变得面目全非了。易在金文中常用作赏赐之"赐",又有交换、更换、改变之义。后世的易字,则多用作容易、平易之义,与"难"相对。

易辙　改变行车的轨道,比喻更改行事的方法。

易与　容易对付,含有轻蔑之意。

盅

篆

　　盅字由皿、中会意,器皿中空,故其本义为空虚。《说文解字》:"盅,器虚也。从皿,中声。"则中又兼作声符。《说文解字》又引《老子》云:"道盅而用之"。今本《老子》"盅"作"冲"。冲者,空也。盅字在后世指饮酒或喝茶用的无把杯。

dǒu 斗

| 甲 | 金 | 篆 |

甲骨文、金文的斗字，像一把长柄勺。斗是古代盛酒、量粮食的器具，引申为容积单位：十升为一斗，十斗为一石。因斗像一把大勺，所以大熊星座中由七颗星组成的像一把大勺子的星群也称为斗，即北斗七星。凡从斗的字，大都与量器有关，如斛、料、斟等。

斗室 一斗见方的屋子。形容非常狭小。

斗胆 像斗一样大的胆子。形容大胆。多作谦辞。

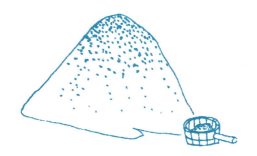

金　　　　篆

料字从米从斗,是个会意字,表示用斗量米。料的本义为量米,后泛指计量、计算、统计,又引申为估量、预料、猜度之义。此外,料还有照料、整理的意思;用作名词,则指可供使用的原料、物料。

料民　古代称调查统计人口数量为"料民"。
料事　猜度事情,又指处理事情。
料想　猜测,预料。

shēng 升

金

篆

升和斗一样，也是指古代的一种量具，又用作容积的基本单位。十升的容量，正好是一斗。升、斗二字构形相同，均像一带柄的量具，而升字多加一画，以作区别。

升斗 比喻微薄，少量。

升瓯（ōu） 小瓦盆。

甲　　玺　　篆

　　勺是一种舀东西的用具,略作半球形,有柄。甲骨文的勺字,即是这种有长柄的勺子的形象描绘,勺中的一点代表所舀取的食物。勺本指勺子,用作动词,表示舀取。

bǐ 匕

甲　　金　　篆

匕是古代用来舀取食物的器具,曲柄浅斗,相当于现在的羹匙。甲骨文、金文的匕字,正像这样一把羹匙,与甲骨文、金文"妣"字的人形十分近似,互相混淆,因此小篆的匕字讹变为反人之形。

匕首　短剑,柄头如匕,故名。

匕箸　羹匙和筷子。

zhǐ 旨

甲　金　篆

甲骨文、金文的旨字,从匕从口,匕是取食的工具,像用羹匙舀取食物放入口中;旨或从甘,表示食物味道甘美。所以旨本指味道甘美。此字后来多用为意图、用意、目的、意义等义。

旨酒　美酒。

旨要　要旨,主要的意思。

旨趣　宗旨、意义。

zǔ 俎

甲　金　篆

俎是古代祭祀时陈置祭品的案几。甲骨文的俎字,是案几的俯视图形,案面上还放着两块供肉;金文的俎字则变成侧视图形:右边的"且"代表案面,左边则是两个倒丁字形的脚座。后世称切肉的砧板为俎。

俎豆　俎是放置牺牲的案几,豆是盛祭品的器皿,俎豆是祭祀时两种常用的祀器,故用以代指祀器。又代指祭祀。

俎上肉　砧板上的肉,比喻任人宰割。

| 甲 | 金 | 篆 | yòng 用 |

用即"桶"的本字。甲骨文、金文和小篆的用字,均像日常用器桶的样子,由此引申出使用、功用、财用等义。

用武　使用武力,用兵,或比喻施展才能。
用命　服从命令,效劳出力。
用度　各种费用开支的总称。

lǔ
卤
（卤）

甲　　　金　　　篆

卤指的是碱地所产的盐粒，又指有碱性不适于种植的盐碱地。《说文解字》："卤，西方碱地也。从西省，象盐形。"甲骨文、金文的卤字，像盛盐的容器，其中的小点代表盐粒。

卤水　即盐卤，指熬盐时剩下的黑色液体，可使豆浆凝结成豆腐。

卤味　用盐水加香料、酱油等煮成的菜肴，如卤鸡、卤肉等。

卤汁　用肉类的汤汁加调料制成的浓汁。

卤莽　粗疏，轻率。又作"鲁莽"。

甲　　　金　　　篆

　　甲骨文的区字，像橱架中藏着众多器物。它的本义为藏匿，又指藏匿东西的地方，引申指区域，即有一定界限的地域。区用作动词，则有区分、区别之义。此外，区又读 ōu，指古代的一种量器。

　　区中　人世间。

　　区宇　疆土境域。

　　区处　分别处置、安排。又指居住的地方。

zhù
铸
(鑄)

甲

金　　篆

甲骨文、金文的铸字,像双手持坩埚向下面的模具中浇灌铜水,表示浇铸。铸的本义为熔炼金属以制成器物,引申为陶冶、制造、培育等义。

铸错　造成重大错误。

器 qì

金　篆

　　器字由犬和四个口组成。这里的口代表可以装东西的器皿，表示许多器皿集中堆放在一起，有狗在中间看守。器字最初可能指陶器，如《老子》："埏埴以为器（搅和泥土做成陶器）。"后泛指一般的器具、工具，如《论语》："工欲善其事，必先利其器（工匠要做好他的工作，一定要先磨利他的工具）。"引申指有形的具体事物，与抽象的"道"相对，如《易经·系辞上》："形而上者谓之道，形而下者谓之器。"

　　器度　指一个人的肚量和气魄。

kòu 釦

篆

釦字由金、口会意,本指用金玉等镶嵌器物的口沿。《说文解字》:"釦,金饰器口。从金从口,口亦声。"则口又兼作声符。后世又称衣纽为釦,今作"扣"。

釦砌 犹镂砌。

釦器 以金银装饰边缘的器物。

(铰)

铰本指剪刀。剪刀通常由两片铁刃相交而成,故铰字由金、交会意,交又兼作声符。铰还可用作动词,指用剪刀剪割物体。

铰刀　两刃相交以断物的工具。今通称"剪刀"。

铰链　以两片金属相钩贯,可以开合,窗户、门扇上常用之,古称"屈戌",今称"合页"。

铗 jiá

（鋏）

铗字本指钳子。钳子是由金属制成的，是用来夹持制作器具的工具，故铗字从金从夹，夹又兼作声符。《说文解字》："铗，可以持冶器铸镕者。从金，夹声。"此外，铗又指剑柄，后来代指剑。

(鏈)

链是指用金属环套连起来制成的像绳子一样的东西,如铁链、车链、表链等。金属环相连为链,故链字由金、连会意,连又兼作声符。

衔 xián (銜)

篆

衔即嚼子，是放置在马口中的一枚金属条，用以控制马。《说文解字》："衔，马勒口中，从金从行。衔，行马者也。"衔字从金，因为它是用金属制成的；又从行，因为衔的作用在于控制马的行动。段玉裁《说文解字注》："凡马，提控其衔，以制其行止。此释从行之意。"衔字又引申为以口含物、领受、接受、连接等义，又指职务和级别的名号。

衔尾 衔，马嚼子；尾，马尾。比喻前后相连接。

衔枚 古代军队秘密行动时，让兵士口中衔着小木棍，防止说话，以免敌人发觉。

衔杯 指饮酒。也作"衔觞"。

衔命 受命，奉命。

衔华佩实 犹言开花结果。又比喻文质兼备。

甲　　金　　篆

zάo 凿

（鑿）

　　凿，又称凿子，是一种锥状的铁器，用来挖槽或打孔。甲骨文的凿字，正像人手执一锤敲击铁锥凿物，因此凿又有凿击、打孔、挖掘、穿通等义，引申为开通、开辟之义。

　　凿空　开通道路。又比喻捏造，凭空立论。

chāi 钗

钗 篆

（釵）

钗是妇女别在发髻上的一种首饰，由两股簪子合成。钗字从金从叉，从金表示古代的钗多由金属制成；从叉则表示钗形如叉，分为两股。《说文解字》新附："钗，笄属，从金，叉声。"则叉又兼作声符。

钗股 即钗脚。又指写字笔法曲折，圆而有力，如折钗股。

zān 簪 [先]

甲　篆

簪是一种用来固定头上发髻或冠帽的长针,又称"发笄"或"首笄"。普通的簪多由竹木制成,也有用金银等制成的,则属贵重的装饰品。甲骨文和小篆的簪字,均像人头发上插笄,本指发笄。《说文解字》:"簪[先],首笄也。从人匕,象簪形。"小篆簪或从竹,则表明其为竹木所制。簪又用作动词,有插、戴、连缀等义。

簪笏(hù) 古代以笏书事,簪笔(插笔于冠)以备书。臣僚奏事,执笏簪笔,即谓"簪笏"。也称做官为"簪笏"。

簪组 簪,冠簪;组,冠带。簪组,指官(礼)服,又比喻显贵。也称"簪绂(fú)""簪缨""簪裾"。

guàn 冠

篆

小篆的冠字，上面是一顶帽子，下面从元从寸，元指人的头，像人用手把帽子戴在头上。冠的本义为戴帽子。因帽子在人头上，所以引申为超出众人、位居第一之义，如冠军。以上这些意义读 guàn。又指帽子，读 guān。

冠冕　冠、冕都是戴在头上的帽子，比喻受人拥戴或出人头地。又用作仕宦的代称。

冠军　列于诸军首位，即勇冠三军。后称在比赛中得第一名的为"冠军"。

金　　　篆

　　免为"冕"的本字。金文的免字,像一个人头戴一顶大帽子。免字的本义为冠冕,即帽子,后来多用作除去、脱掉之义,又引申为避免、罢免、赦免等义,其本义逐渐消失,故另造"冕"字代替之。

　　免冠　脱帽,表示谢罪。
　　免俗　行为礼仪不同于世俗。

金　　　篆

冒为"帽"的本字。金文冒字，下边的目代表眼睛，眼睛上面是一顶帽子的形象。冒的本义为帽子。帽子是戴在头上的，所以冒又有覆盖、顶着之义，引申为顶撞、触犯、突出以及假冒、顶替等义。此外，冒还有冒失、冒昧，以及不顾环境恶劣而行动之义，如冒雨、冒险。

冒犯　言语或行动冲撞了对方。
冒充　假的顶替真的。
冒失　鲁莽、轻率。

胄

金　　篆

　　金文的胄字,像人头上戴着头盔,眼睛露在外面的样子。胄的本义为头盔,又称"兜鍪(móu)",是古代武士作战时戴的帽子。上古时崇尚武力,只有武士才能世袭为贵族。后来胄又引申为帝王或贵族的后裔,如帝胄、贵胄等。

huáng 皇

皇皇皇皇

金　　篆

　　金文的皇字，下面是一个王，上面像一顶装饰华丽的帽子，所以皇是古代帝王所戴的一种冠帽。如《礼记·内则》："有虞氏皇而祭（有虞氏头戴皇冠主持祭礼）。"引申为帝王、君主，如三皇五帝、皇帝等。皇字由皇冠之义引申为辉煌、华美之义，如冠冕堂皇。由帝王、君主之义引申为大、至尊等义，如皇天、皇考等。

金　　　篆

兜是古代的一种头盔，又称"兜鍪"。小篆的兜字，像人的头脸被包裹住。兜字由包住头脸，又引申为包围、环绕、合拢之义。

兜鍪　古代战士戴的头盔。古称"胄"，秦汉以后叫"兜鍪"。

兜肚　挂束在胸腹间的贴身小衣。

兜揽　包揽。又指拉拢、接近。

biàn 弁

篆

弁是古代男子穿礼服时所戴的一种帽子。又分皮弁、爵弁。其中皮弁是武士之服,故称武士为弁,如兵弁、马弁等。小篆的弁字,像人头戴双耳下垂的皮帽,或作双手扶冠的样子。

弁目 清代低级武官的通称。言其为兵弁的头目。

弁言 即序言。因其冠于篇卷之首,故名。

羁 jī

篆

（羈）[羁]

羁的本义为马笼头。《说文解字》:"羁[羈],马络头也。从网从馬。馬,马绊也。"既绊马足,又网其头,因此羁有束缚、拘系、牵制等义。羁字又从革,则表示马笼头多为皮革所制。此外,羁还指寄居或寄居作客之人。

羁旅 寄居异乡。

羁绊 马笼头和绊索。比喻牵制束缚。

zhí 縶(縶)

篆

小篆的縶字,像用绳索拴缚马足,其本义为绊马,又指拴缚马足的绳索,引申为拘囚之义。或作从糸从执(执又兼作声符),表示用绳索拘执。

縶拘 束缚。

縶维 本指绊马足,拴马缰,表示留客,后指挽留人才。又指拴马的绳索,引申为束缚之义。

| 甲 | 金 | 篆 | sī 丝（絲） |

丝的本义是蚕丝。甲骨文的丝字，像用两小把丝线扭结成绳。又指纤细如丝之物，如柳丝、蛛丝等。丝还用作长度或重量的计量单位：十忽为一丝，十丝为一毫。

丝绸　用蚕丝或人造丝织成的纺织品的总称。

丝毫　形容极小或很少。

丝竹　泛指音乐。丝，指弦乐器，如琴、瑟；竹，指管乐器，如箫、笛。

经 jīng

(經)

金 篆

　　金文的经字本是个象形字,像绷在织布机上的三根经线;后来增加糸旁,于是变成左形右声的形声字。经的本义是织物的纵线,与"纬"相对。道路南北为经、东西为纬。经纬是主干道路的方向,引申为规则、法制、原则等。此外,经还可用作动词,有经历、量度、治理等义。

　　经典　旧时指作为思想典范的书籍。又指宗教典籍,如佛经。

　　经脉　中医指人体内气血运行的通路。

　　经济　经国济民。又指社会物质生产和再生产的活动。

甲　　　金　　　篆

甲骨文的索字，像一条扭结而成的绳子，又像有人用双手在搓制绳子；金文索字增加屋形，则像人在室内搓制绳索。古代"大者谓之索，小者谓之绳"，所以索的本义是粗绳子。因绳索有所系联，可以寻绎，因此索有寻求、探寻之义，如按图索骥（照图上画的样子去寻找好马，比喻根据线索去寻找或追究）；又有讨取之义。

索隐　寻求事物隐僻之理。

索居　指散居，或离群独居。

jué 绝(絶)

金 篆

金文的绝是个会意字,像用一把刀把两条丝绳从中间割断。小篆绝字从糸色声,则变为形声字。绝的本义为断,引申为隔绝、杜绝、穷尽、超绝等义,又有最、极、独特等义。

绝甘分少 自己不吃好吃的东西,不多的东西与人共享。比喻和众人同甘苦。

绝无仅有 极其少有。

绝圣弃智 摒弃圣贤才智,清静无为,而后始能实现太平至治。这是先秦道家的主张。

金　　　篆

继（繼）

　　继是系接、连缀的意思。金文的继字，像把多根丝绳连接起来；小篆的继字从糸从𢇍（绝），则表示连缀断绳。引申为连接、继承等义。

继世　子袭父位。

继武　足迹相连。武，足迹。后比喻继续他人的事业。也作"继踵""继踪"。

继往开来　继承前人的事业，并为将来开辟道路。

biān 编（編）

甲 金

甲骨文的编字，从糸从册，本指用绳子将竹简编连成册，又指串联竹简的皮筋或绳子。《说文解字》："编，次简也。"后世称一部书或书的一部分为编，又引申为顺次排列、编结、编织等义。

编次　按一定的次序排列。
编年　以年代为纲记述历史。
编辑　收集材料整理成书。又指做编辑工作的人。
编派　捏造故事，借以讥讽别人。

xì

系(係)

甲骨文的系字,像用绳索束缚人的颈部,其本义为捆绑、束缚,引申为联结、继续之义。《说文解字》:"系(係),繫束也。从人从系,系亦声。"则系又兼作声符。

系仰　思慕敬仰。

系嗣　继嗣,传宗接代。

系获　俘虏,俘获。

系风捕影　拴住风,捉住影子。比喻事情不可能做到,或议论缺乏根据。

jiǎo
绞

(絞)

绞是会意兼形声字。绞字从糸从交(交又兼作声符),表示丝绳相交扭结,本指两股相交的绳索,引申为扭、拧、缠绕等义,又特指绞刑,即用绳套缢死犯人。

绞车 古代利用轮轴原理制成的一种升降或牵引的机械装置。

线

xiàn

（綫）

[線]

　　线本指用棉、麻、丝、毛等材料捻成的细缕。线字从糸戋声。戋作声符的字往往含有微小之义，如浅为水之小者，贱为贝之小者，而线即丝缕之小者。或作从糸泉声，则属纯粹的形声字。

　　线索　比喻事情的头绪或发展的脉络。

pǐ 匹

金　　篆

匹是古代布匹的长度单位,四丈为一匹。金文的匹字,即像折叠整齐的布匹,又写作"疋"。匹字后又用作计算马的单位,引申为单独之义。而在典籍中,匹常用为对手、配偶等义。

匹夫　指庶人、平民。又指独夫,带有轻蔑的意味。

匹敌　双方地位平等,力量相当。

匹练　一匹白绢。多用来形容江水澄静、瀑布飞流的形态。

匹马单枪　比喻不借助别人,单独干。也作"单枪匹马"。

甲　　金　　篆

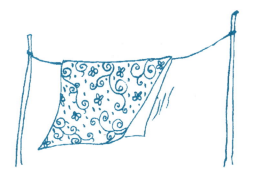

巾是一个象形字。古文字的巾字，就像挂着的一幅布或一条手巾。它本指擦抹用的布，类似现在的手巾；后又指头巾、领巾。汉字中凡从巾的字皆与布匹有关，如布、市、幅、常、帷、幕、幡等。

巾子　头巾。

巾帼　帼是古代妇女戴的头巾，巾帼代指妇女。

fú
市

金　　篆

　　市为"韨"的本字,指蔽膝,即古代礼服前面遮盖膝部的部分。市字从一从巾,一像腰带,市就是衣袍前面腰带以下的部分。

楚简　　篆

带(带) dài

带是用皮、布等做成的扁平状物。小篆的带字，上部像一条束缚东西的带子，下部是巾，表示它用布做成。所以带字的本义是束衣用的布带，又泛指腰带或类似的东西。带还可用作动词，有佩带、携带、带领等义。

带累　连带受累。
带钩　古人腰带上的挂钩。
带甲　披甲的将士。

黹 zhǐ

金　　　　　　　篆

　　黹本指古代礼服上用针线绣成的图案花边。金文的黹字，即像所绣的带状图案。黹由针绣花纹，引申为缝纫、刺绣之义，因此后世称女红（即针线活）为"针黹"。

甲　　　金　　　篆

帛字从白从巾，本指未经染色的素白丝织物，如绢、缯之类，后用为丝织物的总称。帛又分为生帛和熟帛二类，生帛曰缟、素、绡、绢，熟帛曰练。

帛书　在缣帛上书写的文字。

帘 lián

帘是古代酒店、茶馆用作店招的旗帜,俗称"望子"。从字形上看,帘字从穴从巾,表示在屋檐下悬挂的布帜。现在则把繁体的、表示遮蔽门窗的用具的"簾"字简化为"帘",如门帘、窗帘等。

帘旌 酒旗。

huǎng
幌

幌的本义是帷幔、窗帘,又指酒店的招帘。从结构上看,幌是会意兼形声字。幌字由巾、晃会意,表示布巾晃动摇摆。帷幔、窗帘、招帘等均为悬挂的布巾,风一吹动则摇摆飘动,故称之为"幌"。晃又兼作声符。

幌子　酒帘,是古时酒店用以招徕顾客的招牌。又比喻进行某种活动所假借的名义。

乍 zhà

甲　金　篆

甲骨文的乍字，像古代成衣的领襟，表示做衣之初仅成领襟。有的领襟之上还有缝纫的线迹，更有的乍字从又或攴，像人手拈针缝线，做衣之意一望可知。因此，乍的本义为制衣，引申为制作等义，当即"作"的本字。乍后来引申为刚刚开始、忽然之义，读 zhà。

甲　　　金　　　篆

　　古文字的衣字，是一件古代上衣的轮廓图：上为衣领，左右为衣袖，中间是交衽的衣襟。所以衣字的本义为上衣。古代衣服，上为衣，下为裳。衣又泛指衣服、服装。凡从衣的字，大多与衣服和布匹有关，如初、衬、衫、裘、表、袂等。

　　衣钵　原指佛教中师父传给徒弟的袈裟和饭钵，后泛指传授下来的思想、学术、技能等。

　　衣冠禽兽　穿戴着衣帽的禽兽，指外表斯文而行为卑劣如同禽兽的人。

　　衣锦还乡　穿着锦绣服装返回家乡，表示富贵得意。

cháng 常

金　篆

[裳]

常与裳古本一字。小篆的常[裳]字是个形声字，从巾尚声，或从衣尚声，本指人穿在下身的裙装（上身称"衣"）。后世常、裳二字的用法发生分化，其中裳字仍保留着它的本义，指下身的裙；常字则多借用为恒久、经常之义，又指法典、伦常等。

常式　固定的法制。又指一定的格式或制度。
常典　常例、正常的法度。又指经典。
常谈　平常的言谈。

chū 初

甲　　金　　篆

初字从衣从刀,表示用刀裁剪衣物。初字的本义为裁衣,引申为事情的开始,又有原来、当初等含义。

初心　起初的心愿。

初文　文字学中指同一个字的最早写法,又称"本字",与"后起字"相对。

初春　即早春、孟春,多指春季的第一个月。

篆

上古时代，人们以野兽的皮毛为衣。这种衣服一般是皮在里而毛在外。小篆的表字，从衣从毛，指的就是裘皮衣毛露在外面。所以表字的本义是外表、外面；用作动词，有显露、表彰之义；又引申为标记、标志。

表白　对人解释，说明自己的意思。
表情　表达情感。今指表现在脸上的情态。
表象　显露在外的征象。
表里如一　比喻思想和言行完全一致。

甲　　　金　　　篆

甲骨文的裘字，像一件上衣，外表有茸茸的毛，表示是用皮毛做的衣服。金文裘字在中间增添一个"又"或"求"表示读音。所以，裘的本义是皮衣，即皮毛服装。裘又可用作姓氏，这大概是因为裘氏祖先曾为制皮工匠。

裘马　车马衣裘，比喻生活奢华。

裘葛　裘为冬衣，葛为夏服，泛指四季衣服。又指寒暑时序变迁。

金　　　篆

　　古文字的卒字，是在衣襟下加一短画作为指示符号，表示衣上有题识（zhì）。这种有题识的衣服一般用作士兵或差役的制服。所以，卒本指士兵或差役的制服，引申指士兵、差役。卒用作动词，有完毕、结束之义，又指人死亡。

卒伍　周代军队的编制名称，后来泛指军队。

卒章　诗、词、文章的结尾。

卒业　完成未竟的事业。又指修习完全部的课程。

zá

杂

篆

（雜）

[襍]

器物 器具

小篆杂字由衣、集会意，表示各种衣服聚集在一起，颜色混杂不一，其本义为五彩相合、颜色不纯，引申为混合、聚集、错杂等义。《说文解字》："杂（雜），五彩相会，从衣，集声。"则集又兼作声符。

杂技　各种游戏技艺的总称。

杂碎　繁杂琐碎。

杂沓　众多纷杂的样子。

lián
褳

(褳)

褳即褡褳,是一种长方形的布口袋,中间开口,两端各成一个袋子,装钱物用,搭在肩上或挂在腰带上。褳字由衣、连会意(连又兼作声符),表示两个布口袋相连。

篆

衷字由中、衣会意,是指穿在里面贴身的衣服,其本义为内衣,即平常家居时所穿之衣。《说文解字》:"衷,里亵衣。"从结构上看,衷是会意兼形声字,故中在此字中兼作义符和声符。又引申为内心、中正、正直等义。

衷心 内心,心中。

衷诚 内心的诚意。也作"衷款"。

衷肠 内心的感情。

chà
衩

衩字由衣、叉会意,叉又兼作声符。叉是分岔、叉开的意思。衩本义为衣衩,即衣裙下摆侧面开口的地方,俗称"衩口"。又读 chǎ,指短裤,因为短裤的两裤腿是向两侧叉开的。也称"裤衩"。

衩衣　内衣,便服。因古代内衣、便服下摆侧面多有衩口,故名。

金　　　　篆

古文字的裔字，从衣，下部像衣袍的下摆。所以裔的本义为衣裾，即衣袍的下摆，又泛指衣服的边缘，引申为边远地区，也指边远地区的民族。裔由衣袍下摆之义，还可引申为后代。

裔土　荒远的边地。

裔夷　边远的少数民族。

裔胄　后代。

甲　　篆

甲骨文的依字，从人从衣，像人在外衣的包裹中之，表示穿衣。所以，依的本义为穿衣，引申为倚靠、凭借，又有附从、按照的意思。

依附　依赖，附属。
依阿　胸无定见，曲意逢迎，随声附和。
依傍　倚靠。
依据　凭借、靠托。又指根据。

篆

衰为"蓑"的本字,指蓑衣,一种用草或棕制成的防雨用具。小篆的衰字,从衣从冉,其中的冉像蓑衣草丝(或棕丝)冉冉披垂的样子,表现了蓑衣最基本的形象特征。此字后来多用为衰落之义,指事物由强盛渐趋微弱,与"盛"相对,于是另造"蓑"字表示它的本义。

衰亡　衰落灭亡。

衰朽　老迈无能。

衰红　凋谢的花。

bì 敝

甲　　篆

　　敝是一个会意字。甲骨文的敝字，右边是手持木棍之形，左边的"巾"是一块布，巾上的四点表示破洞。所以，敝字的本义为破旧、破烂，引申为衰败。

　　敝人　德薄之人。后用为自谦之辞。

　　敝屣（xǐ）　破旧的鞋，比喻没有价值的东西。

　　敝帚自珍　破旧的扫帚，自己却当宝贝一样爱惜。比喻自己的东西虽不好，可是自己十分珍视。又作"敝帚千金"。

金　　篆

图（圖）

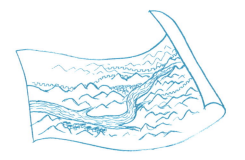

图字从囗从啚，囗代表一块绢布，啚即鄙，指城邑。将城邑绘于一块绢布之上，即地图。因此图本义为地图，也泛指图画。此外，图又有绘画、谋划、贪求、意欲等义。

图书　地图和书籍，也可作书籍的统称。又特指河图洛书。

图解　利用图形来分析和演算。

图鉴　以图画为主、辅以文字解说的著作。

dōng 东(東)

甲　金　篆

甲骨文、金文的东字，像一个两头束扎的大口袋。它本指口袋中所装之物，也就是我们今天所说的"东西"。此字后来多借用来表示方位，作"东方"讲。

东西　东边和西边。又泛指各种具体或抽象的事物。

甲　　　金　　　篆

甲骨文、金文的弋字，像一上有杈桠的木桩，其本义为小木桩。小木桩可以用来系牲口，或悬挂东西。今天写作"杙"。弋又指用带着绳子的箭射鸟。

弋射　用带着绳子的箭射鸟。箭上系绳子是为了便于寻找射杀的猎物。

弋获　弋射而得禽。旧时官府文告称缉获在逃犯，也常用"弋获"字样。

录 lù

甲　　金　　篆

录为"渌"或"漉"的本字。甲骨文、金文的录字,像木架上吊着一个布袋,袋中装有湿物,下边的几点是从袋中渗出来的水滴。所以,录的本义为滤,即液体往下渗。在简化字中,录字被用来代替从金录声的"録"字,有记载、抄写、采取、任用的意思。

gōu
句

甲　　　金　　　篆

句为"钩"或"勾"的本字。甲骨文、金文的句字，像两把弯钩钩住一个扣环。它的本义为钩住，又指弯钩，引申为弯曲之义。句又读 jù，指一句话，或一句中停顿的地方。

句兵　戈戟之类的兵器。
句柱　弯曲。
句读　读，通"逗"。句和逗指文章中的停顿之处。

jiū 丩

篆

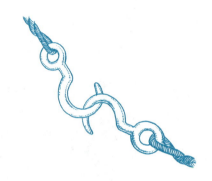

古文字的丩字,像二物相钩相缠,表示勾连、纠缠。在古文字中,表示勾连的"句"("钩"或"勾"的本字)和表示缠绕的"纠"都从丩,都是丩的派生字。

篆

久乃"灸"的本字。灸是一种原始的治病方法,即用燃过的艾草头来烫灼患者的皮肤。久字从卧人,像人病卧床上,末画像以物灼人背后。久字后借为长久之久,故另造"灸"字以表原义。

久仰 仰慕已久。初次见面时的客套语。

久违 久别。后多用作久别重逢时的套语。

久病成医 人病的时间久了,熟悉病理药性,就像医生一样。

久旱逢甘雨 形容盼望已久,终于如愿。

sǎn 伞

(傘)

伞是一种挡雨或遮太阳的用具,用布、油纸、塑料等制成,中间有柄,可以张合。伞字出现的时代比较晚。在小篆和稍后的隶书中无伞字。楷书的伞字,是一把张开的伞的形象:上面是伞盖,伞盖下面是伞骨和伞柄。可以说,伞是楷书构造中的象形字。

篆

人类最早的地面建筑是一种半地下式的土室,即在平地上先挖出一个大土坑,然后以坑壁为墙,再用茅草在坑顶上搭成斜的屋顶。古文字的穴字,正是这种原始土室的形象描绘。因此,穴本指这种半地下式的土室,引申指坑穴、洞穴,又泛指孔洞。凡从穴的字,大都与坑穴或孔洞有关,如窟、窖、窝、窦、窗等。

穿 chuān

篆

穿字从牙从穴，表示（老鼠等）用牙齿穿孔打洞。穿的本义为穿孔、打洞，又指洞孔，引申为凿通、破、透之义，又指穿过、通过、贯通，又引申为穿戴。

穿窬（yú）　穿壁翻墙。指偷窃行为。

穿凿　凿通，又指牵强附会，把没有某种意思的说成有某种意思。

穿云裂石　形容声音高扬激昂。

甲　　金　　篆

各是一个会意字。甲骨文、金文的各字,下面的口代表先民居住的土室,上面的倒"止"表示有人从外走向土室。各字的本义为至、来、到,读 gé;后来借用为指示代词,表示不止一个、每一个,读 gè,如各自、各种等。

各行其是　各自按照自己认为对的去做。

各得其所　每一个人或事物都得到合适的安置。

chū
出

| 甲 | 金 | 篆 |

甲骨文、金文的出字,像一只脚从土室中向外迈出,表示人从屋中走出。因此,出字的本义是外出,引申为发出、产生、出现、显露等义。

| 甲 | 金 | 篆 | qù 去 |

甲骨文的去字，从大从口，大像远去的人，口像先民居住的土室。金文去字增加了止，强化行动的意味。去本义为离开、离去，如去国（指离开本国、远走他乡）；引申为去掉、弃除之义，如去伪存真（去除虚伪的、表面的，保存真实的、本质的）。现在的去，与古代用法正好相反。如"我去北京"，是我到北京去的意思，而不是离开北京。

去处　可去的地方，又指场所、地方。
去就　指去留，进退。

fù 复(復)

甲 篆

先民经历了由山中穴居到平原半穴居的过程。这种半穴居,是于平地挖坑,上覆以茅草斜顶,人居坑中,而坑的两侧凿有供人上下出入的台阶。甲骨文的复字,其上部即像这种两侧带台阶的半穴居土室的俯视图,下部是止(趾),表示人出入居室。复的本义为往返、返回。《说文解字》:"复,行故道也。"因此,复当即"復"的本字。

liù
六

甲　　　金　　　篆

  六为"庐"的本字。甲骨文和金文的六像一座结构简陋的屋子。所以,六的本义为草庐。这是一种建于田间或郊野作为临时居所的房子。由于读音相近的关系,六借用为数词,故另造一个从广卢(盧)声的"庐(廬)"字来表示它的本义。

  六合　指上下和东西南北四方,代指天下或宇宙。

  六亲　指父、母、兄、弟、妻、子。又泛指亲属。

  六神无主　形容惊慌或着急而没有主意。六神,指心、肺、肝、肾、脾、胆六脏之神。

甲　　　金　　　篆

甲骨文的余字，上部为屋顶，下面为梁架和支柱，整个字形就是一侧面的房屋构架图。因此，余字的本义是房舍，后借用为第一人称代词，现在又用作"餘"的简化字，表示剩余。

金　　　篆

　　古文字的舍字，上部像屋顶梁柱构架的侧视之形，下部的口代表墙，其本义当为房屋，在古代专指客馆，后泛指居室。此外，舍还是一个谦称，用于指称自己亲属中年龄比自己小的人，如舍弟、舍妹等。

　　舍次　行军途中宿营。
　　舍间　谦称自己的家。也称"舍下"。
　　舍亲　谦称自己的亲戚。

篆

古代居民的住房建筑形式，经历了一个漫长的发展过程。人类先是由巢居穴居发展到半穴居，然后完全在地面建造房屋。而由于建筑水平的限制，地面建筑初期的房子往往还要部分依靠山崖来保证稳固。小篆的广字像一简易的屋宇，屋子的一面以山壁为墙（俗称"山墙"），其本义为依山崖建造的房屋，读 yǎn。在后代汉字中，凡从广的字大都与房屋有关，如府、庐、庭、库、序、底、庖等。现在用广作为"廣"的简化字，表示宽广，其原义已不为人所知了。

篆

（廬）

火在先民生活中扮演着非常重要的角色。一室之内，火塘往往位于中央，火塘上置炉，一家人昼则围炉而食，夜则围炉而睡。庐字从广从卢，广指屋宇，卢即"炉"的本字。庐字像室中有火炉，这正是先民生活的真实情形。因此庐本指房屋、民舍，后又指郊野临时接待宾客或守墓的房子。

庐井　古代井田制，八家共一井，故称八家的庐舍为"庐井"。

庐舍　简陋的小屋。

庐帐　帐棚，帐幕做的房子。

庐墓　古礼，遇君父、尊长之丧，就在墓旁筑小屋居住守孝，称"庐墓"。

庙 miào

篆

(廟)

古代社会,敬神崇祖。凡祖先神佛,皆供奉而拜祭之。庙字从广从朝,广指屋宇,朝是朝拜、敬奉之意,因此庙的本义为宗庙,即供祀祖宗神位的屋宇殿堂。又指神庙、寺庙,即供祀神佛的地方。《说文解字》:"庙(廟),尊先祖貌也。从广,朝声。"则朝又兼作声符。

庙社 宗庙社稷,代指国家朝廷。

庙堂 宗庙明堂。古代帝王遇大事,告于宗庙,议于明堂,因此以庙堂指代朝廷。

庙会 旧时在寺庙内或其附近定期举行的集市。也称"庙市"。

篆

庭字从广从廷，广指屋宇，廷是群臣朝见君王之所，故其本义为朝堂，即朝廷的宫殿，泛指厅堂，又指正房前的院子。《说文解字》："庭，宫中也。从广，廷声。"则以廷为声符。段玉裁注云："宫者，室也。室之中曰庭。"朱骏声《说文通训定声》："堂、寝、正室皆曰庭。"

庭除　庭院。除，指台阶。
庭院　正房前的院子，泛指院子。
庭园　有花木的庭院或附属于住宅的花园。

jiā 家

甲　　金　　篆

干栏式建筑是远古人类采用的一种建筑形式。这种建筑的最大特点是上层住人，下层可以圈养牲畜。家字从宀从豕，是屋中有猪的意思。人畜杂居，正是干栏式建筑的特点。而有房屋，畜牲畜，是一个家庭的基本特征。所以家的本义是家室、家庭，又指家族。

家常　指家庭日常生活。

家喻户晓　家家户户都知道。

qǐn 寝（寢）

甲 金 篆

古文字的寝字，像有人手持扫帚在室内打扫；楷书的寝字还增加了爿，爿即"床"的初文，表示这是人睡觉的房子。因此，寝的本义为卧室、寝室，即人睡觉的地方；引申为躺卧、睡觉、休息；进一步引申为停止、停息之义。此外，寝由卧室之义，引申为君王的宫室，又指帝王的陵墓。

寝具　卧具。

寝兵　停息干戈。

寝殿　帝王陵墓的正殿。也指帝王的寝宫。

sù
宿

| 甲 | 金 | 篆 |

甲骨文的宿字,像一个人跪坐在草席上,或躺在室内的一条席子上,正在歇息、睡觉。宿的本义为歇息、住宿、过夜。因住宿都在夜晚,所以又把一夜称为"一宿(xiǔ)"。宿还有隔夜的意思,如宿雨(昨夜之雨)、宿醉等;引申为早先、平素之义,如宿债(旧债)、宿愿(一向的心愿)等。

宿世　佛教指过去的一世,即前生。

宿将　老将,指老成持重、久经战争的将领。

甲　　　金　　　篆

古文字的安字，像一个女子安然坐于室中。古人用女子静坐家中操持家务表示没有战争、没有灾祸，生活过得很平安、很舒适。所以安字的本义为安定、安全、安逸，引申为习惯、满足。此外，安还可用作动词，有安置、安放的意思。

安土重迁　安于本土，不愿轻易迁移。

安身立命　指精神和生活有寄托。

安居乐业　安于所居，乐于本业。也作"安家乐业""安土乐业"。

dìng 定

甲　　　金　　　篆

　　定字从宀从正，宀代表房子，而正在古文字中多用为征伐之征，表示足迹所到的地方。足迹进入室内，表示人回到家中，回到家中即是平安无事，所以定字的本义为安定、平安，又有停留、停止之义。定后来还引申为决定、确定等义。

　　定局　确定不移的局面、形势。局，本指棋盘，引申为局面、大局。

　　定夺　裁决可否。

　　定论　确定不移的原则或论断。

金　　　　篆

客字从宀从各，宀是房屋的形象，各则有自外而来的意思（各又兼作声符）。所以，客本指来宾、客人，又指旅居他乡的人。此外，客还指专门从事某种活动的人，如侠客、剑客、墨客等。

客子　旅居异地的人。

客官　指在别的诸侯国做官。又是对顾客的敬称。

客思　怀念家乡的心情。

客气　对人谦让有礼貌。

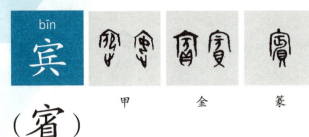

宾 bīn
(賓)

甲　　金　　篆

甲骨文的宾字，像家中有人或有人从外面走进屋内，表示有客人来到。金文宾字增加贝，表示宾客往来必有财物相赠。宾字本指外来的客人，如来宾、外宾；用作动词，为归顺、服从之义。

宾从　指宾客及其仆从，又有归顺、服从之义。

宾馆　宾客居住的馆舍。

宾至如归　形容主人招待周到，客人来到这里就像回到家里一样舒服方便。

金　　　篆

金文的寡字，从宀从页，页为人形，表示房子里面只有一个人。所以寡的本义为单独、孤独。古代妇人丧夫叫"寡"。寡还有少、缺少的意思，与"多"相对。

寡人　寡德之人。古代王侯自谦之辞。
寡合　不易跟人合得来。
寡居　指妇人在丈夫死后独居。
寡断　办事不果断。
寡不敌众　人少难以抵挡众敌。

kòu
寇

金

篆

金文的寇字，像一个人手持棍棒在室内击打另一个人的样子，表示有人入室盗窃。所以，寇字的本义为劫掠、侵犯，引申指盗匪或入侵者。

甲　　　金　　　篆

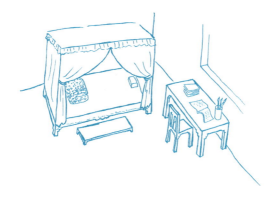

　　宋字从宀从木，表示室中有床几等家用木器，故其本义为居室。《说文解字》："宋，居也。从宀从木。"木者，床几之属，人所以依以居也。后世宋多用为国名、朝代名和姓氏，而其本义晦而不显，逐渐不为人所知了。

　　宋斤鲁削　斤，砍木头用的曲柄斧。削，刮削用的曲刀。古代宋国造的斤和鲁国造的削均为精良刃具，故后世即以宋斤鲁削作为精良工具的代称。

宕 dàng

甲　金　篆

宕字由宀、石会意，其本义当为石洞，即《说文解字》所谓的"洞屋"，又专指采石的矿洞。宕后世假借为"荡"，因此有流动、放纵、拖延等义。

宕户　采石工。

宕子　游子，在外流浪的人，即"荡子"。

宕冥　渺远的天空。又指昏暗。

篆

古代盛行"天圆地方"之说，认为天就像一个半球形的穹庐屋顶，故称天下为寰宇。寰字从宀从睘，宀指屋宇，睘即圆圜，本指天下广大的地域，如寰海、人寰、寰球等；又特指王者封畿之内，即古代京城周围千里以内之地。《说文解字》新附："寰，王者封畿内县也。从宀，睘声。"则睘又兼作声符。

寰中　犹宇内，天下。
寰内　京城周围千里以内。
寰宇　犹天下，指国家全境。
寰球　整个地球，全世界。也作"环球"。

rǒng 冗

篆

[冘]

小篆冗字从人从宀,像人在室内。《说文解字》:"冗[冘],散也。从宀,人在屋下,无田事。"即不事耕种,闲散在家,故其本义为闲散,引申为多余、庸劣、琐碎繁杂等义。

冗员 没有专职的官员,后多指无事可办的闲散人员。

冗散 多余闲散。

冗笔 败笔,不必要的笔墨。

冗杂 繁多杂乱。

金　　　　篆

　　官字从宀从自，自指众人，在金文中用为师旅之"师"，因此官字的本义为官署、官府，即聚集众人办理公事的所在。后引申为官职、官吏，又引申为公有之义。

　　官场　指政界。

　　官话　旧指以北京话为基础的标准语。因在官场中通用，故名。

　　官官相护　做官的彼此回护。

guǎn
馆

馆 篆

(館) [舘]

古代官员、差吏因公事外出，沿途由官办的驿馆负责食宿接待。馆字从食从官（官又兼作声符），官即官舍，从食则表示提供食宿，因此馆字本指专供邮差或官员往还食宿的驿站。《说文解字》："馆，客舍也。从食，官声。《周礼》：五十里有市，市有馆，馆有积，以待朝聘之客。"后泛指一般的旅店、客舍，又用作公共房舍的通称。因此凡官署、学塾、书房、商坊、展览处所等都可命名为馆，如学馆、商馆、博物馆、美术馆、纪念馆等。

馆驿 供行旅食宿的旅舍驿站。

qiú 囚

甲　　篆

囚字从囗从人，像一个人被关在土牢中。它的本义为拘禁、囚禁，又指囚犯、犯人，引申指战俘。

囚拘　像犯人一样受拘束。

囚首丧面　发不梳如囚犯，脸不洗如居丧。形容蓬头垢面的样子。

lìng
令

甲　金　篆

古文字的令字，像一人跪坐屋中，表示在屋中发号施令。令的本义为发令、号令、指使，又指命令、指令，引申为善、美好之义。

令爱　尊称对方的女儿。又作"令嫒"。

令箭　古代军队中发布命令时用作凭据的东西，形状像箭。

令行禁止　有令必行，有禁必止。形容法令森严。

金　　　　篆

甲骨文命字与令字字形相同,像一人在屋中发号施令的样子;金文增加口,表示从口中发出命令。因此,命字的本义为差使、命令。在上古时代,奴隶主的一声命令,就决定了奴隶的命运甚至生命,所以命又有生命、命运之义。

xiǎng 享

甲　金　篆

甲骨文、金文的享字,像一座简单的庙宇建筑。庙宇是供奉祭品、举行祭祀活动的地方,故享有供献之义,即把祭品献给祖先神灵;又通"飨",指鬼神享用祭品;引申为享受、享用以及宴飨等义。

享年　敬辞,称死去的人活的岁数。
享国　帝王在位年数。
享乐　享受生活的安乐。多用作贬义。

甲　　　金　　　篆

宗字从宀从示，宀是屋宇之形，示则代表祭祀之事。因此，宗本指供奉祖先、举行祭祀活动的祠堂、宗庙，引申为祖宗、宗主、宗族，又引申为派别。宗用作动词，则有尊崇之义。

宗祠　同一宗族用来祭祀共同祖先的祠堂、家庙。

宗派　宗族的支派。又指学术、政治、艺术、宗教等的派别。

宗教　佛教以佛所说为教，以佛弟子所说为宗，合称宗教，指佛教的教义。现泛指对神道的信仰。

gōng

宫

甲　　　金　　　篆

宫字从宀从吕，宀是屋宇之形，吕则表示房屋众多、宫室相连。因此，宫的本义当为比较大的房屋建筑或建筑群。后世的宫，专指帝王所居住的房屋或地方；宗庙、佛寺、道观等大型建筑或建筑群也称为"宫"。此外，宫也可泛指一般的房屋。

宫室　古时对房屋的通称。

宫殿　泛指帝王居住的高大华丽的房屋。

宫廷　帝王居住的地方。又指朝堂，即帝王接受大臣参拜并与大臣一起议政的地方。

kǔn
壸
（壼）

篆

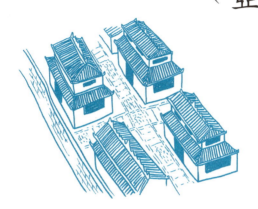

小篆的壸字，其下部像宫中的围墙和夹道，其上部像带有装饰物的屋顶，本指宫廷道路，引申为宫内、宫禁。《说文解字》："壸，宫中道。从口，象宫垣道上之形。《诗》曰：'室家之壸。'"

壸政　宫中的政事。

壸奥　壸，宫巷；奥，室隅。本指屋内深处，后用来比喻事理精微深奥。

壸闱　内宫，帝王、后妃居住的地方。

篆

泮即泮宫，是古代诸侯举行乡射所设的学宫。其基本格局为圆形，东西门以南有水环绕，形如半璧。泮字由半、水会意，表示泮宫之水池形如半璧。半又兼作声符。

泮水 泮宫之水。泮宫之南有池，形如半璧，故称泮水。

gāo

甲　　金　　篆

甲骨文、金文的高字,像楼阁层叠的样子:上面是斜顶的屋檐,下面为楼台,里面的口则表示进入楼台的门。以楼阁的高耸来表示上下距离大,这就是高字的本义。引申为高远、高深以及加高、提高等义;又指年老,如高龄;再进一步引申为抽象的高尚、高明、高洁等义。

高门　高大之门,指富贵之家。

高手　在某方面技能突出的人。

高堂　高大的殿堂。又指父母。

高屋建瓴　从高的屋层向下倒水。建,倾倒;瓴,水瓶。比喻居高临下,势不可挡。现指对事物把握全面,了解透彻。

京 jīng

甲　　金　　篆

甲骨文、金文的京字，像建筑在高土台上的宫室，其本义为高冈，即人为堆砌的高大土丘，并含有高、大之义。因为古代都城和君王的宫室大都建在高处，所以又把首都和王室所在地称为"京"，如京城、京辇（皇帝坐的车子叫辇，所以京城也叫"京辇"）、京畿（国都和国都附近的地方）、京室等。

liáng
良

甲　金　篆

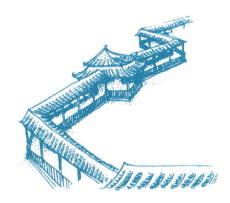

良是"廊"的本字。甲骨文的良字，中间的口代表屋室，上下两头的曲折通道则是连接屋与屋的回廊。所以，良字的本义是回廊。此字后来多用为良好、善良等义，其本义则由"廊"字来表示。

良玉不瑑（zhuàn）　指美玉不待雕刻而成文。比喻本质好，不靠外表修饰。

良辰美景　美好的时光，宜人的景色。

良金美玉　比喻美好的事物。

cāng 仓(倉)

甲 金 篆

古文字的仓字,是一间房子的形象:上面是屋顶,中间的户代表门,下面的口是指台基。仓本指贮藏谷物的仓房。古代粮仓,圆的叫"囷",方的叫"仓"。现在则统称为粮仓。在古代,仓和库也是有严格区别的,存放粮食的叫"仓",存放其他物品的称为"库",绝不相混。

仓皇 匆忙、慌张。

金 篆

kù
库
(庫)

库字从广从车，像车在屋内的样子，它本指储藏兵甲战车的屋舍。后泛指储藏财物的屋舍，如书库、金库等。

库藏 库中储藏。

库存 指库中现存的现金或物资。

廩 lǐn

| 甲 | 金 | 篆 |

古代的粮仓为了防潮，常常用大石块架起来。甲骨文的廩字，像在两块大石之间架木搭成的仓库；金文和小篆廩字加宀或禾、广，表示它是储藏禾谷的房间。所以，廩字的本义是粮仓，引申指粮食，又有储藏、储积之义。

廩粟 仓中的粮食。

sè 啬（嗇）

甲　金　篆

甲骨文的啬字，从来（"麦"的本字）从向（"廪"的本字），或作二禾在廪外，或三禾在田上，表示收割禾麦准备入仓，其本义为收割谷物，当即"穑"的本字。后又引申为爱惜、节省、悭吝等义。

啬夫　农夫；古代官吏名。
啬神　爱惜精神。

篆

囷是古代的圆形谷仓。囷字从禾在口中,表示储藏禾谷于粮仓之中。《说文解字》:"囷,廪之圆者。从禾在口中。"

囷仓　粮仓。圆的叫囷,方的叫仓。也作"囷鹿"。
囷囷　曲折回旋的样子。

甲　　　金　　　篆

甲骨文、金文的邑字，上部的方框或圆形代表城池，下面一个席地而坐的人形，表示居住。所以邑字本指人们聚居的地方，后来泛指一般的城市。古代大城称"都"，小城叫"邑"。邑又指大夫的封地。汉字中凡从邑的字大多与城市或地名有关，如都、郭、邕、郊、郡、鄂、邹、邓等。

guō 郭

甲　金　篆

甲骨文的郭字,像一座城池的鸟瞰图:中间的方框或圆形代表城墙,城墙上有哨亭。到小篆时另加邑旁,强调郭乃人口聚居的都邑。所以,郭本指城墙,又特指外城。引申为物体的四周或外部轮廓,这个意义后来写作"廓"。

金　　　　篆

邕是指四面有水环绕的都邑。《说文解字》："邕，四方有水，自邕城池者。"古文字的邕字，从邑从川，即表示四方之水环卫城邑。四方有水环卫，外敌不侵，得以平安无忧，因此又引申为安宁、和睦之义。

邕邕　雁叫声。又指和睦。
邕熙　指和平盛世。
邕穆　和睦。

鄙 bǐ

甲　金　篆

甲骨文的鄙字，下部为廩，表示粮仓，上部的口代表人口聚居的村邑；小篆鄙字加邑。所以，鄙本指村邑，即有粮草囤积的人口聚居地。特指边远的小邑，与"都"相对。边邑僻远，不比都城，因此鄙又有鄙陋、低下、粗野等义，又引申出小看、轻视的意思。

鄙人　边鄙之人。又指鄙陋之人，用作自谦之辞。
鄙俚　粗俗。
鄙薄　卑下，微薄。又指嫌恶、轻视。

甲　　　金　　　篆

甲骨文的向字，像一座房子的墙壁上开着一扇窗，它本指朝北的窗。从这个本义又引申为方向、朝向、面对等义。此外，向还有从前、往昔、旧时的意思。

向壁虚构　比喻没有事实根据，凭空虚构或捏造。

篆

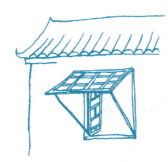

窗,即窗户,指房屋墙壁上通气透光的装置。小篆的窗字,像一扇钉有窗棂的窗户;或从穴,表示房屋之窗。

mén 门（門）

甲　金　篆

门是建筑物的出入口。甲骨文的门字，有门框，有门楣，有一对门扇，是一个完整的门形。金文门字去掉门楣，但仍保留着两扇门的原形。汉字中凡从门的字，大都与门有关，如闭、间、闲、闸、闯等。

门户　指门，引申为出入的必经之地。又指家门、门第以及派别。

门生　指学生、弟子。

门可罗雀　大门前可以张网捕雀。形容宾客稀少，十分冷落。

门庭若市　形容来往出入的人多。

甲　　金　　篆

户，指单扇的门。一扇为户，两扇为门。甲骨文的户字，正像一个门扇的形状。它本指门扇；又泛指门窗，如门户、窗户；引申指人家、住户，一家人称为一户。汉字中凡从户之字，都与门、窗和房屋有关，如启、扉、扇、扁、所、房等。

户口　住户和人口。计家为户，计人为口。又指户籍，即登记居民户口的簿册。

户牖（yǒu）　指门窗。

户枢不蠹　门的转轴不会被虫蛀蚀。比喻经常运动的东西不易腐蚀，可以经久不坏。

篆

扁字由户、册会意,户即门户,册为简册,是用来记录文字的,因此扁本指门上的文字题署,即门匾。《说文解字》:"扁,署也。从户、册。户册者,署门户之文也。"门匾多采用宽薄的木板做成,因此扁后来引申为物体宽薄的样子,其本义渐失,于是另造"匾"字来表示它的本义。

扁表　赠匾加以表彰。

扁额　即匾额。以大字题额,悬挂在门头、堂室、亭园等处。旧时多刻木为之。

xián 闲（閑）

金　　篆

闲字从木从门，表示以木条编为门墙，本指栅栏，又指马厩，引申为范围，如《论语·子张》："大德不逾闲，小德出入可也。"现在的闲字，多用为安静、闲暇之义。

闲雅　文雅。又作"娴雅"。

闲适　清闲安逸。

闩
shuān
（門）

古代没有门锁，在门的内侧安装一条横木来把两扇门拴住。闩字从一从门，一代表横木，门内的横木即是门闩。所以闩字的本义为门闩。

bì 闭(閉)

金　篆

闭字的本义为关门。金文的闭字，从门，门中的"十"字，像用来关门的键锁；小篆误把"十"写为"才"，故《说文解字》云："闭，阖门也。从门、才，所以距（距）门也。"此外，闭还专指闩门的孔，也指锁筒（或锁套）。由关门之义，又引申为关闭、壅塞、阻绝等义。

闭月羞花　鲜花皎月为人羞闭。极言女子容貌之美。
闭门造车　比喻脱离实际，凭主观想象处事。

金　篆

jiān
间
（閒）

　　古文字的间字从月从门，表示两扇门中间有空隙，月光可以透入，其本义为门缝，引申为中间、空隙。间又读jiàn，有间隔、离间、干犯等义。

　　间不容发　两者中间甚至没有容纳一根头发的空隙，比喻相距极近。

　　间架　本指房屋的结构形式，借指汉字书写的笔画结构，也指文章的布局。

篆

（閃）

闪字从人从门，像有人从门缝中探头偷看的样子，其本义为偷窥。由门中偷窥，引申出忽隐忽现或骤然一现之义，如闪光、闪电、闪念等；又指突然迅速的动作，如躲闪、闪避、闪击等。

闪失　意外的损失、事故。

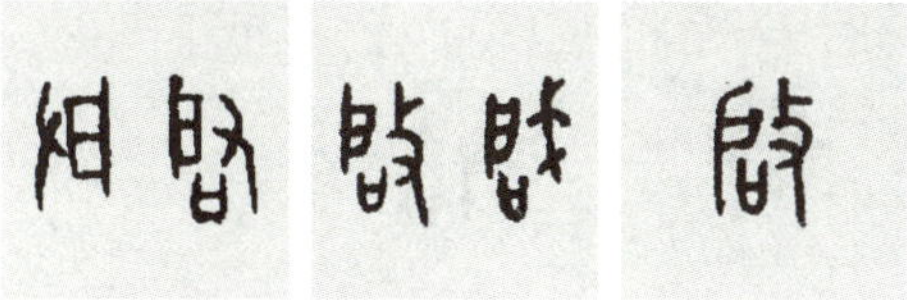

qǐ 启

（啓）

[啟]

| 甲 | 金 | 篆 |

器物 建筑

甲骨文的启字，像人用手打开一扇门，表示开门、打开，引申为开发、开拓、启发等义。启发别人要用言辞，金文的启字加一个口旁，表示说话，所以启字又有说话、陈述之义，如启事。

开 kāi
（開）

古　篆

古文的开字，像用双手把门打开，其本义为开门，引申为打开、开通、开放、开发、开辟、分开等义，又引申为开创、开始、开展、张设、启发等义。

开门见山 比喻说话或写文章直截了当，一开头就进入正题。

开诚布公 待人处事，坦白无私。

开源节流 比喻在财政经济上增加收入，节省开支。

guān 关
(關)

金　篆

　　古代没有门锁，在门的内侧安装一根可以活动的横木，来把两扇门闩在一起。金文的关字，正像门内加闩之形，其本义即为门闩。门闩是用来闭门的，所以关字有关闭、闭合、封闭之义，又指关口、关隘、关卡。此外，关还可以指事物中起转折关联作用的部分，如机关、关节、关键等；又含有关联、牵连之义。

　　关津　指水陆要道关卡。
　　关涉　牵连、联系。

篆

瓦是指铺在屋顶上用来遮雨的建筑材料。小篆的瓦字,像屋顶上两块瓦片俯盖仰承相交接的样子,其本义当为瓦片。瓦片由泥土烧成,因此凡由泥土烧成的粗劣的陶器皆称"瓦器"。汉字中凡从瓦之字大都与陶瓷器具或陶瓷制作有关,如瓮、瓶、瓯、瓷、甄等。

瓦合 比喻勉强凑合,又指临时凑合。

瓦解冰消 比喻完全失败或崩溃,如同瓦片碎裂、冰雪消融一样。

甲　　　金　　　篆

丹是一种可以制成红色颜料的矿石。甲骨文的丹字，像井中有一点，井为采石的矿井，其中一点表示从矿井中采挖出来的矿石。丹的本义为丹砂（又称朱砂），因丹砂可以制成红色颜料，所以丹又有红色的意思，如丹唇（红唇）、丹霞（红霞）。

丹青　丹砂和青䨼（huò），两种可制作颜料的矿石，泛指绘画用的颜色，又指绘画艺术。古代丹册纪勋，青史纪事，所以丹青又是史籍的代称。

丹心　红心，指忠诚、赤诚之心。

丹田　道家称人身脐下三寸为丹田。

jǐng 井

甲　金　篆

甲骨文的井字,像井口用木石构成的井栏,其本义就是水井。而形似水井的事物皆可称井,如天井、矿井等。古代制度,同一乡里八家共一井,后来井引申指乡里、人口聚居地,如市井、井里等。井字还含有整齐、有条理之义,如井井有条、秩序井然等。

井蛙　井底之蛙,比喻见识狭隘的人。

井中视星　从井里看天上的星星,比喻见识狭隘。

写给孩子的说文解字

（三）

谢光辉 ◎ 著

甲　　金　　篆

牛是一种反刍动物,力大性善,可用于载物或耕地,是人类最早驯养的六畜之一。古文字的牛字,是一颗牛头的简化图形,重点突出了牛角、牛耳的特征。汉字中凡从牛之字都与牛或类似牛的动物有关,如牝、牡、牟、牧、犀、犁、犊等。

牛鬼蛇神　牛头鬼、蛇身神,比喻虚幻荒诞,又比喻社会上的丑恶事物或形形色色的坏人。

牛刀小试　比喻有很大的本领,先在小事情上施展一下。

móu

牟

篆

小篆的牟字,下部是牛,上部像牛口中出气的样子,表示牛在叫。所以牟的本义为牛叫。《说文解字》:"牟,牛鸣也。从牛,象其声气从口出。"牟常通"谋",用于谋取之义,其本义则由"哞"表示。

牟利 谋取利益。

mǔ

牡

| 甲 | 金 | 篆 |

甲骨文的牡字，一边为牛，一边是雄性动物生殖器的形象，所以牡的本义为公牛。牡又是雄性动物的统称。在甲骨文中还有表示公羊、公鹿、公猪的字形，后世则统称为"牡"，如牡马、牡羊等。

láo 牢

甲　金　篆

甲骨文的牢字,像一头牛(或羊、马)被关在圈栏之中;小篆的牢字则在圈栏出口加一横表示圈门。牢指关养在圈栏内的牲畜,也指关养牲畜的圈栏,如亡羊补牢;引申为关押犯人的监狱,如监牢、牢狱等。此外,牢还可用作形容词,有坚固之义,如牢靠、牢不可破等。

篆

（牵）

    小篆的牵字，下部是牛，上部的玄代表牵牛的绳子，中间的横杠代表牛的鼻栓，表示用绳牵牛。《说文解字》："牵，引前也。从牛，象引牛之縻也，玄声。"可见牵是会意兼形声字。牵的本义为牵引、挽、拉，引申为牵涉、关联、牵制等义。

    牵连 互有关联。

    牵强 勉强。

    牵掣 引曳、束缚。又指牵制。

    牵肠挂肚 比喻非常操心惦念。

牧 mù

甲　金　篆

牧字像人手持牧鞭（或树枝）赶牛，表示放牛。放牛为牧，放马、放羊、放猪等均可称"牧"，所以牧字的本义为放养牲畜，引申指放养牲畜的人。在古代，统治者把老百姓视同牛马，而以牧人自居，所以管理和统治老百姓也称为"牧民"。一些地方州郡的最高长官也被称为"牧"或"牧伯"。

甲　　　　篆

甲骨文的物字，从刀从牛，是以刀杀牛的意思，刀上的两点是杀牛时沾在刀上的血滴。物字本指杀牛，后又特指杂色牛，引申为一切事物和事物的内容实质，如万物、言之有物等。

物色　原指牲畜的毛色，又指形貌，引申为按一定的标准去挑选、访求。

物议　指众人的议论或批评。

gào
告

| 甲 | 金 | 篆 |

告字从牛从口,其本义为牛叫。牛叫为告,其造字方法与吠、鸣(吠为狗叫,鸣为鸟叫)等字一样。告后来引申为报告、告诉、告发、请求等义。

告示 晓示、通知,又指旧时官府的布告,如安民告示等。

告密 揭发别人的秘密。

告急 遇急难向人求救。

bàn

半

甲　　金　　篆

古文字的半字从八从牛，八是分开的意思，表示把一头牛分成两部分。半的本义为一半；引申为在……中间，如半夜；又比喻数量少，如一星半点；还有不完全的意思，如半成品、半透明等。

半斤八两 旧制一斤合十六两，半斤等于八两。比喻彼此一样，不分上下。含贬义。

半推半就 心里愿意，表面上却假作推辞，不肯痛快答应。

牦 máo

牦,即牦牛,又称"犛牛",全身有黑褐色或棕色、白色长毛,腿短身健,蹄质坚实,是我国青藏高原地区的主要力畜。牦字由毛、牛会意,突出了牦牛多毛、长毛的特征。

甲　　篆

　　廌即獬（xiè）廌，又作"獬豸"，是古代传说中一种能判断疑难案件的神兽。《说文解字》："廌，解（獬）廌，兽也，似山牛，一角。古者决讼，令触不直。象形。"甲骨文的廌字，即像一头有角有尾的走兽。从廌之字，多与法律讼狱有关，如法律之"法（灋）"。

quǎn
犬

| 甲 | 金 | 篆 |

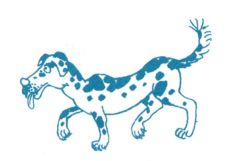

犬即现在所说的狗。它是人类最早驯养的家畜之一,古人主要靠它来打猎。在甲骨文和金文中,犬和豕的字形比较接近,区别只在于腹和尾:豕为肥腹、垂尾;犬是瘦腹、翘尾。从犬之字大都与狗及其行为有关,如狩、狂、莽、猛、猎等。

犬子 古人对自己儿子的谦称。

犬牙交错 形容交界线很曲折,像狗牙那样参差不齐,相互交错。

犬马 古代臣子在君王面前的卑称,又用作效忠之辞,指自己会像犬马顺从主人一样效忠君王。

篆

吠字从犬从口,是个会意字。《说文解字》:"吠,犬鸣也。"它的本义即为狗叫。

吠雪 岭南不常下雪,故狗见之而吠,是少见多怪的意思。

吠形吠声 《潜夫论·贤难》:"一犬吠形,百犬吠声。"指一条狗叫,群犬闻声跟着叫。比喻不明察事情的真伪而盲目附和。

chòu 臭

甲　篆

　　臭的本义为嗅,即闻气味。臭字由自("鼻"的本字)和犬组成。狗的嗅觉特别灵敏,因此用狗鼻子来表示嗅味之义。有气味才能用鼻子来嗅,因此臭又有气味之义,如无声无臭(没有声音和气味,比喻没有名声,不被人知道)、其臭如兰(表示某种东西的气味像兰花一样幽香宜人)等。以上这些意义读xiù。现在,臭字通常读chòu,专指腐烂难闻的气味,如粪臭、腐臭等。而它的本义由"嗅"来表示。

篆

古文字的莽字,像一只狗在林木草莽之中,表示猎犬在草木丛中追逐猎物。莽本指丛生的草木,也指草木丛生的地方,引申为粗率、不精细之义。

莽苍　形容原野景色迷茫。也指原野。
莽原　草长得很茂盛的原野。
莽撞　鲁莽冒失。

fú
伏

金　篆

　　金文的伏字，像一只狗趴在人的脚边，其本义为趴下、俯伏，引申为藏匿、埋伏，又引申为屈服、降服、制服。

伏兵　埋伏待敌的部队。
伏击　用埋伏的兵力突然袭击敌人。
伏罪　承认自己的罪过。又作"服罪"。
伏笔　文章里为后文埋伏的线索。

甲　　　篆

突字从穴从犬，表示狗从洞孔中猛然冲出，其本义为急速外冲，引申为冲撞、穿掘，又引申为凸出。突由急速外冲之义，又引申为时间上的突然、猝然之义。

突出　冲出，穿过。又指鼓凸出来或显露出来。

突兀　指物体高高耸起。又指事情突然发生，出乎意料。

突如其来　事情突然发生，出乎意料。

兽 shòu

（獸）

甲　金　篆

兽的本义为狩猎、打猎。甲骨文的兽字，由单（一种杈形狩猎工具）和犬（狗）组成，表示一种采用捕猎工具以及由猎犬协助来捕获野兽的活动，后来专指狩猎所获的动物，又泛指所有野生的动物，即野兽。而兽字的本义由"狩"字来表示。

金　　　篆

（猒）

　　金文的厌字，从犬从口从肉，即表示狗饱吃肉食，有饱、满足之义，当即"餍（饜）"的本字。后引申为憎恶、嫌弃之义，故别造"餍"字以表示它的本义。

厌饫（yù）　饮食饱足。同"餍饫"。

厌世　悲观消极，厌恶人间生活。

篆

《说文解字》:"戾,曲也。从犬出户下。戾者,身曲戾也。"这里所说的户,即所谓"卑户",是指专供狗出入的小洞。湖湘一带的习俗,凡造房,必于大门之旁穿墙为洞,以便夜间关门后狗能由此进出。狗洞低矮,狗出入其间,必屈曲其身。故戾字从犬在户下,有屈曲之义,引申为扭曲、乖张、违逆以及凶恶、暴行等义。

戾虫 指老虎。老虎性情暴戾,故名。

篆

默字从犬从黑（黑又兼作声符），黑指黑暗、暗中，其本义为狗暗中突袭人。《说文解字》："默，犬暂逐人也。从犬，黑声。读若墨。"暗中突袭，则默不作声，因此默又指沉默，即不说话，不作声，引申为幽静之义，又引申为黑暗、暗中。

默契 暗相契合，指双方的意思没明白说出来而又彼此一致。现在比喻心灵相通，配合得很好。

篆

猝字从犬从卒,卒有急遽之义,因此猝本指狗突然窜出袭击人,引申为突然、出乎意料之义。《说文解字》:"猝,犬从艸(草)暴出逐人也。从犬,卒声。"则猝又属形声字,卒兼作声符。

猝然 突然。

猝不及防 事出突然,来不及防备。

篆

狗是一种善于奔跑的动物。猋字从三犬,像群犬竞相奔跑,本用来形容狗奔跑的样子,引申为迅疾之义。

猋迅 飞走,迅疾如风。

猋忽 像旋风一样飘忽不定。又指疾风。

猋风 旋风,疾风。

mǎ 马（馬）

| 甲 | 金 | 篆 |

马是一种哺乳动物，善跑耐重，是人类最早驯养的六畜之一。甲骨文的马字，像一侧立的头、身、足、尾俱全的马。金文的马字主要突出马眼和马鬃。汉字中凡从马之字大多与马属动物及其动作、功能有关，如驰、驹、腾、骄、驴等。

马到成功 战马所至，立即成功。形容迅速地取得胜利。

马首是瞻 作战时看主将马头所向以统一进退。比喻跟随某人行动，听从指挥。

马革裹尸 用马皮把尸体包裹起来。指军人战死沙场。

甲　篆

　　奇是"骑"的本字。甲骨文的奇字,像一个人跨坐在马背上,其中的马形极其简略。小篆的奇字讹变为从大从可。奇的本义为骑马,后来多用为怪异、奇特之义,而其本义则由"骑"字来表示。

　　奇观　指雄伟美丽而又罕见的景象或出奇少见的事情。
　　奇迹　想象不到的不平凡的事情。

chuǎng 闯 (闖)

篆

闯字从马从门,表示马从门中猛冲而过,其本义为向前猛冲,含有一往无前和无所顾忌的意味。此外,闯字还有经历、历练之义。

闯荡 指离家在外谋生。

闯将 勇于冲锋陷阵的将领。

甲　　金　　篆

yù 驭（馭）

甲骨文的驭字从马从又,像人挥手赶马。金文的驭字从马从更("鞭"的本字,像人手持皮鞭),像人手持马鞭驱马前行。小篆的驭字构形方法与甲骨文相同。驭的本义为驱马、驾驶马车,引申为驾驭、控制、统治之义。

驭宇　指帝王统治天下。同"御宇"。

骄 jiāo

驕 篆

（驕）

骄字由马、乔会意，乔又兼作声符。乔有高义，因此骄本指高大的马，又形容马高大、健壮的样子。《说文解字》："骄，马高六尺为骄。从马，乔声。《诗》曰：'我马唯骄。'一曰野马。"此外，骄还引申为高傲、傲慢、骄逸不驯之义。

骄子　娇贵、宠爱之子。
骄傲　自以为了不起，看不起别人。又指自豪。
骄横（hèng）　骄傲专横。
骄纵　骄傲放纵。
骄奢淫逸　骄横奢侈，荒淫无度。

篆

（駁）

驳字由马、爻会意，爻像笔画交错的样子，表示马毛杂色交错，因此驳的本义为马毛色杂乱不纯，引申为混杂、不纯之义，又用作辩驳之义。

驳议　就他人所论，辩驳其非。

pián 骈

篆

（騈）

骈字由并、马会意，表示两马共驾一车，本指共驾一车的两匹马，引申为并列、对偶、关联之义。《说文解字》："骈，驾二马也。从马，并声。"可知并既是义符，也是声符。

骈文 一种以双句为主、讲究对仗、辞藻华丽的文体，是与"散文"相对而言的。

骈俪 骈文多用偶句，讲求对仗，也称"骈俪"。

篆

cān
骖
（驂）

骖本指共驾一辆车的三匹马,又特指驾在车前两侧的马。骖由参、马会意,参同"三(叁)",表示三匹马共驾一车。《说文解字》:"骖,驾三马也。从马,参声。"则参又兼作声符。

骖服　驾车的马。居中驾辕者称服,两旁者称骖。

骖乘　乘车时陪坐在右边的人。

驷 sì

(駟)

金　　篆

古代档次较高的马车常由四匹马来拉。驷字由四、马会意，其本义指一车所套的四匹马，也指由四匹马所驾的马车。《说文解字》："驷，一乘（shèng）也。从马，四声。"一乘即一辆。驷从四，四既是义符，又代表读音，因此驷字从结构上来说，是会意兼形声字。

驷介　四马披甲所驾的战车。

驷乘　四人共乘一车。

驷马高车　套着四匹马的高盖车。形容有权势的人出行时的阔绰场面。

驷之过隙　比喻光阴飞逝。

驷不及舌　言已出口，驷马难追。谓出言说话当慎重，不可随意更改。

甲　　　　金　　　　篆

　　羊是古代六畜之一。羊字是一个象形字，和牛字一样，它所描绘的不是羊的整体形象，而是局部特征。甲骨文和金文的羊字，是简化了的羊头形象，特别突出弯卷的羊角，使人一见便知是羊而不是别的动物。

　　羊车　羊拉的小车，又指宫内所乘小车。

　　羊角　比喻旋风。

　　羊酒　羊和酒。馈赠用的礼物，也用作祭品。

shàn 善

金　　篆

　　善为"膳"的本字。古人将羊肉视为美味,因此金文的善字从羊从二言,表示众口夸赞羊肉美味。善字由美味引申为美好之义,故后世另造"膳"字来表示它的本义。羊性情温和驯顺,因此善又有善良、慈善之义,与"恶"相对。善用作动词,则有喜好、爱惜、亲善、擅长等义。

　　善本　珍贵难得的古书刻本、写本。

　　善事　好事,慈善的事情。

　　善始善终　自始至终都很完美。后泛指做事有头有尾,办事认真。

甲　　　篆

(養)

　　甲骨文的养字，从羊从攴，像人手持放羊铲（或鞭子）驱赶羊群，其本义为放牧。小篆的养字从羊从食，羊又代表读音，所以养是会意兼形声字，表示以食物饲养。养字后来又引申为生养、培养、疗养、教养等义。

　　养生　摄养身心，以期保健延年。

　　养老　古礼，对老而贤者按时馈赠酒食，以敬礼之，谓之养老。

　　养志　涵养高尚的志趣、情操。

gāo 羔

| 甲 | 金 | 篆 |

甲骨文的羔字从羊从火,表示用火烤羊。烤羊一般是整只地烤,而所烤的整羊往往都是小羊,所以羔字通常指小羊。

羔羊 小羊,又比喻天真无知、缺少社会经历的人或弱小者。

羔裘 用小羊皮做的袍服。古代诸侯以羔裘作为朝服。

xiū 羞

甲　金　篆

古文字的羞字,从羊从又,表示用手捧羊进献。羞字的本义为进献食品,又指美味的食物。后来,用作食物之义的羞多写作"馐",如珍馐、庶馐等,而羞字借用为害羞、耻辱、愧怍等义。

羞膳　进食。又指美味的食物。又作"馐膳"。
羞涩　因羞愧而举动拘束。

gēng 羹

篆

小篆的羹字，从羔从鬲，两边的曲线代表鬲的器壁，表示将羊羔放入鬲中烹煮，本指用羊羔加水熬煮出的肉汁，后泛指用来调味的肉汤，亦指一般的菜汁。《说文解字》："羹，五味盉羹也。"或讹省为从羔从美，因此楷书写作羹。

羹臛（huò） 菜羹和肉羹。肉羹曰臛。

shān 膻

甲　篆

[羴]
[羶]

甲骨文的膻字,由四羊、三羊或二羊会意,表示羊群聚集,有一种羊特有的腥臊气味。因此膻本指羊的臊气,也泛指像羊臊味的腥臊之气。《说文解字》:"膻[羴],羊臭也。"小篆膻字或作从羊亶声或从肉(月)亶声,则属后起的形声字。

膻荤　指肉食和气味浓烈诱人的食品。

膻行　使人仰慕的德行。言其德行为人慕悦,如膻荤之悦人。

金　　　篆

咩的本字为"芈"。芈字从羊，像声气上出，表示羊叫，其构字方法与"牟"字相同。芈在后来专用作楚国贵族的姓，读 mǐ，故另造咩字来表示它的本义。

豕 shǐ

甲　金　篆

猪是人类最早饲养的家畜之一。甲骨文的豕字,长嘴短腿,肚腹肥圆,尾下垂,正是猪的形象描绘。不过在古代,豕和猪是略有区别的:豕指大猪,而猪指小猪。

豕牢　猪圈,又指厕所。

豕突　像野猪一样奔突窜扰,比喻贼寇到处侵犯。

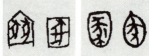

甲　　金　　篆

圂字从囗从豕，是个会意字。甲骨文的圂字，像把猪关养在栏舍之中，它的本义为猪圈。由于古代的猪圈和厕所通常是连在一起的，所以圂又可以指厕所。

zhì
豛

甲　金　篆

甲骨文的豛字,从矢从豕,像一支箭射中一头大野猪。家猪驯善,而野猪力大凶猛,不用弓矢是很难捕获的。所以豛本指野猪,后来指一般的成年大猪。

zhú 逐

甲　　　金　　　篆

甲骨文的逐字，像一只猪（或鹿、兔）在前奔逃，有人在后追赶，其本义为追赶。引申为驱逐、放逐，后有竞争、追求之义。

逐北　追逐败走的敌兵。

逐客　战国时指驱逐列国入境的游说之士，后来指被朝廷贬谪的人。

逐鹿　指在国家分裂纷乱时，众人争夺天下政权。语出《史记·淮阴侯列传》："秦失其鹿，天下共逐之，于是高材疾足者先得焉。"

| 甲 | 金 | 籀 | 篆 |

甲骨文的敢字，像人双手持猎叉迎面刺击野猪（豕）。金文的敢字简省为以手（又）搏豕，但豕形变得简略难辨。持叉刺豕有进取的意味，故《说文解字》称："敢，进取也。"又因为野猪是一种凶猛的野兽，敢于搏取，需要有很大的胆量和勇气，所以敢又有大胆勇猛的意思。

huàn 豢

甲　篆

甲骨文的豢字，像人两手抱着一只猪（豕），有的猪腹中有子，表示把母猪生下来的猪崽抱去饲养，其本义为饲养牲畜。《说文解字》："豢，以谷圈养豕也。从豕，季声。"则以豢为形声字。

豢养　饲养牲畜，以供食用，比喻收买、收养并利用。

豢圈　饲养牛马之处。

豢龙　传说虞舜时有一个人叫董父，能畜龙，有功，舜帝赐姓曰豢龙氏。

tún
豚

甲　　金　　篆

　　豚字由肉（月）、豕会意，本指专供食用的肉猪。作为食物的肉猪，猪龄越小则肉味越鲜美，因此豚又特指小猪、幼猪，俗称"乳猪"。金文和小篆的豚字或从又，是用手抓猪的意思，表明豚不是凶猛的野猪，而是幼小的家畜，可以徒手抓捕宰杀。

豚子　自称其子的谦辞，犹"犬子"，也作"豚儿"。

豚蹄穰田　以猪蹄敬神，祈求丰年，比喻所花费的极少而所希望的过多。

遁 dùn

篆

[遯]

遁字由辵（辶）、豚会意，豚又兼作声符。豚泛指猪，遁表示猪逃走，其本义为逃遁。《说文解字》："遁［遯］，逃也。从辵从豚。"此字后世多用为逃避、隐避等义。

遁世 隐居，避世。

遁辞 支吾搪塞的话。也作"遁词"。

甲　　　　篆

兕是一种类似犀牛的野兽。它外形像牛，头上有一只青黑色的独角，又称独角兽。甲骨文的兕字，像一头头上长角的动物；小篆的兕字，则主要强调其头形的怪异。

兕觥　古代一种带角兽头形器盖的酒器。最初用木头制成，后用青铜铸造。盛行于商代和西周前期。

xiàng
象

甲　　金　　篆

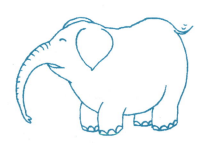

　　甲骨文和早期金文的象字,是大象的侧视图形,主要突出了它长长的鼻子、宽厚的身躯,笔画简单而形态生动。象字后来多假借为形状之义,又泛指事物的外表形态,如形象、景象、星象、气象、现象等。

　　象形　古代汉字构造方法的"六书"之一,指刻画实物形状的一种造字方法。

wéi

为（爲）[為]

甲　金　篆

古代中原一带气候温和，生活着许多今天的热带和亚热带动物。大象就是其中之一。大象身强体壮，力大无比，而且性情温和，是人类劳动的好帮手。甲骨文的为字，像一个人用手牵着大象的鼻子，其本义为驯象，即驱使大象帮人干活，因此，为有干活、做等意思。这个字由甲骨文到金文，又由小篆变成隶书、楷书，再演变成今天的简化字，原来的形象和意思一点儿也看不出来了。

néng 能

金　　篆

能是"熊"的本字。金文的能字，巨口弓背，粗爪短尾，正是熊的典型特征。所以，能的本义即为熊。因为熊以力大著称，因此能引申出能力、才能等义。后代能字多用其引申义，于是在能下加"火"（楷书变为四点），另造一个"熊"字来表示它的本义。

能吏　有才能的官吏。又称能臣、能士。

能干　有才能，会办事。

能者多劳　能干的人做事多。多用为赞誉的话。

金　　　　篆

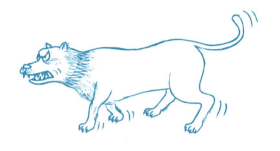

古文字的豸字，像一只长脊有尾、张开大口的动物，其本义为长脊兽，当即虎、豹、豺、狼等凶猛的食肉动物的通称。《说文解字》："豸，兽长脊，行豸豸然，欲有所司（伺）杀形。"而在后世，豸多用为无脚爬虫的通称。《尔雅·释虫》："有足谓之虫，无足谓之豸。"因为无足之虫体形大多较长，如蛇、蚯蚓之类，所以称无足虫为"豸"，正是豸字"长脊"之义的引申。

hǔ 虎

甲　　金　　篆

虎是一种猛兽,通称老虎。甲骨文的虎字,形象地勾画出老虎的基本特征:大口利齿,爪尾有力,身有条纹。金文、小篆的字形,渐趋简化和抽象,其象形意味也就逐渐消失了。虎古今词义变化不大,都作老虎讲;因老虎特别凶猛,又引申为勇猛、威武之义,如虎将、虎威、虎贲(指勇士)等。

金　　　篆

小篆的虐字，像老虎伤人之形。老虎伤人极其残暴狠毒，因此虐有残暴之义，又引申为灾害。

虐政　暴政。
虐待　以残暴狠毒的手段对待人。
虐疾　暴疾。

biāo 彪

篆

彪字从虎从彡，彡像斑纹，因此彪字本指虎身上的斑纹，也用作虎的别称。引申为文采，有光彩鲜明之义。又指体格魁伟、身材高大。

彪炳 文采焕发；照耀。

彪形大汉 身材特别高大威武的男子。

金　　　　篆

唬字从虎从口，本指虎吼，读 xiāo。后多指虚张声势、夸大事实吓唬人，读 hǔ。

唬唬　象声词。可形容风雷声等。

bào 豹

甲　　篆

豹是一种哺乳动物,像虎而体型较小,身上有很多斑点,性凶猛,能上树,常见的有金钱豹、云豹等。甲骨文的豹字,像一利齿巨口的猛兽,与虎字字形相近,不过在兽身上有几个圆圈,代表豹皮上的斑点。小篆的豹字则变为从豸勺声的形声字。

豹略　古代兵书《六韬》中有《豹韬》篇,又有兵书《三略》,因称用兵之术为豹略,也作"豹韬"。

豹骑　骑兵。言其勇猛。

豹变　像豹子的花纹那样变化。比喻润饰事业,或迁善去恶。又比喻人地位升高,由贫贱而显贵。

lù
鹿

甲　金　篆

　　鹿是鹿科动物的总称,其特点是四肢细长,雄性生有枝角。甲骨文和金文的鹿字,生动地表现出鹿的这些特征:枝杈状的角、长颈细腿,正是雄鹿的形象。在汉字中,凡从鹿的字大都与鹿这类动物有关,如麟、麝、麋等。

　　鹿死谁手　鹿,比喻政权。不知政权会落在谁的手里,后也指在竞争中不知谁是最后的胜利者。

丽(麗)

甲　金　篆

甲骨文、金文的丽字,是一只鹿的形象,特别突出鹿头上一对漂亮的鹿角。所以,丽的本义是一对、一双。这个意思,后来多写作"俪"。此外,丽还有漂亮、华丽的意思。

丽人　美人。
丽质　美丽的姿质。

lù

麓

甲　　金　　篆

　　麓字是个会意兼形声字,本义为山脚。鹿喜欢阴凉潮湿的环境,最理想的栖息地在山脚林间。甲骨文的麓字从林从鹿,像鹿在林中,鹿又代表麓的读音。古文字的麓字,或从林录声,是一个完完全全的形声字。

chén
尘
（塵）

篆

　　小篆的尘，从土从三鹿，表示群鹿奔腾，尘土飞扬。尘字本指飞扬的尘土，又泛指极细微的沙土。简体尘字从小从土，小土为尘，也是个会意字。

　　尘世　俗世，人间。
　　尘垢　尘埃和污垢，比喻微末卑污的事物。
　　尘嚣　世间的纷扰、喧嚣。

甲　　　篆

麋是一种鹿科动物。《急就篇》中有"狸兔飞鼺狼麋䴠"，颜师古注："麋似鹿而大，冬至则解角，目上有眉，因以为名也。"甲骨文的麋字，就像这种无角而目上有眉的鹿，不但突出眉形，且以眉为声。眉、米音近，后世麋字以米代眉，变成了从鹿米声的形声字。

麋沸　比喻形势混乱不安。

麋鹿　一种鹿科动物，俗称"四不像"。

兔 tù

甲　　金　　篆

兔是一种长耳短尾、肢体短小的小动物。甲骨文的兔字，简单而概括地表现了兔子的这些基本特征。

兔死狐悲　因同类的死亡而感到悲伤，比喻物伤其类。

兔起鹘（hú）落　像兔子跃起，像鹘鸟俯冲，极言行动敏捷。也比喻书画家用笔矫健敏捷。

金　　　　篆

　　逸字从兔从辵（辶），表示野兔奔跑。兔子胆小而又善于奔逃，因此逸字本义为奔跑、逃亡。由奔跑义引申为超绝之义，由逃亡义引申为逃避、隐退、散失等义，又引申为安闲、无所用心。《说文解字》："逸，失也。从辵、兔。兔谩诞善逃也。"

逸士　隐居之士。
逸群　超群。
逸史　指散失于民间的、正史以外的历史记载。
逸兴　清闲脱俗的兴致。

篆

冤字从兔在冖下,表示兔子在笼罩覆盖之下身体屈缩不展,其本义为屈折,引申为枉曲、冤屈之义。

冤抑 冤屈。

冤家 仇人。又指似恨而实爱、给自己带来苦恼而又舍不得离开的人。

篆

鼠,俗称老鼠,又叫耗子,身小尾长,门齿特别发达。小篆的鼠字,是一只老鼠的形象,特别突出了它的牙齿、脚爪和尾巴的特征。从鼠之字,大都表示类似老鼠的小动物,如鼹、鼬、鼯等。

鼠窜 像老鼠那样惊慌地逃走。

鼠目寸光 比喻眼光短,见识浅。

cuàn
窜
（竄）

篆

窜字从鼠在穴中，表示老鼠藏匿在洞穴中，其本义为逃匿、隐藏、掩盖，引申为逃跑、放逐、驱逐等，又引申为改易、变动。

窜逐 流放。
窜逃 逃跑。
窜改 随意改动（成语、古书、文件等）。
窜端匿迹 指掩盖事情的真相。

金　　　篆

古文字的鬣字，像老鼠头上毛发竖立，本指动物头颈上较粗硬的毛。《说文解字》："鬣，毛鬣也。象发在囟上，及毛发鬣鬣之形。"

虫(蟲) chóng

甲　　金　　篆

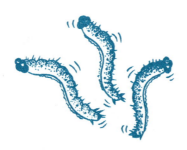

虫是昆虫类的通称，指昆虫和类似昆虫的动物。甲骨文、金文的虫字，像一种长身盘曲、三角头的动物，实际上是蛇的象形，读 huǐ。小篆用三个虫叠在一起来表示种类繁多的虫。虫也可泛指昆虫之外的其他动物。汉字中凡从虫的字，大都与昆虫等动物有关，如蛇、蜀、蚕、蚊、蜂、蝉等。

虫豸　泛指虫类小动物。又用作斥骂之词，比喻下贱者。

虫鸡　"鸡虫得失"的省语，比喻微小的、无关紧要的得失。

甲　　　金　　　篆

相传古代有一种人工培养的毒虫，可以放入饮食中毒人，使人神志惑乱，不能自主。甲骨文的蛊字，像器皿中有虫子。蛊字本当指这种人工培养的毒虫，又指人腹中的寄生虫；引申为诱惑、迷惑之义。

蛊毒　毒害。

蛊惑　迷惑，诱惑。

蛊媚　以姿态美色惑人。

篆

蠹是一种蛀蚀木质的蛀虫。《说文解字》:"蠹,木中虫。"引申为败坏、蛀蚀、损害之义,又比喻侵夺或损耗财物的人。小篆蠹字从木从蚰,表示蛀虫寄生木中;又作从蚰橐声,则变会意为形声。

蠹简 被蠹蚀的书籍。也作"蠹册"。

蠹书虫 比喻埋头苦读的人。含有食古不化、不合时宜之意。

shǔ

蜀

甲　　金　　篆

蜀为"蠋"的本字。甲骨文的蜀字，像一只眼部突出、身体盘曲的虫子，本指一种蛾类的幼虫。《说文解字》："蜀，葵中蚕也。"在后世典籍中，蜀多借用为古族名、国名和地名，其本义反而不为人所知，故另造从虫的"蠋"字来表示它。

蜀汉 三国时刘备称帝于蜀，国号汉，自称继汉室正统。旧史为区别于前汉后汉，称之为蜀汉，又称季汉。

蜀犬吠日 四川的狗冲着太阳叫，比喻少见多怪。

蚕 cán

（蠶）

甲　篆

蚕是蚕蛾科和天蚕蛾科昆虫的通称。幼虫能吐丝结茧，茧丝可用作纺织纤维。甲骨文的蚕字，像肥胖的桑蚕幼虫。小篆的蚕字从蚰朁声，则变象形而为形声结构。

蚕工　有关桑蚕的事务。
蚕女　养蚕的妇女。
蚕月　忙于蚕事之月，即农历三月。
蚕食　蚕食桑叶，比喻逐渐侵吞。
蚕头燕尾　形容隶书笔画起笔凝重，结笔轻疾。

篆

（繭）

　　茧是指某些昆虫的幼虫在变成蛹之前吐丝做成的壳，如蚕茧。小篆的茧字，其外形像茧壳，里面从虫从糸，表示茧壳乃是由幼虫吐丝做成的，而幼虫居于蚕壳之中。《说文解字》："茧，蚕衣也。"

　　茧眉　犹言蛾眉，形容妇女眉毛秀美。
　　茧纸　用茧丝制作的纸。
　　茧丝牛毛　形容细密。

蚀

shí

（蚀）

蚀字由虫、食会意，食又兼作声符。蚀本指虫类咬食草叶或蛀食树木，引申为吃、吞食之义，泛指损失、损伤、亏耗等。

蚀本　亏本，赔本。

蜿是形容蛇类爬行的样子。蜿字从虫从宛,宛又兼作声符。从虫表示类属,蛇属于爬虫类,而宛有曲折宛转之义。蛇类爬行蠕动,宛转曲折是其最明显的动态特征。由此又引申为弯曲延伸之义。

蜿蜒　形容山脉、道路等弯曲延伸的样子。

蜷 quán

蜷字由虫、卷会意,卷又兼作声符。卷有拳曲、蜷缩的意思,因此蜷本指虫类蜷曲成团的样子。《广韵》:"蜷,虫形诘屈。"又引申为蜷曲、屈曲之义。

蜷伏 弯着身体卧倒。

蜷曲 肢体等弯曲。

篆

蝙即蝙蝠，又名仙鼠、飞鼠，哺乳动物。形状似鼠，前后肢有薄膜与身体相连，夜间飞翔，捕食蚊、蚁等小昆虫。蝙蝠有如翼的薄膜，看起来外形扁薄，因此蝙字由扁、虫会意，表明它是一种外形扁薄的动物。《说文解字》："蝙，蝙蝠也。从虫，扁声。"则扁又兼作声符。

蝉 chán

(蟬)

甲　　篆

蝉是一种昆虫,俗称"知了",种类很多。雄虫的腹部有发音器,能连续不断发出尖锐的声音。甲骨文的蝉是个象形字,像蝉的背部俯视之形;小篆则变为从虫单声的形声字。《说文解字》:"蝉,以旁(膀)鸣者。从虫,单声。"过去认为蝉是靠翅膀振动发出声音的,故称蝉为"以旁鸣者"。

蝉纱　薄如蝉翼的纱绸。

蝉蜕　蝉所蜕之壳,又名"蝉衣",可入药。又比喻解脱。

蝉联　连续不断(多指连任某个职位或连续保持某种称号)。

萤

（螢）

  萤是一种飞虫的名称，俗称"萤火虫"。它的腹部末端有发光器，夜间闪烁发出微弱的荧光。萤字从虫从荧省，荧又兼作声符。荧指微光，表示萤是一种能发出微弱光亮的昆虫。

  萤雪　晋代的车胤以囊盛萤，孙康冬夜映雪，取光照以读书。后比喻贫士苦读。

wàn 万(萬)

甲　　　金　　　篆

甲骨文的万字，像一只巨螯屈尾的蝎子，其本义是蝎子。此字后来借用为数词，十百为千，十千为万；又极言数量之多，如万物、万象等；又引申为极其、非常、绝对等义，如万全、万无一失等。

万一　万分之一。又用作连词，表示假设。

万般　各种各样。又用作副词，表示极其、非常。

万万　数词，万万为一亿。或极言数量之多。又用为副词，表示绝对，断然。

金　　　篆

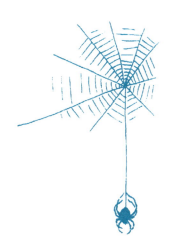

蛛，即蜘蛛，是一种节肢动物。它的尾部能分泌黏液，用来结网捕食昆虫。躯体较小而腿脚细长是蜘蛛的显著特征。金文的蛛字，正像一只腿脚细长的蜘蛛，上部是朱，代表蛛字的读音。小篆蛛字从黾朱声或从虫朱声，完全是个形声字。

蛛丝马迹　比喻隐约可寻的线索，依稀可辨的迹象。

它 tā

甲　金　篆

甲骨文的它字,像一条长身盘曲、头呈三角形的毒蛇,其本义即为蛇。由于它字后来借用为指称事物的代词,其本来的意义逐渐消失,于是新造"蛇"字来表示它的本义。

篆

巴即巴蛇,是古代传说中一种能吞食大象的巨蛇。如《山海经》记载:"巴蛇食象,三岁而出其骨。"小篆的巴字,好像一条口部奇大的巨蛇。此字后多用作国名和地名,又有贴近、靠近、急切盼望等义。

巴蜀　巴郡和蜀郡,包括今四川省全境。

巴结　尽力报效。又指奉承、讨好。

巴不得　希望之极。

lóng 龙 (龍)

甲　金　篆

龙是中国古代传说中一种善于变化、能兴云布雨的神异动物,为鳞虫之长。甲骨文、金文中的龙字,巨口长身有角,正是人们想象中的这种神异动物的形象。古代以龙为皇帝及皇家的象征,又比喻神异非常之人。

龙行虎步　形容人昂首阔步气势威武的样子。又指帝王仪态威武。

龙盘虎踞　形容地形雄伟险要。

龙凤　旧指帝王之相。又比喻贤才。

龙虎　形容帝王气派。又比喻英雄豪杰。

甲　　　金　　　篆

夔是古代传说中的一种山怪。《说文解字》："夔，神魖也。如龙，一足。"商周时代青铜礼器上多雕铸其形以为纹饰，也是似龙而只有一只脚的形象。而古文字的夔字字形近似"夒"（即猱，指一种猿类动物），只是比夒多了角，又突出其一足的特征而已。因此人们想象中的夔这种山怪的形象，可能经历了由猿到似龙过程。

náo 猱

甲　篆

[夒]

　　猱的本字为"夒"。《说文解字》:"夒,贪兽也。一曰母猴,似人。"猱实则是长臂猿的一种。甲骨文的猱字,像一侧蹲的动物,有耳有尾,手长脚长,略似人形,当属猿类无疑。

甲　　　篆

měng
黾
（黽）

甲骨文的黾字，像巨首、大腹、四足的蛙。小篆黾字字形讹省，渐失其形。黾是蛙类的总称；又特指金线蛙，似青蛙，大腹，也称"土鸭"。汉字中凡从黾之字，多属蛙、龟之类，如鼋、鼍、鳌等。又读 mǐn，表示努力、勉力。

黾勉　努力，尽力。

guī
龟
（龜）

甲　　金　　篆

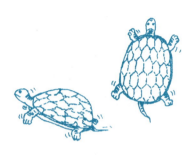

　　龟是两栖的爬行动物，俗称乌龟或水龟。龟身圆而扁，腹背皆有硬甲，四肢和头尾均能缩入甲内。甲骨文、金文的龟字，表现的是乌龟俯视和侧视的形象，其本义即为乌龟。

龟玉　龟甲和宝玉，都是古代极其贵重的东西，皆为国之重器。后因以龟玉指国运。

龟龄　相传龟寿百岁以上，因此用来比喻高龄。

甲　　　金　　　篆

yú 鱼（魚）

鱼是一种水生的脊椎动物，有鳞有鳍，用鳃呼吸。甲骨文、金文的鱼字，完全是一条鱼的形象，其本义即为鱼类。汉字中凡从鱼之字皆与鱼类有关，如鲤、鲨、鲜等。

鱼水　比喻人与人之间关系融洽，像鱼和水不可分离。

鱼目混珠　拿鱼的眼睛来冒充珍珠。比喻以假乱真。

渔 yú

（渔）

甲　　金　　篆

自古至今，人类捕鱼的方法主要有三种：一是下水徒手捉鱼，二是张网捕鱼，三是垂竿而钓。这三种捕鱼方法在甲骨文、金文的渔字字形中都有形象的反映。所以渔字的本义为捕鱼，后引申为掠夺、骗取之义。

渔猎　捕鱼打猎。又比喻泛览博涉。

渔利　用不正当手段谋取利益。

甲　金　篆

lǔ
鲁
(魯)

甲骨文、金文的鲁字，从鱼从口，像鱼在器皿之中，表示把鱼烹熟盛在盘碟之中，作为美味的菜肴。因此，鲁字有嘉、美之义。后来，鲁字被借用来表示莽撞、迟钝等义，而当"嘉"讲的本义反而罕为人知了。

鲁钝　笨拙，迟钝。

鲁国　周朝的诸侯国。

鲁鱼亥豕　在古文字中，鲁和鱼、亥和豕字形相近，容易写错，后世即以"鲁鱼亥豕"来代指书籍传抄或刊刻中的文字错误。

gǔn
鲧
（鮌）

金　篆

鲧是古代人名，相传为夏禹之父，封崇伯，因治理洪水无功，被舜帝流放羽山。金文的鲧字，像人手持钓竿钓鱼。说明鲧应该是一个熟悉水情渔业的人，因此舜帝才会派他去治水。

（鯊）

　　古代的鲨，是指生活在溪涧中的一种小鱼，常吹沙觅食。鲨字从鱼从沙，即体现出这种鱼在泥沙中觅食的习性。而现在人们常说的鲨鱼，是指生活在海洋中的一种庞大凶猛的鱼类，与鲨字本义无关。

jiān
鰜

（鰜）

鰜，鱼名，即比目鱼，一名鲽。鰜鱼的特异之处在于，它的双眼一般都长在身体的同一侧，故鰜字从鱼从兼，特别强调这种鱼身体一侧兼有二目，即所谓"比目"。兼又兼作声符。

chēng

称

甲　　金　　篆

（稱）

甲骨文、金文中的称字，像人用手提起一条鱼的样子。它的本义为提、举，引申为称量，又引申为举荐、颂扬、声言。又读 chèn，表示相当、符合。

称兵　举兵、兴兵。
称赞　称誉赞扬。
称举　举荐、称道。
称心　符合心意。

gòu 遘

| 甲 | 金 | 篆 |

　　遘是一个会意字。甲骨文的遘字,像两条鱼在水中相遇,鱼嘴相交,表示相遇、相交的意思。所以,遘的本义为相逢、遭遇。此字又加止或辵(辶),是为了强调行为动作。

遘祸　遭受祸患。
遘闵　遭遇父母之丧。

甲　　金　　篆

鸟是所有飞禽的总称。甲骨文、金文的鸟字，正像一只头、尾、足俱全的鸟。在汉字中，凡以鸟为部首的字大都与禽类及其行为有关，如鸡、莺、鸭、鹅、鸣等。

鸟瞰　指从高处俯视下面的景物，引申为对事物的概括性看法。

鸟道　指险绝的山路，仅通飞鸟。如李白《蜀道难》："西当太白有鸟道，可以横绝峨眉巅。"

鸟篆　篆体古文字，形如鸟迹，故称。

鸟尽弓藏　鸟尽则弓无所用，比喻事成而功臣被害。

zhuī 隹

甲　金　篆

甲骨文、金文的隹字,像一头、身、翅、足俱全的鸟,其特征是尾部较短。按照《说文解字》的说法,"隹"是短尾巴鸟的总称,而"鸟"是长尾巴鸟的总称。在汉字中,凡从隹的字都与鸟类有关,如焦、集、雉、雕、雀等。

金　　　篆

（烏）

金文的乌字，像一只大嘴朝天、有眼无睛的鸟。乌为鸟名，指乌鸦。由于乌鸦性喜夜啼，所以特别突出它的嘴；又因为它全身黑色，与眼珠的黑点浑同一色，故只见眼白不见眼珠，所以金文的乌字，字形有眼无睛。此外，乌又是黑色的代称。

乌衣　黑衣，古时贱者之服。

乌鸟情　指乌鸟反哺之情，比喻奉养父母的情怀。

乌有先生　虚拟的人名，本无其人。

乌合之众　像乌鸦一样聚合的群众，指无组织纪律的一群人。

乌烟瘴气　比喻环境嘈杂、秩序混乱或社会黑暗。

yàn 燕

甲　　篆

　　甲骨文的燕字，像张开翅膀飞翔的燕子，其本义即为燕子。古代燕与宴、晏读音相同，因此燕字可借用为"宴"，有宴饮之义；又可借用为"晏"，有安逸、和乐等义。

　　燕雀　燕和雀皆为小鸟，不善高飞远翔。比喻胸无大志且无足轻重的小人物。

　　燕游　宴饮游乐。燕，通"宴"。

　　燕尔新婚　新婚和乐。燕，通"晏"。

甲　　篆

雀是指一种体形较小的鸟，常见的有麻雀、山雀等。古文字的雀字，从小从隹（短尾鸟之总称），专指那些体形小、尾巴短的鸟。又泛指小鸟。

雀息　屏住呼吸，不敢发出声音。
雀跃　高兴得像雀儿一样跳跃。

fèng 凤（鳳）

甲　篆

凤是传说中的瑞鸟，是鸟中之王。甲骨文的凤字，像一只长尾巴的鸟。此鸟头上有冠，尾羽上有华丽的图案，其实就是孔雀的形象；有的凤字还加上声符凡。小篆的凤字是一个从鸟凡声的形声字。因为凤是人们心目中的神瑞之物，所以凤具有美好、祥瑞的含义，如称盛德为"凤德"，称美丽的文辞为"凤藻"，称文才荟萃之地为"凤穴"，而皇帝或仙人所乘之车为"凤车"，皇帝居住的京城叫"凤城"等。

凤凰　传说中的鸟名，雄曰凤，雌曰凰，现在则统称为凤凰。

jī 鸡（鷄）[雞]

甲　　金　　篆

鸡是一种家禽。甲骨文、金文的鸡，是一个象形字，像一只头、冠、嘴、眼、身、翅、尾、足俱全的鸡；小篆以后，鸡字变成一个从隹（或鸟）奚声的形声字；简化的鸡字从又从鸟，则离其原来的形象越来越远了。

鸡肋　鸡的肋骨，吃起来肉不多，但扔了又可惜，比喻那些乏味又不忍舍弃之物。

鸡口牛后　比喻宁在局面小的地方自主，不愿在局面大的地方受人支配。

鸡犬升天　相传汉朝淮南王刘安修炼成仙后，剩下的丹药散在庭院里，鸡和狗吃了也都升了天。后来比喻一个人做了大官，同他有关系的人也都跟着得势。

瞿 qú

瞿

篆

瞿字从隹从二目，本指鹰隼一类鸷鸟眼大而明锐的样子。所以《说文解字》云："瞿，鹰隼之视也。"人受惊会不由自主睁大眼睛，因此瞿也指人惊恐回顾的样子，又引申为惊愕、惊悸的意思，读 jù。后用作姓氏，读 qú。

金　　　　篆

翟字本是一个象形字。金文的翟字,像一只头上长着一撮鸡冠形羽毛的鸟。小篆从羽从隹,变成会意字。翟本指长尾巴的野鸡;引申指野鸡的尾毛,古代将其用作服饰或舞具。翟又通"狄",指古代北方地区的民族。又用作姓氏,读 zhái。

翟茀(fú) 古代贵族妇女所乘的车,以雉羽作障蔽,称翟茀。

zhì

雉

甲　　篆

雉字从矢从隹，是个会意字，表示用箭射鸟，又指猎取到的禽类。古代射猎的禽类中以野鸡为最多，所以到后来雉就专指野鸡。此外，雉还借用为计算城墙面积的单位名称，以长三丈高一丈为一雉；又引申指城墙。

雉堞　泛指城墙。

jiù 旧（舊）

甲　金　篆

　　旧本是一种鸟的名称，这种鸟又称鸱鸮（chīxiāo），即猫头鹰。据说鸱鸮非常凶猛，常常侵占其他鸟的窝巢，猎食幼鸟。甲骨文、金文的旧字，像一只鸟足踏鸟巢，正是鸱鸮毁巢取子的形象。此字后来多用为陈旧之义，与"新"相对；其本义则逐渐消失。

　　旧观　原来的样子。

　　旧居　从前曾经住过的地方。

　　旧调重弹　比喻把陈旧的理论、主张重新搬出来。又作"老调重弹"。

隹 yì

篆

古人射猎禽鸟,往往在箭尾系绳,以防射伤的禽鸟带箭逃脱,难以寻觅。这种方法,称为"弋射"。隹字从弋从隹,其本义即为弋射飞鸟。《说文解字》:"隹,缴射飞鸟也。从隹,弋声。"则弋又兼作声符。

甲　　　篆

chú
雏
（雛）

雏是一个典型的形声字，其本义为小鸡。《说文解字》："雏，鸡子也。从隹，刍声。"由小鸡引申为幼鸟，也泛指初生的动物。

雏凤　幼凤，比喻有才华的子弟。

huò 获（獲）

| 甲 | 金 | 篆 |

获本指打猎时捕获的禽兽，用作动词，表示出猎而有所得，引申为俘获、收获、得到等义。甲骨文、金文的获字，从又从隹，像捕鸟在手之形，与解释为"鸟一枚"的"只（隻）"字同形，属会意字。小篆获字变成从犬蒦声的形声字。

què 鹊

金　篆

[䧿]

喜鹊嘴尖、尾长、叫声嘈杂。民间传说听见它叫将有喜事来临，所以称为喜鹊。金文和小篆的鹊字，像一只张嘴的鸟，主要是强调喜鹊叫声响亮嘈杂的特点。后来另造从隹（或鸟）昔声的䧿（或鹊）字来代替它。

枭 xiāo

（梟）

篆

枭，鸟名，也作"鸮"，俗称猫头鹰。旧时传说猫头鹰吃自己的生母，人们认为它是一种不孝之鸟；而且它形象凶猛，因此用来比喻恶人。旧俗：夏至之日，捕捉枭鸟，裂解肢体，将鸟头悬挂树上，以示除灾。故《说文解字》云："枭，不孝鸟也。日至，捕枭磔之。从鸟头在木上。"后世枭字多引申为凶狠、专横、豪雄等义。

枭首 古代酷刑，斩头并悬挂示众。
枭雄 强横而有野心的人物。

| 甲 | 金 | 篆 | míng 鸣（鳴） |

鸣字从口从鸟，本义为鸟叫；后来野兽、虫类的叫，都可称为"鸣"，如蝉鸣、驴鸣、鹿鸣等；后引申为敲响、发出响声等义，如鸣鼓、鸣钟、鸣枪、鸣炮、孤掌难鸣（一个巴掌拍不响，比喻一个人力量薄弱，难以成事）。

xí 习(習)

甲　　篆

甲骨文的习字从羽从日，羽即羽毛，代表鸟的翅膀，表示鸟儿在日光下练习飞翔。《说文解字》："习，数飞也。"所以，习本指鸟儿练习飞翔，泛指学习、练习、复习，引申为通晓、熟悉之义，又指惯常、习惯。

习气　长期以来逐渐形成的坏习惯或坏作风。

习性　长期在某种自然条件或社会环境下所养成的特性。

习用　经常用，惯用。

习非成是　对于某些错的事情习惯了，反而认为是对的。

huò

霍

| 甲 | 金 | 篆 |

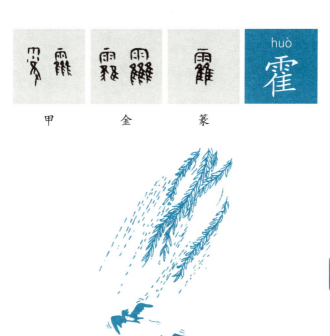

　　古文字的霍字像众鸟在雨中飞翔，本指鸟儿飞动的声音；又可作为一般象声词，如磨刀霍霍。又引申出迅疾、涣散等义，如霍然而愈（疾病迅速好转）、电光霍霍（电光闪动迅疾）等。后来把轻散财物称为"挥霍"，就是取其涣散之义。

fèn 奋 (奮)

金　篆

　　金文的奋字，从隹从衣从田，其中的衣象征鸟儿的翅膀，表示鸟儿在田间振翅飞翔。奋的本义为鸟儿张开翅膀飞翔，引申为举起、摇动、鼓动，又引申为振作、发扬。

奋飞　鸟振翅高飞，比喻人奋发有为。

奋勇　鼓动勇气。

奋臂　高举手臂，振臂而起。

奋不顾身　勇往直前，不顾己身之安危。

进 jīn (進)

甲　金　篆

进字是个会意字。甲骨文的进字,从隹从止,隹即鸟,止即趾,表示行走,所以进是鸟行走或飞行的意思。金文进字又增加一个表示行动的符号彳,就更加突出前进之义。进的本义为前行,即向前移动,与"退"相对;又指进入,与"出"相对。此外,进又有推荐、呈进之义。

进退维谷　进退两难。谷,比喻困难的境地。

fēi 飞

篆

(飛)

　　小篆的飞字,像鸟儿张开翅膀在空中飞翔的样子,它的本义即为飞翔。引申言之,凡物在天空飘荡,都叫"飞",如飞蓬、飞雪。飞还可以用来形容快速、急促。

　　飞扬　飞舞,飘扬。又比喻精神振奋,意志昂扬。

　　飞扬跋扈　指骄横恣肆,不守法度。

　　飞短流长　指流言蜚语,说短道长,造谣中伤。

fēi 非

金　　篆

金文的非字，像两只反向的鸟翅。鸟儿张翅飞翔则两翅必相背，因此非的本义为违背，引申为责难、诋毁。非又指过失、不对，引申为不、不是。

非凡　不平凡，不寻常。

非同小可　指事关重大，不可轻视。

jí 集

| 甲 | 金 | 篆 |

  古文字的集字,像鸟飞落在树枝上,表示栖息。鸟类栖息,大多成群结队,因此金文和小篆的集字有时写三个隹,表示许多鸟停在树上,表达聚集、集合之义。

甲　　篆　　zào 喿

喿为"噪"的本字。喿字从木上三口,表示很多鸟在树上张口噪叫,本义为鸟群噪鸣,引申为吵闹。此字后加口旁而为"噪",于是又产生了一个从口、喿声的形声字。

雠 chóu

（讎）

金　篆

　　雠字是个会意字。金文雠字是面对面的两只鸟，中间的言表示两鸟啼叫。雠的本义为对答、应答，引申为相对、对等、相当之义，又引申指对手、仇敌。此外，雠字还有应验、校对之义。

雠问　指辩驳问难。
雠校　校对文字。
雠隙　仇恨、嫌隙。

只 (隻) zhī

甲　金　篆

作为量词的只字,在甲骨文、金文和小篆中,均像一手抓住一只鸟的样子,其本义为一只、一个。后来引申为单、单数,与"双"相对。如《宋史》:"肃宗而下,咸只日临朝,双日不坐(从唐肃宗李亨之后,都是单日上朝,双日就不坐朝问政)。"这个字的简化字字形,乃是借用了另外一个同音字的字形。只又有仅仅、只有等义,是"衹"字的简化字。

双 shuāng

雙 篆

（雙）

一只为只，两只为双。一手捉住两只鸟，这就是古文字的双字。所以，双的本义是两个、一对，引申为偶数，与"单"相对。

双关 用词造句时表面上是一个意思，而暗中还隐藏着另一个意思。

双管齐下 原指画画时两管笔同时并用，比喻两方面同时进行。

双飞双宿 比喻夫妻或情侣同居同行。

jiāo

焦

金　篆

金文的焦字从隹从火，像用火烤鸟。小篆从三隹在火上，则表示烤了很多鸟。焦的本义为烤鸟，引申为物体经火烤而呈干枯状态，又泛指干枯、干燥，还可以表示人心里烦躁、烦忧。

焦土　指焚烧后的土地。泛指干枯的土地。

焦心　心情忧急。

焦渴　干渴。又比喻心情急切。

焦金流石　金属烧焦，石头熔化，极言阳光酷烈。

焦头烂额　救火时烧焦头、灼伤额。比喻处境十分狼狈窘迫。

甲　　　金　　　篆

甲骨文、金文的彝字，像一个人双手抓住一只反缚双翅的鸡，鸡头旁两点代表杀鸡时溅出的血滴，表示杀鸡取血祭祀。彝的本义为杀鸡祭祀，又泛指祭器，又专指古代一种盛酒的器具。此外，彝还有法度、常规的意思。

彝器　古代青铜祭器，如钟鼎尊俎之类。

彝伦　天地人之常道。

yǔ
羽

甲　　篆

甲骨文的羽字，像鸟类羽翼，本指禽类翅膀上的毛，所以由羽字组成的字大都与羽毛或翅膀有关，如习（習）、翎、翔、翻、翼等。羽又是鸟类的代称，如奇禽异羽。羽还可以代指箭矢，因为古代箭尾绑有羽毛，使箭在飞行时定向。如负羽从军，就是背负着箭矢去参军打仗。

yì 翼

甲　　金　　篆

　　翼本来是个象形字。甲骨文、金文的翼字，像鸟的羽翅，或作双翅翻飞之状，其本义即为鸟的翅膀。晚期金文及小篆的翼字，又加上羽或飞作为义符。鸟翅生在身体两侧，因此翼指物体的两侧部分，如机翼，又指战地的两侧或左右两军。此外，翼还可用作动词，有遮蔽、辅助等义。

翼翼　小心谨慎的样子。
翼卫　护卫。
翼蔽　隐蔽，掩护。
翼戴　辅佐拥戴。

篆

翕字由合、羽会意，表示鸟儿收拢翅膀，其本义为闭合，引申为收缩、敛息以及合、聚、和顺等义。

翕动 （嘴唇等）一张一合地动。

翕张 一合一开。

翕忽 迅疾的样子。

翕然 一致的样子。

fān
番

金　　　篆

番为"蹯"的本字。金文番字从采从田,采像野兽的脚掌印,表示野兽在田间留下的足迹。番的本义为兽足,引申为更替、轮值之义,又用作量词,相当于"次"。旧时汉族蔑视外族,称少数民族或外国为"番邦",即野蛮之邦。

番地　旧时指我国西部边远地区。

番役　轮番服役。又指缉捕罪犯的差役,也称"番子"。

pí
皮

金　　篆

　　金文的皮字,像用手(又)剥取兽皮,其本义即为兽皮,又指经过加工脱去毛的兽皮,即皮革。皮还可泛指一切物体的表面层,如树皮、地皮等,引申为表面、肤浅等义,如皮相(指肤浅的认识或只看表面)等。

　　皮之不存,毛将焉附　连皮都没有了,毛依附在哪儿呢?比喻事物失去了借以生存的基础,就不能存在。

ròu
肉

甲　篆

　　古文字的肉字,像一块带肋骨的牲肉,其本义为动物的肉,又引申为植物果实可以食用的部分,如枣肉、笋肉、龙眼肉等。汉字中凡以肉(月)为偏旁的字大都与人和动物的肌体有关,如肠、股、脚、腰、脸等。

甲　　金　　篆

古文字的有字，从又从肉（月），像人手持肉块，表示持有。有的本义为占有、取得，与"无"相对，引申为存在。

有口皆碑　人人满口称颂，像记载功德的石碑。
有备无患　事先有准备，可以避免祸患。

篆

小篆的炙字,从肉在火上,表示用火烤肉。它的本义为烧烤,又指烤熟的肉。

炙手可热 火焰灼手。比喻权势和气焰很盛。

炙冰使燥 用火烤冰,想使它干燥。比喻所行与所求相反。

篆

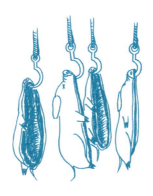

胖字由半、肉（月）会意，本指古代祭祀时用的半边牲肉，这个意义读 pàn。半边牲肉是一大块，因此胖字又指大肉。《说文解字》："胖，半体肉也。一曰广肉。从半从肉，半亦声。"则半又兼作声符。后世多用为肥大之义，与"瘦"相对。

甲　　　篆

骨，即骨骼，指人或动物肢体中坚硬的组织部分。甲骨文的骨字，像一堆剔去肉的骨头；小篆骨字加肉（月）旁，强调它是身体的一部分。汉字中凡从骨的字都与骨骼有关，如骷、骰、骼、髀、髓等。

骨干　支撑人或动物形体的骨架，比喻在整体中起主要作用的人或事物。

骨肉　比喻紧密相连、不可分割的关系。又指至亲，如父母兄弟子女等。

骨格　指人的品质、风格。又指诗文的骨架和格式。

dǎi

歹

甲　　篆

歹本指剔去肉的残骨,在古文字中写作"歺",读è。甲骨文的歹字,正像残骨之形,有的还在残骨旁加点表示骨上剔剩的碎肉。在汉字中,凡从歹的字,均与细碎、残败、枯朽、死亡、疾病、灾祸等义有关,如残、殚、殄、殊、歼、殇、死、殡、殃等。后世读dǎi的同形字"歹",表示的是一个从蒙古语中借来的词,意为恶、坏,与"好"相对,如歹人、歹毒等。

jiǎo 角

甲　金　篆

甲骨文和金文的角字,像兽角之形,其本义即为兽角,如牛角、羊角、鹿角等。牛羊之类的角,是护身和决斗的一种武器,所以把比武和决斗定胜负称为"角力"。此外,角在上古时曾充当饮酒的容器,后来用作计量单位,所以以角为偏旁的字多与酒器和量器有关,如觚、觞、斛等。角表示竞争、戏剧角色时,读jué。

角逐　争夺,竞争。

角色　演员扮演的剧中人物。

甲　　金　　篆

甲骨文的解字，像两手分开牛角，其本义为剖开、分解肢体，如庖丁解牛；引申为解开、消散、分裂、脱去、排除等义；进一步引申，还有分析、解释、理解、晓悟等义。此外，解字又是一个多音字：表示押送之义的解应读jiè；而作为姓氏的解，则应读xiè。

解人　见事高明能通晓人意者。

解决　排难解纷，做出决断。

解放　除罪释放。现在指解除束缚，得到自由。

解衣推食　赠人衣食，指关心别人生活。

解（jiè）元　科举时，乡试第一名称为解元，也称解首。因乡试本称解试，故名。

金　篆

金文的毛字，像人或动物的毛发。它本指人和动物身上的毛发，泛指动植物的表皮上所生的丛状物，引申为粗糙的、未加工的。从毛的字大都与毛发有关，如毡、毫、毯等。

毛皮　带毛的兽皮，可制衣、帽、褥子等。

毛糙　粗糙，不细致。

毛茸茸　形容动植物细毛丛生的样子。

毛骨悚然　形容很害怕的样子。

máo

篆

氂是个会意兼形声字。氂字由犛（省牛）、毛会意，犛即牦牛。氂本指牦牛的尾巴，也泛指其他兽尾。《说文解字》："氂，牦牛尾也。从犛省从毛。"毛又兼作声符。氂多引申指长毛，又引申为毛织物，还可与犛通用，专指尾毛细长的牦牛。

zhú 竹

金　　篆

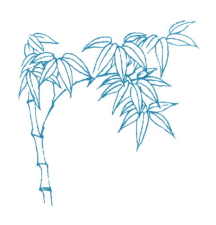

竹,即竹子,是一种多年生的禾本科常绿植物。金文的竹字,像两枝下垂的竹枝。在古书中,竹还可以代指竹简和竹制管乐器,如笙箫之类。

竹帛　竹指竹简,帛指白绢。古代未使用纸张之时,多以竹简和绢帛为书写材料。后用以指书册、史籍。

篆

竿即竹竿。竿字由竹、干会意,干又兼作声符。干是指物体的主体部分,而竹竿即是截取竹子的主干而成的。《说文解字》:"竿,竹梃也。从竹,干声。"段玉裁注:"梃之言挺也,谓直也。"竹竿挺直,故又称竹梃。其用途颇多,可以用作抬物的竹杠,也可以用作撑船的长篙。

cè 策

| 金 | 篆 |

策的本义为马鞭。小篆的策字，从竹从朿（朿又兼作声符），表示这种鞭马的工具最初是由竹条或棘条做成的。策由马鞭引申为鞭打、驾驭、督促、勉励等义。此外，策又指古时用于计算的小筹条。这种筹条可以用来占卜，与蓍草的作用相当。金文的策字或作从竹从片从斤，表示这是用利器削制而成的小竹片。策用于计算，因此又有谋算、谋划、谋略等义。同时，策还可以通"册"，指简册。

策士　谋士。
策划　筹谋，计划。
策府　古代帝王藏书之所。同"册府"。
策应　指两部分军队配合协同作战。

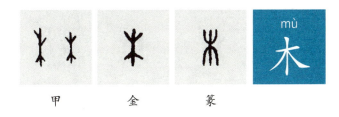

甲　　　金　　　篆

木是一个象形字，字形像一棵小树，上有枝，下有根，中间是树干。所以，木的本义为树，是木本植物的通称；现在多用于指木材、木料，如木马、木工、木屐、木偶等。在汉字中，凡以木为偏旁的字，大都与树木有关，如本、末、果、析等。

lín
林

| 甲 | 金 | 篆 |

　　林字由两个木组成，表示树木众多，其本义是成片的树木。引申为人或事物的会聚丛集。如帆樯林立、儒林、艺林、民族之林、书林等。

林泉　山林与泉石，指幽静宜于隐居之地。
林莽　指草木茂盛的地方。
林林总总　林林，纷纭众多的样子。形容事物繁多。

甲　　　篆

森字由三个木组成,是树木众多、丛林茂密的意思。林木茂密,往往给人一种阴沉、幽暗、肃穆之感,所以森又有阴森、森严之义。

森林　指丛生的群木,现在通常指大片生长的树木。

森罗万象　指纷然罗列的各种事物或现象。

yì 艺（藝）

甲　金　篆

　　甲骨文、金文的艺字，像一个人双手捧着一棵树苗，树下有土。它的本义为栽树，泛指种植。种植在古代可以说是一种非常重要的生活技能，所以艺又引申指某种特殊的才能或技术，如艺术、工艺等。

　　艺术　古代泛指各种技术技能。

| 甲 | 金 | 篆 | xiū 休 |

休字从人从木,像一个人背靠大树乘凉歇息的样子,其本义即为歇息,又有停止之义。能够背靠大树休息一下,对于在炎炎烈日下从事田间劳动的人来说,无疑是一种美好的享受。因此,休又有美好、吉利、喜乐等义。

休养生息 休养,休息调养;生息,人口繁衍。指在战争或社会大动荡后,减轻人民负担,恢复生产,安定社会秩序。

休戚相关 休,喜悦,吉利;戚,忧愁,悲哀。忧喜、祸福彼此相关联。形容关系密切。

zhī 支

金　篆

支为"枝"的本字。金文的支字，像人手持一条小树枝（或竹枝）的样子。支的本义为枝条，引申为分支、支派、支流；用作动词，有伸出、竖起、支撑、支持、分派、指使等义。

支吾　言语含混闪躲，有应付搪塞的意味。
支使　唆使或指派别人做事。
支配　调度。

金　　　篆

古文字的朱字,像一棵树,中间的一点或短横为指示符号,指明树干所在的位置。朱本义为树干,是"株"的本字。后来朱字多借用来指一种比较鲜艳的红色,即朱红,故另造"株"字来表示它的本义。

朱门　红漆门。古代王侯贵族的住宅大门漆成红色,表示尊贵,故称豪门大户为朱门。

朱批　清代皇帝在奏章上用红笔写的批示。

金　　　篆

本的本义为树木的根。从本字的字形看,是在木的根部加上一圆点或短横,以指明树根的位置。由此引申出根本、基础、本体、主体等意义。

本末　树木的根和梢,用以比喻事物的始终、原委或主次、先后。

本末倒置　主次颠倒。

本质　事物的根本性质。

金　　篆

末的本义为树梢。从末字的字形看,是在木上加一圆点或短横,以指明树梢所在的位置。末由树梢之义,引申为事物的顶端、尾部,再引申为最终、最后、非根本的、不重要的,再进一步引申为细小的、渺小的、浅薄的等义。

末流　河水的下游,比喻事势的后来发展状态,又指衰乱时代的不良风习。

末路　绝路,比喻没有前途。

末节　小节,小事。

末学　肤浅、无本之学。

wèi 未

甲　　　金　　　篆

古文字的未字，像树木枝叶重叠的样子，表示枝叶茂盛。此字后来多借用为干支名，表示地支的第八位，其本义不再使用。此外未又可以用作否定副词，表示没有、不曾等意义。

未来 佛教语。泛指现在以后的时间。

未然 还没有成为事实。

未遂 没有达到（目的）。

未雨绸缪 趁着天没下雨，先修缮房屋门窗。比喻事前准备或预防。

| 甲 | 金 | 篆 | méi 枚 |

甲骨文、金文的枚字,像人手持刀、斧一类利器砍树枝,削去旁枝,留下主干,使成棍状,因此枚字的本义是小树干、小木棍。《说文解字》:"枚,干也。可为杖。从木从支。"又用作量词,相当于"个""件"。

枚卜 古代以占卜法选官,逐一占卜,故也称选官为"枚卜"。

枚举 一一列举。

bǐng 柄

甲　篆

柄字从木丙声，是个形声字。小篆的柄或从秉。秉有执持之义，而柄的本义为器物的把手，是便于手执之处，则由秉、木会意，秉又兼作声符，属于会意兼形声的结构。柄字由把手之义，引申为根本，又比喻权力；用作动词，则有执掌、主持之义，通"秉"，如柄国、柄政等。

柄臣　掌权的大臣。
柄用　被信任而掌权。

wù 杌

杌,又称"杌凳",俗称"兀子",是一种矮小的板凳,下部有脚,上面为一平板。杌字由木、兀会意,兀有顶端平坦之义,表示这是一种顶部为一简单平面的坐具,以区别于带靠背的椅子。

杌陧 (指局势、局面、心情等)不安。也作"阢陧""兀臬"。

chà
杈

杈字由木、叉会意,叉又兼作声符。叉是分叉、岔开的意思,因此杈字本指树干的分枝或树枝的分岔,又指叉形的用具,如鱼杈、禾杈等。

杈子 旧时为了阻拦人马所设的木架,由一横木连接数对两相交叉的竖木。也称"行马",俗称"拒马叉子"。

篆

梁字由水、木会意,又加刅作声符,它的本义是水上的木桥。《说文解字》:"梁,水桥也。从木从水,刅声。"段玉裁注云:"梁之字,用木跨水,则今之桥也。"又指堰坝、河堤、屋梁檩木以及隆起成长条的事物,如山梁、鼻梁等。

梁木 栋梁之材。又比喻肩负重任的人。

梁上君子 窃贼的代称。典出《后汉书·陈寔传》。

léng
楞

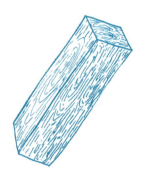

楞字由木、四、方会意,表示木块或木器外形四方有棱角,其本义即为棱角。同"棱"。

楞层　狰狞、严厉的样子。

楞梨　梨的一种。

篆

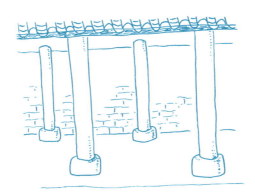

古代的房屋多为木构建筑,以梁和柱支撑。柱是建筑物中直立的起支撑作用的构件,其作用最为重要,一般都要选用比较粗大且挺直的木材。柱字由主、木会意,表示在房屋木构建筑中,立柱起主要支撑作用。《说文解字》:"柱,楹也。从木,主声。"则主又兼作声符。

柱石　柱子和柱子下面的基石。又比喻担负重任的人。

柱天　撑天,支天。

méi 楣

篆

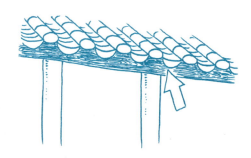

楣,即屋檐边椽木底端的横板,有时又指门框上边的横木(即门楣)。其位置大致相当于人的眉部,故楣字由木、眉会意。《说文解字》:"楣,秦名屋㮰联也。齐谓之檐,楚谓之梠。从木,眉声。"则眉又兼作声符。

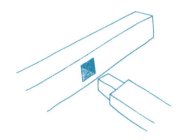

枘即榫（sǔn）头。从结构上分析，枘是一个会意兼形声字。它由木、内会意，表示木榫头可以插入凿空的卯眼之内。内又兼作声符。

枘凿 "方枘圆凿"的省称，即以方榫插圆卯，难以插入，比喻两不相合，格格不入。也作"凿枘"。

栅 zhà

篆

栅，即栅栏。古代的栅栏是用竖木条编联而成，现在的栅栏则多用铁条。栅字从木从册，册像栅栏之形。《说文解字》："栅，编树木也。从木从册，册亦声。"则册又兼作声符。

甲　　　金　　　篆

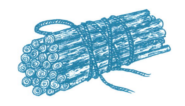

困字从木在囗中，实即"捆"的本字，表示柴木被绑束，引申为被困，使处于困境险地，又有艰难、窘迫、贫乏、短缺、疲惫等义。

困乏　贫困。又指疲倦。

困厄　窘迫，贫苦。

困学　遇困难而后学，后泛指刻苦求学。

困兽犹斗　被围困的野兽仍要做最后挣扎，比喻在绝境中还拼命抵抗。多用作贬义。

漆 qī

篆

漆的本字为"桼"。小篆的桼字,像树上有液体流出,其本义为漆树,又指用漆树皮里的黏液制成的涂料。《说文解字》:"桼,木汁可以漆物,象形,桼如水滴而下。"

甲　　金　　篆

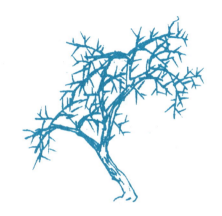

朿是"刺"的本字。甲骨文、金文的朿字,像一棵长满尖刺的树。它的本义是树上的刺。《说文解字》:"朿,木芒也。"芒,即尖刺。汉字中凡从朿之字,都与带刺的树木有关,如枣、棘等。

枣 zǎo

（棗）

金　篆

　　枣，即枣树，属乔木，幼枝上有刺，结核果，味甜可食，木质坚硬，是制作器具、雕版等的常用材料。枣字由上下两个朿重叠而成，表示它是带刺的高大乔木，而非低矮丛生的灌木。

枣本　以枣木刻版印刷的书。

枣梨　指木刻书版。古人以梨木、枣木为雕刻书版的上选材料。又作"梨枣"。

| 金 | 篆 |

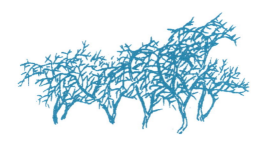

棘是一种丛生的小枣树,即酸枣树。棘字由两个束并列组成,表示它是一种低矮丛生的带刺小灌木,而非高大的乔木。此外,棘还泛指山野丛生的带刺小灌木和带刺的草本植物。

shù 束

甲　　　金　　　篆

　　古文字的束字，像用绳索捆扎口袋两端，有的形体则像捆绑木柴。所以，束字的本义为捆绑，后来又引申为管束、束缚等义。

甲　　　金　　　篆

小篆的巢字，下面是木，木上是鸟巢形，巢上的三曲则像巢中幼鸟伸出来的头嘴，表示鸟儿在树上的窝巢中栖息。所以巢字的本义是鸟窝，也泛指其他动物的窝，如蜂巢、蚁巢等。

巢穴　鸟兽藏身栖息的地方。穴指洞穴。

西 xī

甲　　金　　篆

甲骨文、金文的西字，像一个鸟巢。小篆的西字，在鸟巢之上添一道像鸟的曲线，表示鸟在巢上。所以，西的本义为鸟巢，又有栖息之义。百鸟归巢栖息，一般在黄昏太阳落山的时候，因此西又可用作方位词，指太阳落山的方向——西方，与"东"相对。

西风　指秋风。

西天　我国佛教徒称佛祖所在的古天竺为"西天"，即今印度。

甲　　　　金　　　　篆

果是一个象形字。甲骨文的果字,像一棵树上结满果实的样子;金文果字的果实减为一个,但果形更大更突出;小篆果字则将果形误为田,意思就不明显了。果字本义是树木所结之实,引申为事物的结局(如结果),又有充实、饱满以及决断等义。

果报　即因果报应,佛教语。通俗一点讲,就是所谓的善有善报,恶有恶报。

果腹　吃饱肚子。

果断　有决断,不迟疑犹豫。

mǒu 某

金　　篆

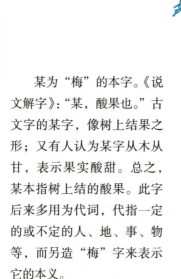

某为"梅"的本字。《说文解字》:"某,酸果也。"古文字的某字,像树上结果之形;又有人认为某字从木从甘,表示果实酸甜。总之,某本指树上结的酸果。此字后来多用为代词,代指一定的或不定的人、地、事、物等,而另造"梅"字来表示它的本义。

甲　　　　金　　　　篆

甲骨文的栗字，像一棵树的枝上结满果实，果实的外壳长满毛刺。这种长满毛刺的果实就是栗子，俗称"板栗"。栗本指栗子，又指栗树。因栗子内壳坚硬，外皮毛刺繁密，因此栗又引申出坚硬、严密之义。此外，栗又通"慄"，指因恐惧或寒冷而发抖。

栗烈　犹凛冽，形容严寒。

栗缩　战栗畏缩。

叶 yè

（葉）

金　篆

叶是植物的营养器官之一，多呈薄片状。金文的叶字，上部的三点即像树枝上的叶片。小篆叶字增加草头，表明叶子本身具有草本的特质。而简体的叶字，则是用了一个音近的假借字。

叶落归根　比喻事物有了一定的归宿，多指客居他乡的人终究要回到本乡。

金　　　篆

　　古文字的世字，像树枝带叶之形，当即"叶"的初文，引申为世代之义。古人以三十年为一世，父子相继也为一世，人的一生也称为一世。

　　世界　原为佛家语，指宇宙。其中世指时间，界指空间。又专指人间。

　　世传　世世代代相传下来。

　　世道　指社会状况。

　　世风　社会风气。

　　世故　处世经验。又指处事待人圆滑，不得罪人。

　　世交　上代就有交情的人或人家。又指两代以上的交情。

　　世面　社会上各方面的情况。

　　世态　指社会上人对人的态度。

　　世袭　指帝位、爵位等世代相传。

ěr

尔（爾）

甲 金 篆

甲骨文及早期金文的尔字，像花枝累垂之形，表示花朵繁茂，当即"薾"的本字。后借用为第二人称代词，相当于你、你们；又用为如此、这、那等义。

尔尔　如此而已。也是应答词，犹言"是是"。

尔曹　犹言你们这些人。

尔虞我诈　指互相欺骗，互不信任。虞，欺骗。

篆

小篆的朵字,从木,上部像树上的花朵,其本义为花朵,后用作计算花朵的量词。因人及其他哺乳动物的耳朵形如花朵,故又借用为耳朵之朵。而耳朵位于头面的两侧,故朵又转指两侧。

朵楼　正楼两旁的附楼。

朵颐　鼓动两边的腮颊嚼食的样子。现在常用来形容痛快淋漓地享受美食的样子。

sāng 桑

甲　　　篆

桑即桑树，是一种阔叶乔木，其叶可用来喂蚕。甲骨文的桑字是个象形字，像一棵枝叶繁茂的树。小篆的桑字，树叶与枝干分离，叶形又讹变成三个"又"，已失去象形的意味。

桑梓（zǐ）　桑树和梓树，代指家乡。

桑榆暮景　落日的余晖照在桑树和榆树树梢上，比喻年老的时光。

甲　　金　　篆　　cǎi 采

[採]

采是一个会意字。甲骨文的采字,像一个人用手去采摘树上果实或树叶,其本义为摘取,引申为搜罗、收集。金文、小篆的采字从爪从木,略有简化;而繁体楷书增加手旁,则属繁化。其实,采字上部的"爪"就是手形,增加手旁,是没有必要的重复,所以简化字的采字是没有手旁的。

采风　古代称民歌为"风",因称搜集民间歌谣为"采风"。

huá 华 (華)

甲　金　篆

华为"花"的本字。甲骨文的华字,像一棵树上繁花盛开。所以,华的本义是树上开的花,后来泛指草木之花。鲜花盛开,焕发出美丽光彩,象征着繁荣茂盛,因此华又含有美观、华丽和繁盛等义。

华滋　茂盛。
华赡　指文章富丽多彩。
华丽　美丽而有光彩。
华而不实　只开花不结果。比喻外表好看,内容空虚;或言过其实。

金　　　篆

（榮）

荣的本义为草木开花，从木、荧。荧即熒的本字，表示鲜花光艳照人，又兼作声符。荣是花开繁盛的样子，含有茂盛、兴盛的意思，又引申为光荣、荣耀之义。

荣华　草木的花，又指兴旺、茂盛，引申为富贵荣耀。
荣枯　草木的盛衰，比喻政治上的得志和失意。
荣誉　光荣的名誉。

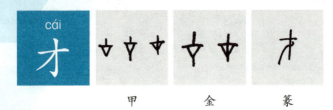

甲　　　金　　　篆

甲骨文、金文的才字，像植物从地下冒出，其本义为草木初生，引申为刚刚开始。《说文解字》："才，艸（草）木之初也。"在典籍中，才字多用为才能、才干、资质、品质之义，与"材"字相通。

才子　古代指德才兼备的人。后指特别有才华的人。

才气　才能气概。

才疏学浅　才能和学问都很浅陋。常用作自谦之辞。

才疏意广　才能谋略疏浅而抱负甚大。也作"志大才疏"。

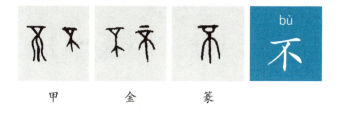

甲　　　金　　　篆

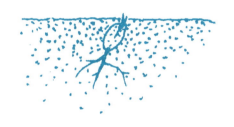

不为"胚"的本字。甲骨文的不字，上面的一横表示地面，下面的须状曲线表示种子萌发时首先向地下生长的胚根。所以，不字本指植物的胚根，后来多借用为否定词，于是本义逐渐消失。

不易之论　内容正确、不可改变的言论。

不可救药　病重到不可救治，比喻人或事物坏到无法挽救的地步。

不一而足　不止一种或一次，形容很多。

tún
屯

甲　　金　　篆

甲骨文、金文的屯字,像一颗种子刚刚发出来的小嫩芽,上面的圆圈(或圆点)是种子还未脱去的外壳,所以屯字的本义当为草木初生的嫩芽,读 zhūn。草木初生,需要脱壳破土,十分艰难,故屯字又有艰难之义。此外,屯又读 tún,有聚集、驻守等义,如屯戍(聚集兵力,驻守边防)、屯兵(驻兵,又专指驻守边疆、从事垦荒的军队)。

屯落　指村庄。

甲　　　金　　　篆

甲骨文的生字，像地面上刚长出来的一株幼苗，其本义即为植物生长、长出。后泛指一切事物的产生和成长，如出生、生育、发生等；又引申为活的意思，与"死"相对；再引申为生命、生活、生年等义。总之，生字的引申义非常广泛，可以组成的词也非常多。

生气　元气，使万物生长发育之气。

甲　　　篆

甲骨文的丰字，像植物根茎壮硕、枝叶繁茂的样子，其本义为草木茂盛，引申为美好的容貌和姿态。小篆丰字的字形发生了讹变。

丰采　风度，神采。
丰姿　美好的容貌姿态。
丰神　风貌神情。

篆

朮字本指剥掉麻秆的皮。其小篆字形即像麻秆、茎皮分离之形。《说文解字》:"朮,分枲茎皮也。从屮、八,象枲之皮茎也。"枲是未经剥皮的雄麻,皮韧,纤维质佳;而朮是经过剥皮的麻。

má 麻

麻

篆

[蔴]

麻是大麻、亚麻、苎麻、黄麻、蕉麻等植物的统称。麻类茎皮中的植物纤维是纺织的重要原料。小篆的麻字,表示人在敞屋内刮剥麻皮。麻质粗糙,故麻字有不平、不光滑之义。人脸上的痘瘢称为"麻子",而感觉酥痒钝涩曰"发麻"。

麻木 感觉迟钝不灵。

麻痹 丧失知觉和运动的机能。又指失去警惕,疏忽大意。

麻烦 烦琐,费事。又指使人费事或增加负担。

篆

[艸]

草是草本植物的总称。古文字的草是个象形字,像两棵有杆有叶的小草,表示草多丛生。楷书草字为形声字,实际上是借用"皂"的本字。汉字中凡从草的字大都与植物(特别是草本植物)有关,如芝、苗、荆、薪等。

草莽　丛生的杂草,泛指荒野。又比喻退居乡野而不做官,或比喻盗贼。

草菅人命　把人命看得和野草一样。指任意残害人命。

草稿　指起草后未经改定誊正的文字。

篆

卉是各种草的总称。一般多指供观赏的草，如花卉、奇花异卉等。小篆的卉字，像三棵小草，表示草木众多。

卉木　即草木。

卉服　用草织的衣服。又称"卉衣"。

卉醴　指花蜜。

甲　　　金　　　篆

（芻）

　　甲骨文、金文的刍字，像一只手抓住两棵草，表示用手拔草。它的本义为拔草，又指割草。割草是为了喂牲口，所以刍又专指喂牲口的草，又指用草料喂牲口，引申指食草的牲口，如牛羊等。

　　刍言　草野之人的言谈。常用来谦称自己的言论，又作"刍议"。

　　刍秣　饲养牛马的草料。

　　刍豢　指牛羊犬豕之类的家畜，牛羊食草为刍，犬豕食谷为豢。也指供祭祀的牺牲。

篆

苗字是个会意字。小篆的苗字,像草生于田中。苗字本指庄稼,特指未扬花结实之禾,也泛指所有初生的植物。苗字由初生之义,还可引申为事物的预兆、后代等义。

苗条 原指植物细长而多姿,现多指妇女身材细长柔美。

苗头 事物的预兆。

苗裔 后代。

苗而不秀 只出了苗而没有结穗,比喻本身条件虽好,但没有成就。

篆

茁字由艸、出会意,本指草木刚长出地面的样子。《说文解字》:"茁,艸(草)初生出地貌。从艸,出声。"则出又兼作声符。

茁茁　草刚长出的样子。

茁壮　生长旺盛。又指强壮、健壮。

蔓 màn

篆

蔓是指葛草一类的藤生植物。木本曰藤，草本曰蔓。蔓字由艸、曼会意，曼有蔓延伸展之义，而蔓延爬伸、连绵不断，正是藤生植物的主要特征。《说文解字》："蔓，葛属。从艸，曼声。"则曼又兼作声符。蔓用作动词，有蔓延、滋长之义。

蔓衍 向外滋长延伸。犹"蔓延"。

蔓辞 芜杂烦冗的文字。

píng

篆

萍

[蓱]

萍即浮萍，又称水萍，是一种浮生于水面的植物。萍字从艸从水，表示它是一种水中的草本植物；又从平，是指这种植物的叶片平浮于水面。平又兼作声符。

萍寄　水萍飘浮无根，寄生水面，比喻人行止无定。

萍蓬　萍，浮萍；蓬，蓬草。浮萍蓬草皆漂泊不定之物，比喻人行踪不定。

萍踪　比喻行踪不定。

萍水相逢　浮萍随水漂泊，聚散不定。比喻向来不认识的人偶然相遇。

cài 菜

篆

菜字从艸从采,是指可供采食的植物,本指蔬菜,即充当副食的植物,又指经过烹调的蔬菜、蛋、肉类等用于佐餐的副食。《说文解字》:"菜,艸(草)之可食者,从艸,采声。"则采又兼作声符。

菜圃　菜园。
菜色　指人因为主要用菜充饥而营养不良的脸色。
菜蔬　蔬菜。又指家常饭食或宴会所备的各种菜。

金　　　石　　　篆

荐字从艸从廌，表示廌兽吃草，本指动物吃的水草，引申为草床、草垫，又引申为进、献、推举之义。

荐享　祭祀时进献祭品。
荐居　逐水草而居。
荐贿　进献财物。

萎 wěi

篆

萎字的本义是草木干枯,引申为枯萎、衰颓、衰落等义。草木干枯,则其花叶委垂,凋落,故萎字由艸、委会意,艸即草,委又兼作声符。后世也称喂牛马的干草刍秣为萎。《说文解字》:"萎,食(sì)牛也。从艸,委声。"食牛即喂牛。

萎蔫　植物因缺乏水分而茎叶萎缩。
萎缩　(身体、草木等)干枯。又比喻经济衰退。
萎谢　(花草)干枯凋落。

　　芯指灯芯，油灯上用来点火燃烧的灯草，多由草、线、纱等做成。芯字从艸从心，表示灯草在火焰的中心。芯字又读 xìn，指装在器物中心的捻子之类的东西，如蜡烛的捻子称为蜡芯儿、爆竹的引线称为引芯。

gài 盖(蓋)

金 篆

盖字由艸、盍会意，盍有覆盖、盖合之义，因此盖本指用茅草编成的覆盖物，即苫子；又泛指车盖、伞盖以及器皿的盖子等。盖用作动词，则有覆盖、覆压之义，引申为压倒、胜过之义。

盖世 压倒当世。多指本领高强，无人能敌。

盖棺定论 指人死后，一生的是非功过才有公平的结论。

篆

jiǔ

[韭]

韭,即韭菜,草本植物,叶子细长,味美。小篆的韭字,像一棵两边开叶整齐的韭菜,下面的一横代表地面。

金　　　　篆

瓜指的是蔓生植物所结的子实，有蔬瓜、果瓜之分。金文瓜字像藤蔓分叉处悬结一瓜。由于瓜的形状不易辨认，所以为了表示瓜，就连带把瓜蔓也画了出来。

瓜分　比喻像剖瓜一样分割国土或划分疆界。

瓜葛　瓜和葛都是蔓生植物，比喻辗转相连的亲戚关系或社会关系，也泛指两件事互相牵连的关系。

甲　　　金　　　篆

我国的商代、周代社会已经全面进入了以农业为主的时代。在甲骨文和金文中出现了大量有关农作物的字，如禾、黍、来（"麦"的本字）、粟等。其中的禾字，像一株有根有叶、谷穗下垂的植物。禾是谷类植物的总称，但在秦汉以前，禾多指粟，即今之小米，后世则多称稻为禾。在汉字中，凡以禾为义符的字，都与农作物或农业活动有关，如秉、秋、秀、种、租等。

穗 sui

篆

[采]

穗,即禾穗,是指稻、麦等禾本科植物聚生在茎的顶端的花或果实。小篆的穗字,从爪在禾上,表示用手摘取禾穗;或作从禾惠声,则属后起的形声字。穗又指用丝线、布条或纸条等扎成的穗状装饰品。

dào 稻

金　　　篆

　　稻为五谷之一,是指禾本科植物水稻。水稻所产的果实即大米。金文的稻字由夂(夂为衍加义符,无义)、爪、米、臼组合而成,表示将稻谷放在臼中舂捣成米;后省为从禾(或米)从舀。舀又兼作声符。

　　稻粱谋　本指鸟觅食。后比喻人谋求衣食。

wěi 委

甲　　篆

甲骨文的委字，从禾从女。禾像谷穗低垂之形，取其弯折之义；女像女子跪坐双手低垂状，取其柔顺之义。因此，委字的本义为委曲、曲折，引申为衰颓、放弃、推卸、托付等义。

委屈　屈抑不伸。常指有冤屈得不到洗雪，或有才能无法施展。

委婉　曲折婉转。

lái 来(來)

甲　金　篆

自然 植物

甲骨文的来字,像一株根叶杆穗俱全的小麦,它的本义是小麦。此字后来多借用为来往之来,是由彼至此、由远及近的意思,与"去"相对。而来的本义,则由后起的"麦(麥)"字表示。

来历　人或事物的历史或背景。

来由　缘故,原因。

来日方长　未来的日子还很长,表示事有可为。

来龙去脉　比喻人、物的来历或事情的前因后果。

粟 sù

甲　　篆

甲骨文粟字,像一棵禾谷,在秆叶交接的地方结满谷粒。古代以粟为黍、稷、秫的总称,又泛指粮食。今称粟为谷子,果实去壳后称小米。此外,粟又泛指颗粒如粟之物,也比喻微小。

粟米　小米。又泛指谷类粮食。
粟饭　粗米饭。
粟错　细微差错。

mù 穆

甲　　金　　篆

甲骨文、金文的穆字,像一棵成熟的禾谷,穗实饱满下垂。金文又多了三点,表示籽粒成熟后簌簌下落。穆的本义为禾谷,指成熟了的庄稼,引申为温和、和睦、肃穆、静默等义。

穆然　默然。又指整肃的样子。
穆穆　端庄盛美的样子。又指肃敬恭谨的样子。
穆如清风　像清风一样和畅而美好。

(齊)

甲　　金　　篆

甲骨文的齐字，像谷穗排列整齐的样子。齐字的本义为平整、整齐，引申为相等、同等、一致，又引申为完备、齐全。

齐心　即同心。

齐名　名望相等。

齐驱　驱马并进。又指才力相等。

齐头并进　并驾齐驱。形容步调一致，共同前进。

bǐng

秉

甲　　　金　　　篆

古文字的秉字，像一只手握住禾秆，表示执持、用手拿着，引申为操持、主持、掌握等义，如《诗经·小雅·节南山》："秉国之均，四方是维（掌握国家政权，维护四方安定）。"

秉烛夜游　夜晚看不见，要手持火把出去游玩。比喻及时行乐。

jiān 兼

金　篆

古文字的兼字,像一只手抓住两棵禾谷。它的本义为并持、合并,即把两个或两个以上的事物或方面合并在一起;又指两倍。

兼程　加快速度,一天走两天的路程。
兼备　同时具备两个或许多方面,如德才兼备。
兼听　听取多方面的意见。
兼收并蓄　把不同的人或事物都吸收进来。

nián 年

甲　　金　　篆

年本指庄稼的收成。五谷熟曰年。如成语"人寿年丰"的年字，就是这个意思。甲骨文、金文的年字，像一个人背负禾谷的样子，表示收割禾谷。因为古代禾谷一年只有一次收成，因此年引申出"岁"的意思，一年就是一岁，包含春夏秋冬四季十二个月。由年岁之义，又引申为人的年龄、寿命之义。

秋 qiū

甲　篆

秋，即秋天，指农历的七月至九月。秋天是庄稼成熟的收获季节。古代无化肥、农药，庄稼收割后，往往在田间就地焚烧禾草，一方面为田地施肥，一方面又可烧死害虫。甲骨文的秋字，像须、头、身、翅、足俱全的蝗虫，或在虫下加火，表示烧杀蝗虫。小篆秋字简化为从火从禾，则犹存焚烧禾草的意味。

秋收　谷类多秋熟，故以秋为收成之期。

秋波　秋天的水波。又形容美目清如秋水。

秋毫　鸟兽在秋天新长出的细毛。比喻细微之物。

秋风过耳　像秋风从耳边吹过一样。比喻与自己无关，毫不在意。

秋毫无犯　不取百姓一分一毫。形容行军纪律严明。

甲　　　金　　　篆

黍为谷物名，指黍米，即今之黄米。黄米性黏，可供食用或酿酒。《管子》："黍者，谷之美者也。"甲骨文黍字像结满黍穗、果实累累的黍子，有的字加水旁，表示可用黍米酿酒。

黍酒　用黍米酿造的酒。

黍离　《诗经·王风》有《黍离》篇，是东周大夫路过西周的王室宗庙遗址，见宗室故地尽为禾黍覆盖，彷徨伤感而作。后多用为感慨亡国之词。

shū 叔

金　篆

金文的叔字，从又从尗（"菽"的本字），像以手捡拾散落的豆荚、豆子，它的本义即为捡拾、拾取。此字后来多借用为叔伯之"叔"，作为对父亲之弟的称呼，也指与父亲平辈而年龄比父亲小的男子。叔字的本义反而不大为人所知了。

| 甲 | 金 | 篆 | mǐ 米 |

　　米指的是去掉谷壳的谷物,如大米、小米等。甲骨文的米字,像散落的米粒,中间加一横,主要是为了和沙粒、水滴相区别。米是人类经常食用的粮食,汉字中凡从米的字大都与粮食有关,如籼、粒、粳、糠、粟等。现在的米,还用作长度单位,一米相当于三尺。

　　米珠薪桂　米贵如珍珠,柴贵如桂木,形容物价昂贵,生活困难。

tiào
粜

篆

（糶）

粜字由出、糴（dí）会意，糴是谷物名称。粜本义为卖出粮食。《说文解字》："粜（糶），出谷也。从出从糴，糴亦声。"则糴又兼作声符。简化字的粜字，变为从出从米，含义就更加显豁了。

篆

（糴）

籴与粜的意思正好相反，是指买进粮食。籴字由入、糴会意。《说文解字》："籴（糴），市谷也。从入从糴。"简化的籴字直接变为从入从米，则含义也就一目了然了。

zhōu 粥

金　篆

金文的粥字，从米在鬲中，鬲是古代煮食物的炊具，表示米在鬲中熬煮；小篆的粥字从米从鬲，两边的曲线代表鬲的器壁，亦表示米在鬲中熬煮。《礼记·檀弓上》："饘粥之食。"疏曰："厚曰饘，希（稀）曰粥。"因此粥字的本义是米熬成的稀饭。

粥饭僧　只能喝粥吃饭而无一用的和尚。也指饱食终日无所用心之人。

甲　　　金　　　篆

　　白色是五色之一，与"黑"相对。甲骨文、金文的白字，像一椭圆形的稻米粒。脱去谷壳的米粒洁净莹白，因此用它来表示白色。引申为洁净、清楚、明白以及空白等义。用作动词，还有禀告、陈述之义。

　　白云苍狗　比喻世事变幻无常。典出唐杜甫诗《可叹》："天上浮云如白衣，斯须改变如苍狗。"也作"白衣苍狗"。

　　白黑分明　清浊、是非分明。

　　白驹过隙　比喻光阴迅速。典出《庄子·知北游》："人生天地之间，若白驹之过隙，忽然而已。"

　　白头如新　谓久交而不相知，与新交无异。

　　白璧微瑕　白玉璧上有小斑点，比喻很好的人或事物还有小缺点。

xiāng 香

篆

小篆的香字,由黍、甘会意,表示黍米饭香甜可口。香本指食物味道好,引申为气味好闻,与"臭"相对。《说文解字》:"香,芳也。从黍从甘。《春秋传》曰:'黍稷馨香。'"此外,香又用作名词,指香料。

香泽　指润发用的香油。也指香气。

香车宝马　指装饰华美的车马。

qín

秦

甲　金　篆

秦是古代诸侯国名。它位于今陕西省境内,拥有八百里秦川的肥沃土地,自古以来就是有名的大粮仓。古文字的秦字,上部像双手持杵(用以舂粮),下面是禾,其本义当与禾谷收成有关。用作地名和国名,大概也是因为那里农业最发达。战国末年,秦始皇统一中国,建立起中国历史上第一个中央集权制的王朝,是为秦朝。此后,秦又成为外族对中国或中原地区的代称,如汉朝时西域诸国就称中国为秦。

甲　　　金　　　篆

日月升降是最常见的天文景观，月亮有时圆有时缺，太阳则永远是圆的。古人根据这一现象，造出了字形弯缺的月字和圆满的日字。金文中的一些日字，就像是一轮圆圆的太阳。但在大多数情况下，日字写成方形，这主要与刻画和书写的习惯有关。总之，日字的本义就是太阳。太阳出来是白天，所以日又有昼、白天的意思，与"夜"相对。日还可以指时间，一日代表一个昼夜。此外，日也可以泛指光阴、时间等。

日常　原指太阳永恒存在，现多用来指平日、平常。

日程　每日的行程，又指逐日安排的工作程序。

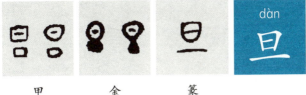

旦本来是个形声字。甲骨文、金文的旦字,上面是日,下面的方框或圆点为"丁"字,代表这个字的读音。小篆的旦字变成日下一横,成为一个会意字,表示太阳刚刚从地平线上升起,它的本义是天明、早晨。

旦夕　朝暮,从早到晚。又指时间短促。

yùn 晕(暈)

甲　　篆

甲骨文的晕是个会意字，中间是太阳，周围的几点代表光圈。小篆的晕从日军声，则变为形声字。晕本指日月周围由于云气折射而形成的模糊光圈，引申为眼花、昏眩之义，如头晕、晕车、晕船等。

甲　　金　　篆

昃本来是个会意字。甲骨文的昃字，左侧的日表示太阳，右侧的人形像阳光斜照时投射在地上的人影，表示太阳西斜。金文的昃字从日从矢，矢像人歪着头的样子，又表示读音；从小篆开始昃字从日仄声。昃的本义是太阳偏西，如《周易》："日中则昃，月盈则食（太阳过了中午就会偏斜，月亮圆了之后还会残缺）。"但在商代甲骨文中，昃用作记录时间的专用字，大概指下午的两三点钟。

昃食　过了中午才吃饭，表示勤于政事。

bào 暴

篆

暴为"曝"的本字。小篆的暴字,从日从出从收从米,表示捧出谷物在太阳下曝晒,所以暴的本义为曝晒,又指显露。因曝晒时阳光猛烈,因此暴又有猛烈之义;引申为凶狠、残酷、急躁等义。

暴行　凶恶残酷的行为。

暴利　用不正当手段在短时间内获得的巨额利润。

暴露　露天而处,无所隐蔽。又指揭露、宣扬。

暴风骤雨　来势急遽而猛烈的风雨。

朝 zhāo

金　　篆

朝本是一个会意字。金文的朝字，一边是一条河，另一边上下是草木，中间是日，像早晨的太阳从河边的草木间慢慢升起，正是一幅河边看日出的图景。它的本义即为早晨。小篆以后，朝字的字形一再发生讹变，原来字形的会意意味荡然无存。

朝（cháo）廷　古代宫廷聚众议事都是在早晨进行，所以就把早晨聚众议事的地方称为"朝""朝廷"。而大臣到朝廷进见君主则称为"朝见"。

朝气　早上清新的空气。比喻奋发进取的精神状态。

mò 莫

甲　　金　　篆

古文字的莫字，由一日和四木（或草）组成，像太阳落入草木丛中，表示日落时分，白昼行将结束，夜晚快要来临，其本义为傍晚、黄昏，也就是日暮的"暮"的本字。莫由日落、太阳已尽之义，引申为没有谁、没有什么；又用作副词，表示不、不要，如高深莫测。

莫须有　未定之词，犹言或许有。南宋时奸臣秦桧诬陷岳飞谋反，韩世忠为岳飞抱不平，追问罪证，秦桧答以"莫须有"。韩世忠愤怒地说："莫须有三字何以服天下？"后世称以不实之词诬陷他人为"莫须有"。

甲　　　金　　　篆

　　春字是个会意兼形声字。甲骨文的春字,由日、木(或草)和屯(zhūn)字组成,其中屯既表示春字的读音,同时又是草木嫩芽的象形,整个字形表达出阳光普照,草木萌生,一派生机勃勃的意味。如唐代刘禹锡诗:"沉舟侧畔千帆过,病树前头万木春。"而这种生机勃勃的景象只有在一年之首的春天才能看到,所以春字的本义就是春季,相当于农历的正月至三月。

　　春秋　春季和秋季。代指四季。一年只有一个春季一个秋季,所以一个春秋也就是一年。引申为年岁、岁月或年龄等义。

篆

杲字从日在木上,日出明亮,其本义为光明,引申为明显、明亮。《说文解字》:"杲,明也。从日在木上。"

杲杲 明亮的样子。《诗经·卫风·伯兮》:"其雨其雨,杲杲出日。"

篆

杳字从日在木下，表示太阳已经落山，天色全黑，其本义为幽暗。《说文解字》："杳，冥也。从日在木下。"又引申为深远、不见踪影之义。

杳杳　深远幽暗的样子。

杳冥　高远不能见的地方。又指幽暗。

杳渺　形容遥远或深远。

杳然　形容沉寂。

杳如黄鹤　唐崔颢《黄鹤楼》诗："黄鹤一去不复返，白云千载空悠悠。"后用"杳如黄鹤"比喻人或物下落不明。

qǐ
启

甲　　篆

　　启是雨后天晴的意思,相当于后世的"霁"。甲骨文的启字,从日从户从又,像以手推门,而太阳在其上,表示开门见日。小篆的启字讹变为日在下。《说文解字》:"启,雨而昼晴也。从日,启省声。"则启也是形声字。

甲　　　篆

甲骨文的晶字，像夜空中错落分布的三颗小星星。星星的形状有的圆，有的方（这是由于刀刻线条易方直不易圆曲），有的在圆圈中加点，近似日字。所以从小篆开始，晶字的星形均写成日。晶本指夜空中众星闪亮的样子，引申为明朗、明净的意思。

晶莹　明亮透彻。

晶辉　明亮的光彩。多指日月星辰之光。

星 xīng

甲　金　篆

甲骨文的星字,用五个方块表示夜空中繁多的星星,"生"表示读音。我们用肉眼看,星星在天空中是极细小的,所以星又指细碎如星之物,如火星儿、一星半点等。

星移斗转　星斗变换位置,表示季节改变,比喻时间流逝。

星罗棋布　像天上的星星和棋盘的棋子那样分布,形容数量多,分布广。

星火燎原　星星之火,可以燎原。比喻小事可以酿成大变,现比喻开始时弱小的新生事物有伟大的发展前途。

金　篆

shēn

参（参）

参，最初是星宿的名称。参为二十八宿之一，即现在的猎户座，中间有三颗星连成一线，十分耀眼。金文的参字，像人头顶上三颗星星在闪烁的样子，表示人在仰观参宿。此字后来借用为数词三，因此在下面加上三道斜线。又读 cān，有参与、参拜等义。

参商　参和商都是二十八星宿之一，但两者相隔遥远，不能同时在天空中出现，故以参商比喻亲友不能会面，或比喻感情不和睦，合不到一块。

yuè 月

甲　金　篆

天上的月亮，时圆时缺，但圆的时候少，缺的时候多。这种现象非常形象地反映在字形上。甲骨文的月字，缺而不圆，分明是一弯新月的形象。从地球上看，月亮每三十天圆满一次，所以后来就以月相为参照来计算时日，平均三十天为一个月，一年有十二个月。

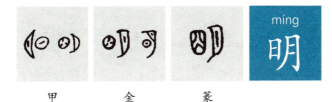

míng
明

甲　　　金　　　篆

甲骨文的明字有两种写法：一是由日月两字组成，表示月落日出、日月交替之时，即拂晓时分，此时天色由暗变亮；另一种写法是由月和一个窗形的结构组成，意思是月光照进窗内，表示光亮。小篆的明字是后一种字形，只是到隶书、楷书阶段，两种字形并存，现在的明字则确定为日月之明了。

xiāo 肖

| 金 | 玺 | 篆 |

  肖为"宵"的本字。夜至中宵，月高而小，故金文和古玺的肖字均由小、月会意。小篆月、肉二字字形相近，容易混淆，故小篆的肖字讹变为从肉（月）小声，其音义亦随之发生变化。《说文解字》："肖，骨肉相似也。从肉，小声。不似其先，故曰不肖也。"表示相似、像这个意义，读 xiào。

  肖像　以某一个人为主体的画像或相片（多指没有风景陪衬的大幅相片）。

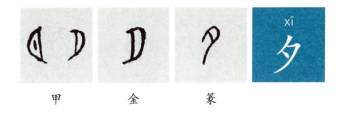

甲　　金　　篆

　　夕的本义是夜晚,又指傍晚。夜晚有月亮,所以甲骨文的夕字也是一弯月亮的形象。早期甲骨文的夕字在月形的中间加一点,和无点的月字区分开来;后来月字和夕字发生混淆和颠倒,月字中间有了一点,夕字反而变成了无点之月。

　　夕阳　傍晚的太阳,又比喻人的晚年。如唐代李商隐诗:"夕阳无限好,只是近黄昏。"

sù 夙

甲　金　篆

甲骨文、金文的夙字，左上是一个月形，表示星月未落，天尚未亮；右下是一个跪着的人形，扬起双手，正在劳作，即天不亮就起来干活。所以，夙字的本义为早，又指早晨、凌晨。此外，夙又通"宿"，指旧日、平素。

夙夜　早晚，朝夕。

夙因　前世的因缘。同"宿因"。

夙愿　平素的志愿。

夙兴夜寐　早起晚睡。指生活勤劳。

甲　　金　　篆　　hóng 虹

虹本是一种自然现象，是由于太阳光线被水汽折射、反射而出现在天空的彩色晕带。古人认为虹是天上的一种神奇动物，长身、两首、巨口，常于雨后出现，横跨天空，低头吸饮东方的水汽。甲骨文的虹字，正是这种想象中的神物形象。小篆的虹从虫工声，则变成形声字。

虹吸　自高处用拱形弯管引水，水先向上再向下流。因管弯似虹，故名虹吸。

虹桥　拱桥似虹，故名虹桥。

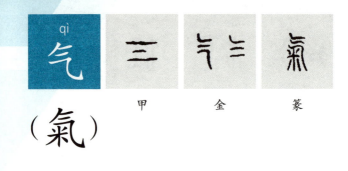

甲　　　金　　　篆

(氣)

甲骨文的气字，为三条长短不一的横线，像云气缭绕的样子；金文、小篆的气字，笔画曲环萦绕，更像云气飘流之状。气的本义为云气，泛指一切气体，如空气、人或其他动物呼吸出入之气（气息）；同时，气还指自然界冷热阴晴等现象（气候、气象）；此外，气还是一个抽象概念，指人的精神状态或作风习气（气质、气度）等。

气氛　指一定环境中给人某种强烈感觉的精神表现或景象。

气势　指人或事物表现出来的某种力量或形势。

气韵　指书画、文章等的风格和意境。

fēng 风（風）

甲　篆

风是一种空气流动的现象。它无色无形，不可捉摸，更难以用具体的形象来描摹。在甲骨文中，常借用同音的"凤"字来表示风。但风、凤毕竟毫无形义上的关系。小篆风字从虫凡声，乃以虫为义符。虫在这里专指老虎，即所谓的"大虫"。古人有"云从龙，风从虎"的说法，认为风从虎生，故风字从虫。

风波　比喻纠纷或乱子。

风尘　比喻旅途劳累。又比喻纷乱的社会或漂泊江湖的境况。

风度　美好的举止姿态。

风光　风景，景象。

风格　气度，作风。又指文艺作品所表现的主要思想特点和艺术特点。

风驰电掣　像刮风和闪电那样迅速。

biāo 飙

篆

(飇)
[飈]

飙字由猋、风会意,猋是急速、迅疾的意思,故飙本指暴风、狂风,又泛指风。《说文解字》:"飙,扶摇风也。从风,猋声。"则猋又兼作声符。

飙回　比喻动乱。
飙车　传说中仙人所驾的御风而行之车。

金　　篆

　　金文的寒字,像一个人住在一间堆满干草(干草用来保暖)的屋子里以避寒冷,人脚下的两点代表冰块,所以寒的本义为寒冷。寒冷能使人颤抖,因此寒字有战栗恐惧之义,如胆寒、心寒等。此外,寒字还有穷困之义,如贫寒、寒酸等。

　　寒暄　指冬季和夏季,一寒一暄代表一年。又指相见互道天气冷暖,作为问候应酬之辞。

bīng
冰

| 甲 | 金 | 篆 |

冰是指水在零摄氏度以下凝结成的固体。甲骨文、金文的冰字，像两块凝结的棱状冰块。或在冰块旁加"水"字，表示冰块是由水凝结而成的。

冰心 比喻心地清明纯洁，表里如一。
冰炭 冰冷炭热，比喻性质相反，互不相容。
冰清玉洁 比喻人品高洁。又比喻官吏办事清明公正。
冰消瓦解 比喻事物完全消释或涣散、崩溃。

甲　　　金　　　篆

甲骨文、金文的雨字，像水滴从天空中降落，其本义为雨水。又指下雨，引申为从天空中散落，读yù，如雨雪、雨粟等。汉字中凡从雨的字大都与天气现象有关，如雷、雾、霜、雪等。

雨露　雨和露。又比喻帝王的恩泽。

雨散云飞　比喻离散分别。

shēn 申

甲　金　篆

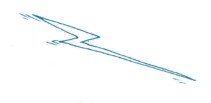

申为"电"的本字。甲骨文、金文的申字,像天空闪电所发出的曲折光线。由于闪电多在雨天出现,因此后来的电字增加雨头,写作"電"。而申字借用为干支名,表示地支的第九位。此外,申字还有说明、引述之义。

申时　指下午三点到五点。

申报　用书面向上级或有关部门报告。

申请　向上级或有关部门说明理由,提出请求。

diàn 电（電）

金　篆

古文字的电字与申字本来是同一个字，后来分化出電字，从雨从申，申为闪电之形。电的本义为闪电，引申为迅疾之义。现在的电字，则多指电力。

电光火石　像闪电的光和敲石所产生的火花一样稍纵即逝。也比喻人生短暂。

léi
雷

甲　　　金　　　篆

甲骨文、金文的雷字，中间弯曲的弧线代表闪电的光线，闪电周围的圆形表示响雷所发出的巨大爆裂声响；而金文、小篆的雷字增加雨头，则表示雷电多发生在雨天。因此，雷本指下雨时空中激电所发出的响声。

雷霆　暴雷、霹雳。也形容威力或发怒的样子。

雷同　打雷时很多东西会引起共鸣，同时响应。比喻随声附和，又指不该相同而相同。

雷厉风行　像打雷那样猛烈，像刮风那样迅速。比喻行动快，声势猛烈。

yún 云(雲)

甲　金　篆

甲骨文、金文的云字,像云气回旋飘动的样子,本指云气。云由空中水汽凝聚而成,积久则落雨,所以小篆的云字增加雨头,表示它与雨有关。

云集 比喻许多人从各处聚集到一起。

云游 到处遨游,行踪不定。

云泥之别 相差像天空的云和地下的泥。比喻地位、才能高下悬殊。

云蒸霞蔚 像云霞升腾聚集起来。形容景物绚烂美丽、异彩纷呈。

昙 tán

篆

（曇）

昙字从云在日下，表示云在太阳下密布，本指密布的云气，又指多云。

昙昙 阴云密布的样子。

昙花一现 昙花开放后很快就凋谢。比喻稀有的事物或显赫一时的人物出现不久就消逝。

甲　　　金　　　篆

甲骨文的零字，上从雨，下面的点像大水滴。后来水滴形讹变成"口"。从雨令声的形声字零是后起字。零本指连续不断地下雨，又指雨滴；引申为掉落、凋落之义，又引申为零碎，形容事物细碎散乱。

零雨　小而慢之雨。

零落　凋谢。又指丧败、衰亡。

xū 需

金　篆

　　金文的需字,像雨下站着一个人(天),表示人遇雨不行,等待雨停。小篆需字的"天"讹变为"而",则由会意字变成从雨而声的形声字。需的本义为等待,引申为迟疑,后来则多用为需要之义。

需次　旧时候补官吏等待依次补缺,称为"需次"。
需索　勒索。

lín 霖

甲　篆

霖的本义为久下不停的雨。《说文解字》:"霖,雨三日已往。从雨,林声。"意谓雨下三天以上即为霖。霖字从雨林声,从结构上看似乎是单纯的形声字,但甲骨文的霖字,分明是由雨、林会意,像雨洒林间、树木间水滴淋淋,当是一个会意兼形声字。

霖雨　连绵大雨。

霖霖　雨连绵不止的样子。又形容雨声。

báo 雹

古

篆

雹即冰雹，是指空中水蒸气遇冷凝结成的冰粒或冰块，常在夏季随暴雨降落地面。《说文解字》古文的雹字，从雨从晶，晶像冰粒或冰块之形，表示冰雹随雨水一起降落。小篆雹字从雨包声，则变为形声字。

雹霰（xiàn） 冰雹。

甲　　篆

　　雪是天空中的水蒸气遇冷凝结成的一种六角形白色晶体。甲骨文和小篆的雪字，从雨从彗。从雨，表示雪是由天空中落下的；彗是扫帚，表示雪落地面，可用扫帚清扫。因此，雪的字形表现了天上下雪，人们用扫帚清扫地面的场景。

shuǐ 水

甲　　金　　篆

水是一种无色无味的透明液体。甲骨文、金文中的水字，像一条弯曲的水流。中间的曲线代表河道，两旁的点是水珠水花。所以水的本义为水流或流水；泛指水域，如江河湖海，与"陆"对称；后来引申指所有的汁液，如药水、泪水、橘子水等。

水火不容　指互不相容、势不两立。

水乳交融　水和乳汁极易融合，比喻意气相投，感情融洽。

水清无鱼　水太清了鱼就无法生存，比喻人太精明细察，就不能容人。

水滴石穿　水不断地滴在石头上，能使石头穿孔，比喻只要坚持不懈，事情就能成功。

甲　　　　篆

甲骨文的泉字，像泉水从泉眼中涓涓流出的样子。其本义为泉水，即从地下流出来的水；又泛指地下水。在古代，泉还可作为钱币的代称。

泉下　黄泉之下。指人死后埋葬的墓穴。旧时迷信也指阴间。

泉布　古代钱币的别称。

原 yuán

金　　篆

原为"源"的本字。金文的原字从厂从泉,表示岩下有泉。小篆原字或从三泉,则表示众泉汇聚成流。原的本义为水源,引申为最初的(如原始)、本来的(如原地)和未加工的(如原料)等义。此外,原亦可用作动词,是推究根源的意思;又有原谅、宽恕之义。

原因　造成某种结果或引起某件事情发生的条件。

原宥（yòu）　原谅。

原形毕露　本来面目彻底暴露,多用为贬义。

原始要终　探究事物发展的起源和归宿。

谷 gǔ

甲 金 篆

谷,指的是两山间的夹道或流水道。甲骨文、金文的谷字,上部像溪流自山涧流出之形,下部的"口"表示谷口,所以谷的本义为山谷。今又为"穀"的简化字,表示谷物。

谷口 山谷出口。

谷地 地面上向一定方向倾斜的低凹地,如山谷、河谷。

chuān 川

甲　金　篆

甲骨文的川字像一条弯弯曲曲的河流,两边的弯线代表河岸,中间三点是流水。金文、小篆的川字干脆写成三条曲线。川字的本义为河流,引申指山间或高原间的平坦而低的地带。

川流不息　水流不停。比喻行人、车船等来往不断。

甲　　　金　　　篆

古文字的派字,像河水分流之形。它的本义即为河流的分支、支流,引申为事物的流别,如学派、党派、宗派等。派还可用作动词,有差遣、委派的意思。

派别　学术、宗教、政党等内部因主张不同而形成的分支或小团体。

派生　从主要事物中分化出来。

派遣　差遣,即把人委派到某地从事某项工作。

衍 yǎn

金 篆

古文字的衍字,从水(或川)从行(或彳),表示水在江中流动。它本指水流动的样子,引申为流行、推演、扩大、发展、衍生等义。

衍溢 水满溢。

衍曼 连绵不绝的样子。

衍义 推演发明的义理。

衍变 演变。

liú 流

金　　　石　　　篆

    石鼓文、小篆的流字，两边为水，中间一个倒"子"，"子"的头部是飘散的头发，表示一个人顺水漂流。流的本义为流动，即水向下游移动，引申为移动、流传、传布、传递、放逐等义；又指水流、河道，引申为流派、支流及品级之义。

    流行　传布，盛行。

    流毒　传播毒害。

    流弊　滋生的或相沿而成的弊端。

    流水不腐　流动的水，污浊自去，不会腐臭，比喻人经常运动则不容易得病。

    流芳百世　美名永久流传于后世。

州 zhōu

| 甲 | 金 | 篆 |

州为"洲"的本字。甲骨文、金文的州字,像一条河,中间的圆圈代表河中的沙洲。州字本指水中的陆地,即河流中高出水面的土地。相传上古时洪水泛滥,后来大禹治水,把天下划分为九州。于是州字成为古代行政区划的专用字,而另造了一个"洲"字来表示它的本义。现在作为地名,州、洲用法有别:一般国内地名用州,如广州、徐州等;世界级地名则用洲,如亚洲、欧洲等。国内地名,如特指水中陆地,仍用洲,如株洲、橘子洲(均在湖南)、沙洲(在江苏)、鹦鹉洲(在湖北)、桂洲(在广东)等。

huí

回

(迴)

甲　金　篆

古文字的回字，像水回旋之形，其本义为环绕、旋转，后来多用为掉转、返回之义，又引申为违背、邪僻等义。

回味　食后感觉到的余味。后也指对往事的回忆或体会。

回春　冬去春来，草木重生。后多比喻医术高明，能治好严重的病症。

回风　旋风。

回避　避忌，躲避。

回护　袒护。

回肠荡气　常比喻音乐或文章感人至深。

yuān 渊

（淵）

甲　金　篆

甲骨文、金文的渊字，像一个水流回旋的深水潭；有的在水潭外再加一个水旁，为小篆的渊字所沿用。渊的本义为深潭，引申为深邃、深远、深沉等义。

渊博　指学识精深广博。

渊源　指事物的本源。

渊默　深沉不言。

渊薮（sǒu）　渊为鱼所居之处，薮为兽所居之处。比喻人或事物会聚的地方。

篆

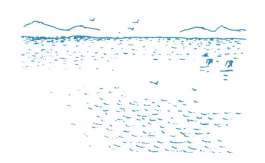

淼字由三个水组成,是个会意字,表示水面辽阔、浩无边际。《说文解字》:"淼,大水也。"淼本指大水茫无边际的样子,义与"渺"同。

淼茫 水面广阔辽远的样子。又作"渺茫"。

昔 xī

甲　　金　　篆

　　昔字的本义是从前、往日、过去，和"今"相对。甲骨文的昔字，像太阳（日）漂浮在波浪之上，有的则在水波之下，像是被波浪所淹没，表示洪水滔天。相传上古时期，曾经洪水泛滥，陆地大多被淹没，人们只好居住在山上，靠吃野菜树叶为生，后来大禹治水，才使洪水消退。人们提起过去，总是会想起那一段洪水成灾的日子，于是就造了昔字。

mò
没

金　　　篆

　　金文的没字从水从回,回像水中漩涡;小篆加又,表示人沉入水中。所以没的本义为沉下,又指淹没,引申为隐没、隐藏、沦落等义,读 mò;进一步引申为尽、无之义,读 méi。又特指死亡。

　　没人　潜水的人。
　　没世　死。又指终身,永久。
　　没落　衰败,趋向死亡。
　　没齿不忘　终身不能忘记。
　　没精打采　精神萎靡不振。

chén
沉
[沈]

甲　金　篆

沈和沉在古代原本是同一个字。甲骨文的沉字,像一头牛没于水中。这是古代祭礼的一种仪式,即把牲牛沉于河中以祭山林川泽之神。也有用人作为祭品的。金文、小篆的沉字,即像把人沉于水中。沉本义为沉没、没于水中,引申为沉溺、深沉等义。近代沈多读 shěn,用作姓氏;而以沉来表示原来的意思。

沉湎　指沉溺于酒。
沉冤　指积久不得昭雪的冤案。
沉郁顿挫　指文章深沉蕴藉,抑扬有致。

jí 汲

金　　篆

汲指从井中提水,也泛指打水。《说文解字》:"汲,引水于井也。从水从及,及亦声。"则汲由及、水会意,及又兼作声符。又引申为牵引、引导、引荐、提拔等义。

汲引　引进,引荐。后比喻提拔。

汲古　钻研古籍。

汲绠(gěng)　汲水的绳子。

泅 qiú

[汓]

甲 篆

甲骨文的泅字,从子在水中,表示人在水中游泳,其本义为游水、泅渡。小篆泅又作从水囚声,这是后起的形声字。

yù
浴

甲　篆

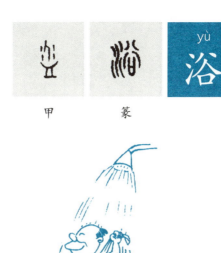

甲骨文的浴字,像一个人站在一个大盆子里面,周围水滴四溅,表示人在洗澡。小篆的浴字则从水谷声,变成了形声字。浴的本义为洗澡;引申为修养德性,使身心整洁,如"浴德"。

浴血　全身浸于血泊之中。形容战斗激烈,血染全身。

cuān
汆

汆是一种烹调方法,即把食物放到沸水中稍微一煮,如汆丸子。这是一个较晚近才产生的字,由入、水会意,表示把食物放入沸水中烫熟。

汆子 烧水用的薄铁筒,细长形,可以插入炉子火口里,使水开得快。

濒 bīn
（瀕）

金　篆

濒字从涉从页。金文的濒字，像人临近水边，想要渡水，其本义为水边，通"滨"，又有紧靠、临近等义。

濒临　紧接，临近。

濒于　临近，接近（用于坏的境遇）。

浅 qiǎn

（淺）

金　篆

浅是一个形声字。《说文解字》："浅，不深也。从水，戋声。"以戋为声符的字常含有微小之义，如贱为贝之小者，线为丝之小者，浅为水之小者。浅的本义为水不深，引申为浅薄、肤浅、狭隘等义。

浅陋　指见闻狭隘。

浅学　谓学问的造诣不深。多用作谦辞。

浅斟低唱　慢慢地喝酒，听人曼声歌唱。

篆

　　沿字从水从㕣（㕣又兼作声符），㕣指坎陷低洼之地，《说文解字》："㕣，山间陷泥地也。"因此沿的本义当为水边，即低平的河边地带，泛指边缘。又用作动词，指顺流而下，引申为顺着、遵循、因袭等义。

　　沿习　因袭向来的习惯。
　　沿革　指事物发展变革的历程。沿，沿袭；革，变革。
　　沿袭　依照旧例行事。
　　沿波讨源　循着水流寻究源头，指探讨事物的本源。

xuán 漩

漩

篆

漩的本字为"淀"。淀字从水从旋省,即由水、旋会意,本指回旋的水流,又指水流旋转。《说文解字》:"淀,回泉也。从水,旋省声。"则旋又兼作声符。

漩涡 回流中心螺旋形的水涡。又比喻愈陷愈深、不可自拔的境地。

篆

洄字由水、回会意，其本义为水流回旋。《说文解字》："洄，溯洄也。从水从回。"

洄沿　逆流而上为洄，顺流而下为沿。

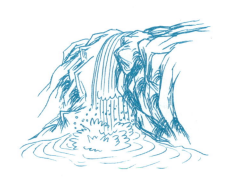

篆

瀑字由水、暴会意（暴又兼作声符），暴是猛烈、急骤的意思。瀑本指暴雨，又指水沫飞溅，读 bào。《说文解字》："瀑，疾雨也。一曰沫也。"又读 pù，指瀑布。

瀑布　从山壁上突然降落的地方流下的水，远看好像挂着的白布，故名。

金　　　　篆

潮即潮汐，是一种海水定时涨落的现象。具体而言，昼涨称潮，夜涨称汐。潮字由朝、水会意，朝即早晨，因此潮本指早晨涨起的潮水。小篆的潮字从水从朝省，朝又兼作声符，则属会意兼形声的结构。此外，潮又指空气中的水分，即潮气。

潮汐 由于月球和太阳引力的作用，海洋水面发生的定时涨落的现象。

潮流 潮汐引起的水流运动。又比喻社会变动或发展的趋势。

潮信 潮水涨落有定时，故称"潮信"。

汐 xī

汐字由夕、水会意,夕即夜晚,因此汐本指夜间涨起的潮水。夕又兼作声符。

篆

澳字由水、奥会意,奥又兼作声符。奥有凹曲幽深之义,因此澳是指水边向内凹曲的地方,即水湾,读 yù。《说文解字》:"澳,隈崖也。其内曰澳,其外曰隈。从水,奥声。"所谓内澳是指水岸向内弯曲的地方,所谓外隈是指其外凸部分。澳又读 ào,专指海边弯曲可以停船的地方(多用于地名)。

澳门 地名。在珠江口西南,西临南海,港湾宜于船只停泊。后为葡萄牙人强行租借,1999 年回归祖国。

澳闸 拦河建闸的水利工程。

chà
汊

汊指分支的小河，或江、湖水的分流处，也称"汊子"，如汊港、湖汊等。从字形上看，汊属会意兼形声的结构：从水从叉，叉有分支、开叉之义，表示水流分叉；叉又兼作声符。

(灣)

湾字由水、弯会意,弯又兼作声符。湾本指水流弯曲的地方,后来海岸向内弯曲宜于泊船的地带也称"湾",如港湾、渤海湾、广州湾等。

湾洄 河流弯曲处。

涧 jiàn

（澗）

篆

涧字由间、水会意，间指两山之间，因此涧字本指夹在两山之间的水流，如溪涧、山涧等。《说文解字》："涧，山夹水也。从水，间声。"则间又兼作声符。

涧水 水名。源出河南渑池县东北白石山，东流经新安、洛阳，汇入洛河。

金　　　篆

沙指的是细小的石粒。沙字从水从少,其中少字就是细小沙粒的形象,因此沙字本指水边或水底的细小石粒,引申指细碎松散的物质,如豆沙。

沙汰　淘汰。

沙漠　地面全被沙砾所覆盖、干旱缺水的地区。

沙场　平沙旷野。后来多指战场。

小 xiǎo

| 甲 | 金 | 篆 |

　　小是一个比较抽象的概念。甲骨文、金文的小字,以散落的小点来象征细小的沙粒,表示微小;小篆字形有所讹变,像用一竖把一物体一分为二,也含有变小之义。小本指体积上的细微;引申为在面积、数量、力量、强度等方面不及一般或不及所比较的对象,与"大"相对。

甲　　　金　　　篆

甲骨文的土字，像地面上隆突起来的一个小土堆，本指土壤，引申指土地、田地，又引申指国土、领土。汉字中凡从土之字都与土壤或土地有关，如城、埋、垣、塞等。

土木　指房屋、道路、桥梁等建筑工程。

土产　指某地出产的富有地方色彩的物品。

土著　世代居住本地的人。

土崩瓦解　像土倒塌、瓦破碎，比喻溃败不可收拾。

坪 píng

金　　篆

坪字由土、平会意,本指平坦的场地,如操坪、晒谷坪等。又多用于地名,主要指山区或高原上的平地。《说文解字》:"坪,地平也。从土从平,平亦声。"则平又兼作声符。

金　玺　篆

古代写字、作画用的墨，多以松烟、桐煤加水混合成泥，然后压制成块状，加水研磨，即成墨汁。而墨字由黑、土会意，其本义即为黑色颜料。

墨宝　珍贵的书法原本。

墨迹　指手书的原本。

墨本　碑帖的拓本。

墨客　旧时对文人的别称。因文人要用笔墨写文章，故称。

墨守　战国时墨翟善于守城，因称牢固防守为墨翟之守。后多比喻固执成见，不肯改进。也作"墨守成规"。

sāi 塞

甲　　　　金　　　　篆

　　小篆的塞字，像用双手将土石之类的东西填堵房屋缝隙，故其本义为填堵、窒塞，引申为阻隔，读 sāi 或 sè；又指边界险要之处，读 sài。

塞北　长城以北，又泛指我国北边地区。

塞（sè）责　尽职，后专指敷衍了事。

甲　　　　　　篆

甲骨文的埋字，像把牛、羊或鹿、犬等牲畜掩埋于土坑中，本指埋牲。埋牲是古代祭祀活动中的一种仪式，引申而言之，则任何东西藏于土中都可以叫"埋"。此外，埋还有填塞、隐没等义。

埋名　隐藏姓名，不为人知。后称故意不使人知为隐姓埋名。

埋伏　潜伏，隐藏。多用于军事行动。

埋头　比喻专心不旁顾。

埋（mán）怨　抱怨，责备。

qiū 丘

甲　　　金　　　篆

甲骨文丘字的字形与山字非常接近，区别只在于，山有三个山峰，而丘只有两个。丘字本指小山，通常指土质的、小而低矮的山；引申指高出平地的土堆，如坟丘、丘墓等。

丘陵 连绵成片的小山。

yáo 尧(堯)

甲 金 篆

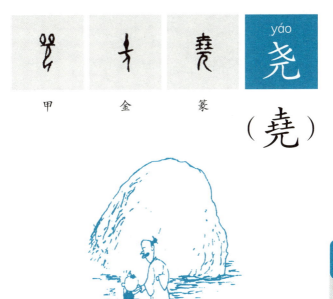

　　古文字的尧字，从土（或一土，或二土、三土不等）在人上，表示土堆高出人头。所以，尧字本指高大的土丘，引申为高。此字后来成为传说中古帝陶唐的专用名号，又用作姓氏，其本义则改用"峣"字来表示。

　　尧舜　唐尧和虞舜，远古部落联盟时代的两位首领，古史相传为圣明之君。尧、舜并举，后来成为称颂帝王的套语。

　　尧天舜日　相传尧、舜时天下太平，因以尧天舜日比喻太平盛世。

甲　　篆

阜，指土山、丘陵。甲骨文的阜字，像陡坡上的阶梯，表示山体高大，须有阶梯方能登降。阜的本义为高大的土丘，引申为高大、肥大之义，又引申为多，特指财物殷盛。

阜陵　高大的土丘、山岗、丘陵。
阜康　富足康乐。

líng 陵

甲　金　篆

甲骨文的陵字，从阜从大，像人沿着斜坡上的阶梯登上土山。因此，陵字本指登山，又专指土山；而由登山之义引申为上、升、超越、凌驾、欺压等义。

陵夷　由高丘变为平地，比喻衰落。

陵谷　指高低地形的变动，后比喻世事的变化。

阱 jǐng

[宑]

甲 篆

阱即陷阱，是一种防御或捕捉野兽的陷坑。甲骨文的阱字，像麋鹿落入陷阱之中，其本义即为陷阱。小篆的阱字或从阜从井（井又兼作声符），从井表示掘土为坑，坑形似井；从阜则表示其为土坑，以区别于水井。《说文解字》："阱，陷也。从阜从井，井亦声。"小篆或从穴，则表示其为坑穴。

yáng 阳(陽)

甲 金 篆

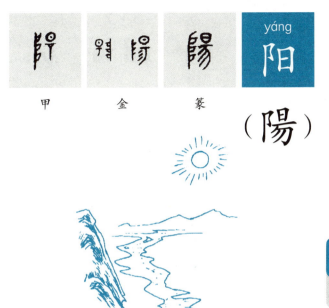

古文字的阳字,从阜易声,是个形声字。阳本指山之南面,水之北岸,即日光经常能照到的地方;引申指太阳、日光;又引申为凸出的、表面的、外露的等义,与"阴"相对。

阳光　日光。

阳奉阴违　表面顺从而暗中违背。

shān 山

甲　　　金　　　篆

山是指陆地上隆起高耸的部分。甲骨文的山字，正像一座由多个高耸山峰组成的山岭。在汉字中，凡由山组成的字大都与山岭及其形态有关，如嵩、崇、峻、巍等。

山河　高山大河，指自然形胜。又是疆域、国土的代称。

山明水秀　形容风景优美。

山高水长　比喻人品节操高洁，影响深远。

山盟海誓　盟誓坚定，如山海之长久。多指男女真诚相爱。

dǎo 岛

篆

（島）

岛，指的是海洋中被水环绕、面积比大陆小的陆地，也指江河湖泊中被水环绕的陆地。岛字从山从鸟，是个会意字，表示水中有山可供鸟栖止；同时鸟又代表岛字的读音，因此岛字又是一个从山鸟声的形声字。

岛屿 岛的总称。

岛国 全部领土由岛屿组成的国家。

sōng 嵩

篆

嵩字从山从高，是个会意字。它的本义为高山，引申为高大的样子。后来这个意思用"崇"字表示，而嵩成为嵩山的专名。嵩山在今河南省境内，又称嵩岳、嵩高，是五岳中的中岳。

嵩峦 高耸的峰峦。

嵩华 中岳嵩山与西岳华山合称"嵩华"。

嵩呼 相传汉元封元年春，汉武帝登嵩山，吏卒听到三次高呼万岁的声音。后指臣下祝颂皇帝高呼万岁。

古

篆

yuè
岳
（嶽）

自然
地理

《说文解字》古文的岳字，从山，上像山峰连绵起伏，其本义是高大的山，后专指泰山（东岳）、华山（西岳）、衡山（南岳）、恒山（北岳）、嵩山（中岳）五岳，又用为姓氏。小篆岳写作"嶽"。《说文解字》："岳（嶽），东岱、南霍、西华、北恒、中泰室，王者之所以巡狩所至。从山，狱声。"属形声结构。

岳丈 妻子的父亲。也称"岳父""丈人"。妻子的母亲称"岳母"。

嵒 yán

篆

嵒字从山从品,品像山崖坎穴或岩石连属累叠的样子。嵒本指山崖,与"崖""岩"同义。后用来形容山崖高峻的样子。

嵒嵒 高峻的样子。

屼字由山、兀会意,兀有光秃之义,因此屼的本义为山秃,即山高而无树木。

qiáo 峤

峤 篆

（嶠）

峤是个会意兼形声字，由山、乔会意，乔又兼作声符。乔有高义，因此峤本义为山峰高耸，又指尖而高的山峰。《尔雅·释山》："山小而高，岑；锐而高，峤。"

峤南 即岭南。

（峽）

峡字由山、夹会意，夹又兼作声符。峡指夹在两山之间的地方，即峡谷，又指两山夹水处。

石 shí

甲　金　篆

古文字的石字，像山崖下有一块石头，它的本义即为崖石、石头，泛指各种石料。因石性坚硬，所以凡从石的字大都与石头及其坚硬的属性有关，如矿、硬、研、确、碑等。

石破天惊　极言震动之甚。后常比喻文章议论出人意表。

石沉大海　比喻杳无音信，事情没有一点下文。

篆

磊字由三个石字组成,像众多石块垒积在一起,本指众石垒积的样子,又引申为高大的样子。

磊块　石块。又指垒石高低不平,比喻心中的阻梗或不平。

磊落　指石块错落分明,引申为人洒脱不拘,直率开朗。

斫 zhuó

甲　　篆

　　斫字从石从斤，是个会意字。甲骨文的斫字，像人手持斧斤砍击岩石的样子。斫字的本义为砍击，泛指削、切等，又引申为攻击。斫还可用作名词，指斧刃。

斫营　偷袭敌营。
斫鲙　将鱼肉切成薄片。

duàn
段

金　　　篆

　　金文的段字,像手持锥凿在山崖下敲击石块,两小点代表打碎的石屑。它的本义为打石,引申为捶击,所以凡以段为偏旁的字,如锻,大多有捶击之义。而段氏祖先大概最早也是以打石(或打铁)为职业的。现在的段字,多借用来指布帛的一截,泛指长度或事物、时间的一部分,如片段、段落、分段等。

金　　篆

厂字像山崖、石岸，或加声符干，当即"岸"的本字。

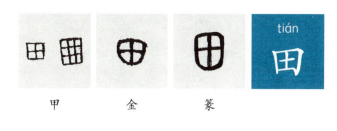

甲　　　金　　　篆

　　田字的字形古今变化不大,均像一片阡陌纵横的田地,其本义为农田,即供耕种的土地,如稻田、麦田等。有的地区称水田为田,旱田为地。汉字中凡从田的字大都与田地或耕种有关,如畴、畛、畔、畦等。

　　田父　老农。

　　田舍　田地和房舍。又泛指村舍、农家。

quǎn 畎

古　　篆

《说文解字》古文的畎字,从田从川,本指田间的小水沟。古制,六畎为一亩,因此畎又代指田亩。此外,畎还可以指山谷。用作动词,又有疏通之义。小篆畎字从田犬声,则属形声字。

畎亩　田地,田间。

畎渎　田间的水沟。

tián 畋

畋畋　畋　畋
甲　　篆

甲骨文的畋字，像人手持工具在田间劳动，其本义为平田、耕种。《说文解字》："畋，平田也。从攴、田。《周书》曰：'畋尔田。'"又指打猎。

畋猎　打猎。

zhōu 周

甲　金　篆

甲骨文的周字,像一块整齐的田地,中间四点代表田中密植的农作物,其本义应为农田。因周民族发源于今陕西岐山一带,那里是当时农业生产最发达的地区,周代又是以农业立国,所以就以"周"作为国名。在实际语言运用中,周的意义很多,但基本的含义为周围、环绕、曲折等。而这些基本含义,又都是从农田疆界的意义引申出来的。

háng 行

甲　金　篆

甲骨文、金文的行字，像两条纵横交叉的大路，本指道路，又指行走、步行。行由道路这个本义，引申出行列、行业等义，读háng；而由行走之义，又引申出流动、传布、经历、行为、使用等义，读xíng。

行当　行业。特指职业、工作。

行李　出行时随身携带的衣装及用品。

行政　古代指执掌政权，管理政务。

行云流水　比喻纯任自然，毫无拘束。

封 fēng

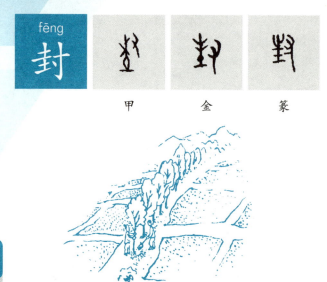

甲　　　金　　　篆

甲骨文、金文的封字，像植树于土堆之上或用手培土植树的样子，其本义为培土植树，又有聚土成坟的意思。古人封土植树的目的是划分田界和疆域，所以封还有疆界、界域之义。古代帝王把土地或爵位赐给臣子就叫封，而诸侯或大夫所分得的土地就称为封地、封邑。封字由疆界之义又引申为密闭、拘限之义，如封闭、封锁、查封等。

封建　古代天子把爵位、土地赐给诸侯，让他们在特定的区域内建立邦国，是为封建。现代所说的"封建"，指封建主义社会形态。

封疆　指疆界。明清时称总督、巡抚等地方军政长官为封疆大吏、封疆大臣。

封疆画界　筑土为台，以标志疆境，叫封疆；在封疆之内又建墙垣，以划分界域，叫画界。

jiāng

疆

甲　金　篆

　　甲骨文、金文的疆字，像两块相连的田地，有的中间有界线，左边的弓是用来丈量土地的。因此，疆字的本义为丈量土地，划分田界，引申为田界、国界、边界。

疆界　国界、地界。

疆场　战场。

疆域　国家领土。

社 shè

甲　金　篆

共工氏是传说中古代部落联盟的一位军事首领。他英勇善战，曾经雄霸九州。他有一个儿子，名叫句龙，善于平治水土，人们尊称为后土，敬为社神。所谓社，即土地之神。甲骨文以土为社，后加示旁，表示祭祀土神。社又指祭祀土神之所，即社宫、社庙，俗称"土地庙"。同时，它还指古代基层行政单位，相当于"里"。《说文解字》："社，地主也。从示、土。《春秋》传曰：共工之子句龙为社神。《周礼》：二十五家为社，各树其土所宜之木。"立社种树，作为社的标志，故金文社字或在"土"上加"木"。

社会 古代祭祀社神之日，里社举行的赛会。后泛指节日演艺集会。又指志趣相同者结合的团体，也泛指人类群体。

社稷 土神和谷神。历代王朝立国必先立社稷，因以社稷为国家政权的标志。

金　篆

　　里字是个会意字。里字从田从土，田指水田，土指旱地。古代农业社会，有田有地才能生产，才能生活居住。所以里本指人聚居的地方，即乡里；引申为居民单位，如先秦时"五家为邻，五邻为里"，也就是说二十五家为一里。此外，里又用作长度单位，古代以一百五十丈为一里。现在又以里作为"裏"的简化字，表示内部，与"外"相对。

里正　古时乡里掌管户口和赋税的基层官员。

里居　指辞官居于乡里。

里闾（lú）　里巷、乡里。

里落　村落。

野 yě

[埜]

甲　金　篆

甲骨文、金文的野字，从土从林，本指山林旷野之地；小篆的野字从里予声，变为形声字，但含义不变。野字本指郊原、田野，又指边邑、边鄙；引申指民间，与朝廷相对。野又指野生的动物或植物，引申指人的行为野蛮、粗鲁。

野史 旧时指私家编撰的史书。又作"稗（bài）史"。

野性 放纵不拘、难于驯服的本性。又指乐居田野的性情。

甲　　　金　　　篆

囿本来是个会意字。从甲骨文的字形看,囿字像一个四周有围墙、里面栽种草木的园林。由于书写繁难,从金文开始,这个字就变成了从口有声的形声字。囿本指有围墙的园林,后来专指古代帝王放养禽兽的林苑(汉代以后多称为"苑")。由有围墙的园林之义,囿又引申出局限、见识不广等义。

圃 pǔ

金

篆

圃本指菜园。金文的圃是个会意字,从囗表示四面有围墙;而园中有草苗之形,表示这是种植果木瓜菜之所。小篆的圃字变为从囗甫声的形声字。《说文解字》:"圃,种菜曰圃。从囗,甫声。"

甲　　　篆

火是物体燃烧时所发出的光和焰。甲骨文的火字,像火苗正在燃烧的样子,其本义即为火焰。汉字中凡从火的字大都与火及其作用有关,如炎、炙、焚、然、焦、烹、煮等。

火候 指烧火的火力大小和时间长短,又比喻修养程度的深浅。

火急 非常紧急。

火气 中医指引起发炎、红肿、烦躁等症状的病因。现多指怒气、暴躁的脾气。

火上加油 比喻使人更加愤怒或使事态更加严重。

火树银花 形容灿烂的灯火或烟火。

yán 炎

| 甲 | 金 | 篆 |

古文字的炎字,像上下两把大火,火光冲天,表示火势旺盛。因此,炎的本义是火盛,引申为热、极热(指天气)。

炎荒 指南方炎热荒远之地。

炎炎 形容阳光强烈。

炎凉 热和冷,用天气的变化比喻人情的变化无常,对待不同地位的人或亲热攀附,或冷淡疏远。

燎 liáo

甲　金　篆

燎是古代的一种祭祀方法，即焚柴以祭天地山川。甲骨文、金文的燎字，像木柴交积之形，或从火，四周加点，像火星爆裂。燎的本义为焚烧，引申为烘烤，又指火炬、火烛等。

燎祭　燃火以祭天地山川。
燎原　火烧原野。比喻气势强盛，不可阻挡。
燎炬　火把，火炬。

甲　　　篆

原始社会农业落后，实行刀耕火种之法，开垦田地时往往用火烧山林。甲骨文的焚字，上面是林，下面是熊熊燃烧的火焰，又像一个人手持火把在引火烧林。所以，焚字的本义为火烧山林，引申为引火燃烧、烧毁等义。

zāi 灾

[災]

人类所遭受的苦难,莫大于水、火所造成的祸害,人们称之为"灾",如水灾、火灾。除此之外,还有其他的灾害,如虫灾、风灾等。甲骨文的灾字,有的从宀从火,表示房屋失火;有的从水,表示洪水为患;有的加一"才"字,表示该字读音。金文的灾字则合水、火为一体。所以灾本指人类所遭受的祸害、苦难。这个意义,从古至今都没有改变。

灾荒　指自然变化给人带来的损害(多指荒年)。

灾难　天灾人祸所造成的严重损害和痛苦。

庶 shù

甲　金　篆

在古代炊具发明之前，人们为了吃到熟食，除用火直接烧烤外，还采用烧热的石块来烙熟食物，或把烧热的石块投入盛水的器皿中以煮熟食物。甲骨文、金文的庶字，从石从火，表示以火烧石而煮。因此，庶的本义为煮。后来庶字多用为众庶之"庶"，指庶民、老百姓，又有众多之义。庶的本义，则用"煮"字来表示。

庶民　老百姓，平民，众人。
庶务　繁杂琐碎的各种事务。
庶类　万物，万类。

篆

小篆的炭字,上面是山崖形,下面从火,表示在山中烧木成炭。炭的本义为木炭;又指石炭,即煤。

甲　　篆

灰，指的是物质燃烧后剩下的粉末状的东西。甲骨文的灰字，像人手持木棍拨弄火灰之形。灰本指火灰，如木灰、石灰等；引申指尘土；又指介于白色和黑色之间的一种颜色，灰色，它是一种比较暗淡的颜色。

灰尘　尘土。

灰烬　物品燃烧后的灰和烧剩的东西。

灰暗　暗淡，不鲜明。

灰飞烟灭　像灰土和轻烟一样消失。

甲　　　金　　　篆

古文字的赤字，由大、火会意，其本义即为大火。火焰赤红，因此赤引申指红色。《说文解字》："赤，南方色也。从大从火。"按古代五行学说，南方属火，其色为赤，因此许慎释赤为"南方色"。此外，赤字还有空净、赤裸等义。

赤子　指初生的婴儿，比喻心地纯洁。

赤贫　极贫，家无一物。

赤条条　形容光着身体，一丝不挂，毫无遮掩。

赤胆忠心　形容十分忠诚。

zhǔ 主

篆

主即"炷"的本字。小篆的主字,像一盏油灯,上面的一点代表灯芯上燃烧的火苗。所以,主的本义为灯芯。主字后来多用为主人、家长以及主持、掌管等义,故另造"炷"表示它的本义。

主上　臣下对国君或帝王的称呼。
主宰　主管,支配。
主张　见解,主意。
主顾　顾客。

甲　　　金　　　篆

　　光通常是指火、电等放射出来的，使人感到明亮、能看见物体的那种物质，如太阳光、灯光等，引申为明亮、光滑之义。古文字光字，像人头顶上有一团火，表示火种常在、光明永存。

　　光芒　　向四面放射的强烈光线。

　　光景　　时光景物。又指境况、状况、情景。

　　光风霁月　　雨过天晴时风清月朗的景象，比喻开阔的胸襟和坦白的心地。

　　光怪陆离　　形容现象奇异、色彩繁杂。

叟 sǒu

甲

篆

叟为"搜"的本字。甲骨文的叟字,像人在室内手持火把照明,表示搜索、寻找。所以,叟的本义为搜索、寻找。此字后来借指老人,故另造"搜"字表示它的本义。

甲　　篆

　　焱字从三火,表示火势旺盛、火花飞溅,本指火花、火焰。《说文解字》:"焱,火华也。从三火。"

　　焱焱　光彩闪烁的样子。

　　焱悠　火花飘舞的样子。

燹 xiǎn

金　篆

古代野外围猎，常焚火驱赶野兽。燹字从火从二豕，表示放火焚烧草木，而野猪四出逃窜，本指野火，又指兵燹，即战乱带来的焚烧破坏。

篆

然字从火从肽（rán），肽字又由犬、肉（月）会意，指狗肉，故然字本指用火烧烤狗肉，泛指燃烧，当即"燃"的本字。然在后世多用作连词、副词以及形容词的词尾，有如此、是、对、不过、但是等义。

cuàn
爨

篆

爨是一个非常繁复的会意字。《说文解字》:"爨,齐谓之炊爨。臼象持甑,冂为灶口,廾推林内火。"整个字形像一幅灶间炊爨图:一双手在灶下添柴烧火,一双手在灶上持甑做饭,因此爨的本义为烧火做饭,又指灶。后又用作族名和姓氏。

爨下 指灶下燃剩的良木。用蔡邕焦尾琴的典故,比喻幸免于难者。

爨室 厨房。

爨桂炊玉 言薪柴难得如桂木,米价昂贵似玉。形容物价昂贵,生活艰难。

篆

煣字由火、柔会意,是指用火烘烤使木材变柔软,以便扭曲或伸直,其本义即为用火烘竹木使弯曲或伸直。《说文解字》:"煣,屈申(伸)木也。从火、柔,柔亦声。"则柔又兼作声符。

shān 煽

煽

篆

煽字由扇、火会意,表示煽风助燃,其本义为扇火,引申为炽盛,又引申为鼓动、煽惑。《说文解字》新附:"煽,炽盛也。从火,扇声。"则扇又兼作声符。

煽动　鼓动(别人去做坏事)。

煽惑　鼓动诱惑(别人去做坏事)。

煽风点火　比喻鼓动别人闹事。

篆

熄字由火、息会意，息又兼作声符。息有停息之义，因此熄本指火灭或熄灭火种，引申出消亡等义；息又有生息之义，因此熄又指蓄留生火的火种，与前义恰好相反。《说文解字》："熄，畜（蓄）火也。从火，息声。亦曰灭火。"

熄灭 停止燃烧。

尉 wèi

金　　篆

　　尉即"熨"的本字,原本是指古代中医的一种治病方法,即用烧热的砭石烫熨病人的身体以达到治病的目的。金文的尉字,像人持砭石烫熨病人背部之形,从火则表示用火烧热砭石。尉字后世多借用为官名,读wèi;又借用为姓氏,读yù;故另造从火的"熨"字来表示它的本义。

金　　　篆

yíng 荧

（熒）

金文的荧字，像两个交叉的火把，本指火把或灯烛的光亮，又指光亮闪烁的样子，引申指微光，又引申为眩惑之义。

荧荧　小火。又指微光闪烁的样子，用来形容灯烛光、月光等。

荧晔　光明的样子。

荧惑　古代指火星。

jīn 金

金　　篆

金字字形看似简单，却是一个很复杂的结构。早期金文的金字由三个部分组成：左边的两点代表两个冶炼出来的铜块；右边由今和王组成，王是一种类似于斧的金属兵器，表示可以用铜块来铸造兵器，而今充当声符。因此金本指铜，又泛指铜铁一类的金属，后来专指黄金。古代金属常用来铸造钱币，因此金又代指金钱、货币，又比喻贵重、尊贵。

金文　古代铜器上铸或刻的文字，通常指殷周秦汉铜器上的文字，也叫钟鼎文。

金玉　泛指珍宝，比喻华美贵重。

xīn 鑫

鑫字从三金,取多金之意,金代表财富,因此鑫本指财富兴盛。此字多用于人名或商业字号名称,以表达人们对财富兴盛的一种期待。

一 yī

| 甲 | 金 | 篆 |

先民由于生活上的需要，产生了数字观念，画一横代表一桩事物，二横代表两桩，如此积画，可至于三、四。就像结绳计数一样，一个结代表一十，两个结代表二十。一字用法很多，但主要有两种：一种是当最小的正整数用，如一人、一马、一枪等；另一种是当专一讲，如一心一意。

wǔ 五

甲　　金　　篆

古文字的五字,像二物交错之形,其本义为交错。后借用来表示数词五。

五行　古代称构成各种物质的五种元素,即水、火、木、金、土。

五音　指宫、商、角、徵、羽五音,也叫"五声"。

五经　儒家的五部经典,即《周易》《尚书》《诗经》《礼记》《春秋》。

五岳　即中岳嵩山、东岳泰山、西岳华山、南岳衡山、北岳恒山。

五花八门　五花,即五行阵;八门,即八门阵。本是古代兵法中的阵名,后比喻事物花样繁多,变化莫测。

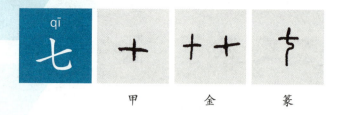

甲　　金　　篆

七为"切"的本字。古文字的七字,是在一横画中间加一竖画,表示从中切断。后来借用为数字,于是在七字的基础上再加刀旁,作为切断之义的专字。

七步　相传三国魏曹植能在七步之内作出一首诗来,后常用七步比喻人才思敏捷。也作"七步成诗"。

七情　人的七种感情,即喜、怒、哀、惧、爱、恶、欲。

七律　诗体名,即七言律诗。

七绝　诗体名,即七言绝句。

甲　　　金　　　篆

古代计数，最初是采用实物和结绳的办法：凡个位数一二三四等，可以用实物（如小木棍）累积表示；而整十用结绳来表示，在一根绳上打一个结表示一十，两个结为二十（廿），三个结是三十（卅）。金文的十字为一直画，中间作一圆点，正是结绳计数的形象描绘。十为数词，是一个整数，大写作"拾"。

十分　是"完全""已达极度"的意思。如孔平仲诗："庭下金龄菊，花开已十分（庭院中的金菊花已完全开放）。"

十九　十分之九，泛指绝大多数。

十全十美　指一个人或一件事物十分完美，毫无欠缺。

凸字像一物的中间部分比四周高出些许，其本义为高出、突出，与"凹"相对。

凸现 很突出地表现出来。

凹字像一物的中间部分洼陷下去,有低洼、低于周围之义。

凹心砚 中心凹下去的砚台。

尖 jiān

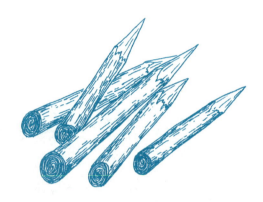

尖字上小下大，表示物体下粗而上锐，本指物体细小而锐利的末端，也有锐利、新颖等义。

尖酸 指为人刁钻、刻薄。

尖刻 （说话）尖酸刻薄。

尖端 尖锐的末梢。又指顶点。

尖新 新颖，新奇。

尖兵 行军时承担警戒任务的分队。又比喻工作上走在前面开创道路的人。

尖担两头脱 两头尖的扁担无法挑东西。比喻两头落空。

wāi

歪

歪是个会意字,由不、正会意,其本义为歪斜、偏侧,与"正"相对。引申为不正当、不正派。

歪曲　故意改变(事实或内容)。

歪打正着　比喻方法本来不恰当,却侥幸得到满意的结果。

歪门邪道　不正当的途径,坏点子。

shàng 上

甲　　金　　篆

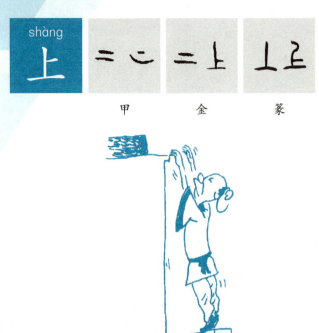

上是一个指事字。甲骨文、金文的上字，是在一长横（或弧线）的上方加一短画，表示位置在上。所以，上本指高处、上面；引申指等级或品质在上的，如上等、上级、上品；又指次序或时间在前的，如上册、上半年。上还可用作动词，有由低处向高处升登的意思，如上山、上楼；又有由此处向彼处前进的意思，如上街。

甲　　金　　篆

　　下和上一样,也是指事字。甲骨文、金文的下字,是在一长横(或弧线)下加一短画,表示位置在下。下本指低处、下面,与"上"相对;引申指等级或品质在下的、次序或时间在后的等义。下也可用作动词,表示由高处向低处下降。

qiǎ
卡

其他

卡是个后起的会意字，由上、下二字组成，上、下共用一横画。卡本指物体夹在中间，不能上下活动，又指用手紧紧箍住，或把人、财物等留住不放。

卡子 夹东西的器具。又指为收税或警备而设置的检查站或岗哨。

音序检字表

A

ān	安	587
áng	昂	034
āo	凹	995
ào	澳	925

B

bā	巴	719
bāi	掰	214
bái	白	859
bǎi	佰	023
bài	败	473
bài	拜	207
bān	班	401
bàn	半	643
bàn	伴	054
bāo	包	036
báo	雹	896
bǎo	宝	400
bǎo	保	091
bào	报	330
bào	豹	692
bào	暴	866
běi	北	006
bèi	贝	410
bēn	奔	227
běn	本	788
bǐ	匕	506
bǐ	比	004
bǐ	妣	082
bǐ	笔	439
bǐ	鄙	618
bì	毕	336
bì	闭	626
bì	敝	562
bì	婢	081
bì	璧	406
biān	编	536
biān	蝙	713
biān	鞭	331
biǎn	扁	623
biàn	升	528
biāo	彪	690
biāo	猋	657
biāo	飙	884
biǎo	表	552
bié	别	300
bīn	宾	590
bīn	濒	917
bīng	冰	886
bīng	兵	286
bǐng	秉	849
bǐng	柄	792
bìng	并	007
bó	驳	663
bó	帛	545
bǔ	卜	444

bù	不	821	chēng	称	731	cóng	从	005
bù	步	224	chéng	丞	216	cù	猝	656
			chéng	承	215	cuān	氽	916
C			chéng	乘	066	cuàn	窜	702
cái	才	820	chǐ	尺	009	cuàn	爨	982
cǎi	采	817	chǐ	齿	173	cùn	寸	183
cài	菜	834	chì	赤	975			
cān	骖	665	chōng	舂	344	**D**		
cán	蚕	708	chóng	虫	704	dā	耷	145
cāng	仓	610	chóu	雠	758	dá	达	234
cāng	舱	395	chǒu	丑	178	dà	大	047
cǎo	草	827	chòu	臭	648	dāi	呆	151
cè	册	441	chū	出	574	dǎi	歹	773
cè	策	780	chū	初	551	dài	带	543
chā	舀	345	chú	刍	829	dān	丹	633
chǎ	汊	926	chú	雏	745	dān	单	333
chà	杈	794	chǔ	处	421	dàn	旦	863
chà	衩	558	chuān	川	902	dàn	弹	321
chāi	钗	520	chuān	穿	572	dàng	宕	594
chán	孱	094	chuǎn	舛	242	dāo	刀	293
chán	蝉	714	chuāng	创	296	dǎo	岛	943
cháng	常	550	chuāng	窗	620	dào	稻	843
cháo	巢	807	chuáng	床	423	dé	得	412
cháo	潮	923	chuǎng	闯	660	dēng	登	481
chē	车	384	chuī	吹	158	dí	籴	857
chè	彻	478	chuī	炊	161	dí	翟	741
chén	臣	133	chūn	春	869	dì	弟	272
chén	尘	696	cǐ	此	230	diǎn	典	442
chén	辰	351	cì	束	803	diàn	电	889
chén	沉	912	cì	刺	307	diàn	奠	453

diào	吊	011	fāng	方	018	fù	富	462
dīng	丁	367	fēi	飞	754	fù	腹	248
dǐng	鼎	471	fēi	非	755			
dìng	定	588	féi	肥	249	**G**		
dōng	东	564	fèi	吠	647	gài	盖	838
dōu	兜	527	fēn	分	298	gān	干	332
dǒu	斗	502	fén	焚	970	gān	甘	164
dòu	斗	197	fèn	奋	752	gān	竿	779
dòu	豆	480	fèn	粪	358	gǎn	敢	679
dù	蠹	706	fēng	丰	483	gāng	刚	340
duàn	段	953	fēng	丰	824	gāo	高	607
duì	队	014	fēng	风	883	gāo	羔	670
dùn	盾	324	fēng	封	960	gǎo	杲	870
dùn	遁	682	fèng	凤	738	gào	告	642
duǒ	朵	815	fǒu	缶	467	gē	戈	262
			fū	夫	053	gè	各	573
E			fú	市	542	gèn	艮	131
ér	儿	095	fú	弗	317	gēng	庚	432
ér	而	114	fú	伏	650	gēng	耕	350
ěr	尔	814	fú	扶	203	gēng	羹	672
ěr	耳	138	fú	畐	461	gōng	工	374
			fú	俘	200	gōng	弓	318
F			fú	福	451	gōng	肱	180
fá	伐	265	fú	簏	315	gōng	宫	604
fá	罚	304	fù	父	287	gōng	觥	465
fān	番	766	fù	付	201	gǒng	拱	195
fán	凡	492	fù	负	418	gòng	共	398
fán	烦	106	fù	妇	364	gōu	句	567
fán	樊	186	fù	阜	938	gòu	遘	732
fǎn	反	185	fù	复	576	gǔ	谷	901

pinyin	字	页码	pinyin	字	页码	pinyin	字	页码
gǔ	骨	772	hé	禾	841	hùn	圂	676
gǔ	蛊	705	hé	合	490	huǒ	火	967
gǔ	鼓	426	hé	何	015	huò	获	746
guā	瓜	840	hé	和	429	huò	霍	751
guǎ	寡	591	hēi	黑	062			
guài	夬	408	hōng	轰	388	**J**		
guān	关	631	hóng	虹	881	jī	几	420
guān	官	597	hóu	侯	313	jī	鸡	739
guǎn	馆	598	hòu	后	240	jī	羁	529
guàn	贯	417	hú	壶	466	jí	及	202
guàn	冠	522	hǔ	虎	688	jí	汲	913
guàn	盥	496	hǔ	唬	691	jí	即	485
guāng	光	977	hǔ	琥	405	jí	疾	312
guī	圭	397	hù	互	372	jí	棘	805
guī	龟	724	hù	户	622	jí	集	756
guǐ	鬼	259	huá	华	818	jí	楷	349
guǐ	癸	371	huà	画	440	jǐ	脊	252
guǐ	簋	484	huán	环	407	jǐ	戟	273
gǔn	鲧	728	huán	寰	595	jì	剂	306
guō	郭	616	huán	纛	246	jì	既	486
guó	虢	191	huàn	豢	680	jì	继	535
guǒ	果	809	huáng	皇	526	jì	祭	452
			huáng	黄	409	jì	冀	065
H			huǎng	幌	547	jiā	家	584
hān	酣	459	huī	灰	974	jiā	夹	056
hán	函	314	huí	回	907	jiá	铗	516
hán	寒	885	huí	洄	921	jiǎ	甲	325
hàn	厂	954	huì	卉	828	jiǎ	罕	464
háng	行	959	huì	会	489	jiān	尖	996
hǎo	好	074	huì	彗	362	jiān	奸	079

pinyin	char	num	pinyin	char	num	pinyin	char	num
jiān	歼	270	jìn	晋	316	kòu	釦	514
jiān	间	627	jīng	京	608	kòu	寇	592
jiān	兼	850	jīng	经	532	kù	库	611
jiān	鲦	730	jīng	晶	873	kuài	块	356
jiǎn	茧	709	jǐng	井	634	kuāng	匡	361
jiàn	见	128	jǐng	阱	940	kuí	夔	721
jiàn	荐	835	jìng	竞	019	kūn	髡	244
jiàn	监	136	jiū	丩	568	kǔn	壸	605
jiàn	涧	928	jiǔ	九	179	kùn	困	801
jiāng	疆	961	jiǔ	久	569			
jiàng	匠	285	jiǔ	韭	839	**L**		
jiàng	降	237	jiǔ	酒	456	lái	来	845
jiāo	交	051	jiù	旧	743	lǎn	览	130
jiāo	骄	662	jiù	臼	342	láo	牢	638
jiāo	焦	761	jū	尻	045	lǎo	老	100
jiǎo	角	774	jū	掬	192	léi	雷	890
jiǎo	绞	538	jù	巨	375	lěi	耒	348
jiǎo	铰	515	jù	具	475	lěi	磊	951
jiào	教	097	jué	孑	093	léng	楞	796
jié	孑	092	jué	绝	534	lí	离	339
jié	节	032	jué	厥	323	lǐ	里	963
jié	桀	243	jué	爵	463	lǐ	豊	482
jiě	解	775	jūn	君	438	lì	力	346
jiè	介	326				lì	历	239
jiè	戒	263	**K**			lì	立	057
jīn	巾	541	kāi	开	630	lì	丽	694
jīn	斤	281	kàn	看	123	lì	利	299
jīn	金	988	kāng	康	357	lì	戾	654
jìn	尽	499	kè	客	589	lì	高	477
jìn	进	753	kǒu	口	148	lì	栗	811

1005

lián	连	389	lǚ	旅	380	mèng	梦	258
lián	帘	546				mí	麋	697
lián	裢	556	**M**			mǐ	米	855
liàn	链	517	má	麻	826	mì	觅	129
liáng	良	609	mǎ	马	658	mián	眠	126
liáng	梁	795	mái	埋	935	miǎn	免	523
liǎng	两	385	mǎi	买	414	miàn	面	110
liáo	燎	969	mài	卖	415	miáo	苗	830
liào	料	503	màn	曼	127	miǎo	眇	125
liè	鬣	703	màn	蔓	832	miǎo	淼	909
lín	林	782	máng	盲	120	miào	庙	582
lín	临	137	mǎng	莽	649	miē	咩	674
lín	霖	895	máo	毛	776	miè	蔑	271
lǐn	廪	612	máo	矛	290	mín	民	119
líng	陵	939	máo	牦	644	mǐn	皿	494
líng	零	893	máo	旄	379	míng	明	877
lìng	令	600	máo	髦	245	míng	鸣	749
liú	流	905	máo	氂	777	mìng	命	601
liù	六	577	mào	冒	524	mò	末	789
lóng	龙	720	mào	貌	107	mò	莫	868
lóng	珑	404	mò	没	911	mò	墨	933
lú	卢	476	méi	枚	791	mò	默	655
lú	庐	581	méi	眉	116	móu	牟	636
lǔ	卤	510	méi	楣	798	mǒu	某	810
lǔ	鲁	727	měi	每	069	mǔ	母	068
lù	录	566	měi	美	060	mǔ	牡	637
lù	鹿	693	mèi	媚	077	mǔ	姥	084
lù	麓	695	mén	门	621	mù	木	781
luó	罗	335	méng	盟	498	mù	目	117
lǚ	吕	251	měng	黾	723	mù	牧	640

mù	穆	847

N

nǎi	乃	247
nài	耐	115
nán	男	347
nán	南	434
náo	猱	722
nào	闹	198
nè	讷	046
néng	能	686
ní	尼	044
nì	逆	233
nián	年	851
niǎn	辇	386
niǎo	鸟	733
niǎo	嬲	078
niào	尿	040
niè	幸	327
niè	聂	142
niè	啮	175
níng	宁	491
niú	牛	635
nóng	农	353
nòng	弄	399
nú	奴	072
nǔ	弩	322
nǚ	女	067
nüè	虐	689

P

pài	派	903
pān	攀	187
pán	盘	493
pàn	泮	606
pàng	胖	771
pèi	配	458
pèi	辔	391
péng	朋	411
péng	彭	427
pí	皮	767
pǐ	匹	540
pì	辟	289
pián	骈	664
pín	贫	416
pìn	牝	825
píng	坪	932
píng	萍	833
pú	仆	020
pú	璞	402
pǔ	圃	966
pù	瀑	922

Q

qī	七	992
qī	妻	073
qī	漆	802
qí	齐	848
qí	其	355
qí	奇	659
qí	歧	232
qí	跂	222
qǐ	企	226
qǐ	启	629
qǐ	綮	872
qì	气	882
qì	弃	359
qì	契	303
qì	器	513
qiǎ	卡	1000
qiān	牵	639
qián	前	394
qiǎn	浅	918
qiàn	欠	157
qiāng	羌	017
qiáo	侨	024
qiáo	峤	948
qiě	且	448
qiè	妾	071
qīn	侵	365
qín	秦	861
qín	琴	431
qín	禽	338
qǐn	寝	585
qíng	黥	305
qǐng	顷	105
qìng	磬	433
qiū	丘	936
qiū	秋	852
qiú	囚	599

qiú	泅	914	rǒng	冗	596	shēn	申	888
qiú	酋	460	róu	揉	208	shēn	身	085
qiú	裘	553	róu	煣	983	shēn	参	875
qū	区	511	ròu	肉	768	shēng	升	504
qū	曲	373	rǔ	乳	089	shēng	生	823
qú	瞿	740	rǔ	辱	352	shēng	声	143
qǔ	取	144	ruì	枘	799	shèng	圣	140
qǔ	娶	075	ruò	若	199	shī	尸	037
qǔ	齲	174				shí	十	993
qù	去	575	**S**			shí	什	022
quán	泉	899	sāi	塞	934	shí	石	950
quán	拳	212	sǎn	伞	570	shí	实	419
quán	蜷	712	sāng	桑	816	shí	食	488
quǎn	犬	646	sè	啬	613	shí	蚀	710
quǎn	畎	956	sēn	森	783	shǐ	矢	309
quē	缺	470	shā	沙	929	shǐ	豕	675
què	雀	737	shā	鲨	729	shǐ	屎	041
què	鹊	747	shān	山	942	shì	士	280
qūn	囷	614	shān	删	443	shì	示	449
			shān	煽	984	shì	世	813
R			shān	膻	673	shì	筮	447
rán	然	981	shǎn	闪	628	shǒu	手	176
rǎn	冉	113	shàn	善	668	shǒu	首	108
rén	人	001	shàng	上	998	shòu	受	189
rén	壬	370	sháo	勺	505	shòu	授	205
rèn	刃	295	shé	舌	166	shòu	兽	652
rèn	妊	076	shè	舍	579	shū	殳	291
rì	日	862	shè	社	962	shū	疋	221
róng	戎	267	shè	射	311	shū	叔	854
róng	荣	819	shè	涉	238	shǔ	黍	853

shǔ	蜀	707	tà	沓	163	wāi	歪	997
shǔ	鼠	701	tán	昙	892	wān	湾	927
shù	戍	266	tàn	炭	973	wān	蜿	711
shù	束	806	táo	陶	468	wàn	万	716
shù	庶	972	tǎo	讨	169	wáng	亡	294
shuāi	衰	561	tì	替	059	wáng	王	279
shuān	闩	625	tiān	天	048	wǎng	网	334
shuāng	双	760	tián	田	955	wàng	望	124
shuǐ	水	898	tián	畋	957	wēi	危	029
shuì	睡	121	tián	甜	165	wéi	为	685
sī	司	149	tiào	粜	856	wéi	围	241
sī	丝	531	tīng	听	141	wěi	尾	039
sī	思	255	tíng	廷	031	wěi	委	844
sǐ	死	042	tíng	庭	583	wěi	萎	836
sì	四	147	tǐng	壬	030	wèi	未	790
sì	兕	683	tóu	投	211	wèi	位	058
sì	驷	666	tū	凸	994	wèi	畏	260
sōng	嵩	944	tū	突	651	wèi	胃	250
sòng	宋	593	tú	图	563	wèi	尉	986
sǒu	叟	978	tǔ	土	931	wèi	慰	257
sù	夙	880	tù	兔	698	wén	文	052
sù	宿	586	tuán	团	369	wén	闻	139
sù	粟	846	tún	屯	822	wǒ	我	276
suì	岁	278	tún	豚	681	wò	卧	134
suì	穗	842	tún	臀	038	wū	乌	735
sūn	孙	096	tuǒ	妥	218	wū	巫	446
suǒ	索	533	tuò	唾	152	wú	吴	049
						wǔ	五	991
T			**W**			wǔ	午	341
tā	它	718	wǎ	瓦	632	wǔ	伍	021

1009

wǔ	武	268	xián	咸	264	xiū	休	785
wǔ	舞	064	xián	涎	159	xiū	羞	671
wù	兀	003	xián	娴	083	xū	戌	275
wù	勿	297	xián	衔	518	xū	须	112
wù	戊	274	xiǎn	燹	980	xū	需	894
wù	屼	947	xiàn	县	109	xuān	喧	155
wù	杌	793	xiàn	限	132	xuán	旋	381
wù	物	641	xiàn	线	539	xuán	漩	920
			xiàn	陷	013	xué	穴	571
X			xiāng	香	860	xué	学	098
xī	夕	879	xiǎng	享	602	xuě	雪	897
xī	西	808	xiǎng	饟	487	xuè	血	497
xī	汐	924	xiàng	向	619	xùn	讯	168
xī	昔	910	xiàng	相	122			
xī	析	282	xiàng	象	684	**Y**		
xī	奚	219	xiàng	像	025	yá	牙	172
xī	翕	765	xiāo	肖	878	yán	言	167
xī	熄	985	xiāo	枭	748	yán	炎	968
xī	嬉	080	xiāo	嚻	156	yán	沿	919
xí	习	750	xiǎo	小	930	yán	嵒	946
xí	席	424	xiào	孝	101	yǎn	广	580
xǐ	喜	428	xié	挟	209	yǎn	孨	378
xì	系	537	xīn	心	254	yǎn	衍	904
xiá	峡	949	xīn	芯	837	yǎn	弇	196
xià	下	999	xīn	辛	288	yǎn	掩	210
xià	夏	103	xīn	新	284	yàn	厌	653
xiān	仙	028	xīn	鑫	989	yàn	焱	979
xiān	先	228	xìn	囟	253	yàn	燕	736
xián	闲	624	xīng	兴	366	yāng	央	061
xián	弦	320	xīng	星	874	yáng	羊	667

1010

yáng	阳	941	yì	逸	699	yú	舁	194
yǎng	卬	033	yì	裔	559	yú	俞	393
yǎng	养	669	yì	劓	302	yú	渔	726
yāo	夭	050	yì	翼	764	yú	舆	387
yāo	要	070	yīn	因	425	yǔ	羽	763
yáo	尧	937	yīn	音	171	yǔ	雨	887
yáo	窑	469	yīn	殷	102	yǔ	囻	329
yǎo	杳	871	yīn	暗	153	yù	玉	396
yǎo	舀	343	yǐn	尹	437	yù	驭	661
yě	野	964	yǐn	引	319	yù	育	087
yè	业	436	yǐn	饮	160	yù	狱	170
yè	叶	812	yìn	印	217	yù	浴	915
yè	页	104	yīng	婴	413	yù	御	035
yī	一	990	yíng	荧	987	yuān	冤	700
yī	衣	549	yíng	莹	403	yuān	渊	908
yī	依	560	yíng	萤	715	yuán	元	002
yí	夷	063	yōng	邕	617	yuán	员	472
yí	颐	111	yǒng	永	016	yuán	爰	190
yí	疑	235	yǒng	甬	435	yuán	原	900
yí	彝	762	yòng	用	509	yuē	曰	162
yì	乂	354	yōu	忧	256	yuè	月	876
yì	弋	565	yóu	游	382	yuè	乐	430
yì	艺	784	yǒu	友	184	yuè	刖	301
yì	亦	055	yǒu	有	769	yuè	岳	945
yì	异	261	yǒu	酉	455	yuè	钺	277
yì	邑	615	yòu	右	182	yún	云	891
yì	役	292	yòu	囿	965	yùn	孕	086
yì	易	500	yú	余	578	yùn	晕	864
yì	益	495	yú	臾	193			
yì	雉	744	yú	鱼	725			

1011